Ines Boban
Andreas Hinz
(Hrsg.)

Erfahrungen mit dem Index für Inklusion

Kindertageseinrichtungen und Grundschulen auf dem Weg

Verlag Julius Klinkhardt
Bad Heilbrunn • 2015

k

Dieser Titel wurde in das Programm des Verlages mittels eines Peer-Review-Verfahrens aufgenommen. Für weitere Informationen siehe www.klinkhardt.de.

Bibliografische Information der Deutschen Nationalbibliothek
Die Deutsche Nationalbibliothek verzeichnet diese Publikation
in der Deutschen Nationalbibliografie; detaillierte bibliografische Daten
sind im Internet abrufbar über http://dnb.d-nb.de.

Bildnachweis Coverfoto: © Suzanne Tucker / shutterstock.
Druck und Bindung: AZ Druck und Datentechnik, Kempten.
Printed in Germany 2015.
Gedruckt auf chlorfrei gebleichtem alterungsbeständigem Papier.

ISBN 978-3-7815-2039-4

Inhaltsverzeichnis

Ines Boban und Andreas Hinz

Vorwort

Mit diesem Band legen wir eine Zusammenstellung von Erfahrungen mit dem Index für Inklusion im deutschen Sprachraum vor. Kein Mensch weiß, wie weit verbreitet er ist, was hier alles in Verbindung mit dem Index für Inklusion – oder genauer gesagt: mit den drei deutschsprachigen Fassungen des Index für Schulen, Index für Kindertageseinrichtungen und des Kommunalen Index – getan wird und zu welchen Prozessen und Ergebnissen sie beitragen. Bislang gibt es sehr wenige Forschungsberichte zu diesem Thema (vgl. HINZ u.a. 2013 sowie JERG, SCHUMANN & THALHEIM 2014), recht verstreut tauchen Erfahrungsberichte auf. So finden wir, dass es über zehn Jahre nach Erscheinen der ersten schulischen Fassung des Index an der Zeit ist, Erfahrungen zusammenzutragen. Dabei haben wir uns darum bemüht, verstärkt solche zusammenzustellen, die bisher noch nicht in entsprechenden Übersichten (vgl. z.B. BOBAN & HINZ 2011) zu finden sind. Bestärkt durch die Anfrage des Klinkhardt-Verlags zu diesem Sammelband, haben wir Nutzer*innen des Index nach ihren Erfahrungen mit diesem Material gefragt und waren selbst sehr gespannt, was sie rückmelden würden. Jetzt können wir mit diesem Band entsprechende Schilderungen vor allem aus dem Elementar- und Grundschulbereich präsentieren.

Gerade in einer Zeit teilweise recht widersprüchlicher Praxisentwicklung (vgl. HINZ 2013), in der Schulen über unzureichende Implementierungsstrategien und Ausstattungen klagen, erscheint es wichtig, mit Beispielen zu zeigen, dass inklusive Entwicklungen auch unter den aktuellen Bedingungen möglich und sinnvoll sind. Inmitten aller Spannungsfelder, in die inklusive Pädagogik eingebettet ist und bei allen konträren Ansprüchen, mit denen sie konfrontiert ist, gelingen inklusive Prozesse in Bildungseinrichtungen. Dabei wollen wir von vornherein das Missverständnis vermeiden, dass solche pragmatischen Entwicklungen unter den aktuellen Bedingungen womöglich Forderungen nach einer angemessenen politischen Umsetzung von Inklusion relativieren oder gar dementieren könnten. Es ist vielmehr wichtig, dass beides sich ergänzt – pragmatische Entwicklungen *und* politische Forderungen. Damit erscheint es sinnvoll, jeweils zu entscheiden, welches Thema und welcher Aspekt inklusiver Pädagogik eher in die Arena der politischen Auseinandersetzungen gehören und welche aufgrund eigener Gestaltungsmöglichkeiten eher in der Organisationsentwicklung verortet werden können.

Der vorliegende Band enthält als Kern eine Reihe unterschiedlicher Beispiele dafür, wie Bildungseinrichtungen den Index für die Entwicklung inklusiver Pädagogik nutzen – von unterschiedlichen Startpunkten aus und mit verschiedenen Methoden und Schwerpunkten. Das ist gut so und kann auch gar nicht anders sein, da der Index einen offenen Rahmen bietet, den die konkreten Beteiligten mit Blick auf die konkrete Situation jeweils sinnvoll nutzen können.

Eingerahmt werden die Beiträge mit Erfahrungen durch einen einleitenden Text der Herausgeber*innen am Beginn und einen reflektierenden am Schluss.

- Ines Boban und Andreas Hinz führen zunächst in die Idee und Materialien des Index für Inklusion ein, verorten ihn theoretisch und zeigen Bezüge zur laufenden Diskussion und Entwicklung von inklusiver Bildung im deutschsprachigen Raum auf.

Das zweite Kapitel enthält drei Beiträge, die aufzeigen, wie Kindertageseinrichtungen den Index nutzen.

- Andrea Platte und Brigitte Gronowski analysieren am Beispiel einer Kita in Nordrhein-Westfalen die Fragen des Index zu einer Kultur des Willkommenheißens am Beginn formaler Bildung und stellen dabei Bezüge zu den vier Strukturelementen der Menschenrechte her.
- Jacqueline Erk und Christine Schubert fokussieren sich am Beispiel einer Kita in Würzburg auf die Frage der Teilhabe von Kindern und zeigen Veränderungen in den Sichtweisen Beteiligter durch die Reflexionsmöglichkeiten mit dem Index auf.
- Jo Jerg, Sabine Kaiser und Stephan Thalheim resümieren Erfahrungen von Index-Teams und Leiter*innen aus vier Kindertageseinrichtungen im Baden-Württembergischen Projekt IQUAnet, bei dem die Vernetzung von Kitas bei ihrer Entwicklung zur Inklusion innerhalb des Sozialraums im Mittelpunkt stand.

Das dritte Kapitel verdeutlicht mit sieben Beiträgen, die sich im Schwerpunkt auf den Grundschulbereich beziehen und teilweise auch darüber hinausgehen, dass der Index für Inklusion auch hier eine Orientierung gebende und Entwicklung anregende Rolle spielen kann.

- Christina Lang-Winter und Mark Winter zeigen, wie sie die Arbeit mit dem Index in ihrer Schule, der Kettelergrundschule in Bonn, strukturell verankert haben und welche Erfahrungen sie aus dieser Arbeit ziehen.
- Philine Schubert und Johanna Germer zeichnen nach, wie sich die Entwicklung der Kinderschule Bremen vollzogen und welche Rolle dabei der Index für Inklusion gespielt hat; dabei zeigen sie einerseits die kontinuierliche Arbeit auf und betonen andererseits markante Meilensteine.
- Anke Grafe beschreibt die Bewegung von zwei Schulen – einer Grundschule und einer Förderschule mit dem Schwerpunkt Geistige Entwicklung – in Buchholz (Nordheide) aufeinander zu und zeigt, wie eine Entwicklung von der

Niedersächsischen Kooperation zwischen allgemeinen und Förderschulen hin zu einer intensiveren Zusammenarbeit dieser beiden Schulen im Sinne der Inklusion zustande kommt und wie der Index für Inklusion diese Intensivierung stärkt.

• Raymund ELFRING und Georg HERMANNS machen deutlich, wie es in der Städteregion Aachen ausgehend von einer Förderschule zu einer zunehmenden Vernetzung aller Schulen mit inklusiver Zielrichtung kommt – zunächst im Primar- und später auch im Sekundarbereich. Dabei spielt der Index für Inklusion mit ausgewählten Indikatoren und externer Moderation eine Schlüsselrolle.

• Dörte FANDREY, Britta FUNDA, Petra GUTSCHE, Corinna HAVENSTEIN und Christiane WINTER-WITSCHURKE zeigen anhand des Brandenburgischen Pilotprojekts „Inklusive Grundschule", wie unterschiedliche Ebenen für inklusive Entwicklung zusammenarbeiten: ausgehend vom LISUM mit seinen Fortbildungsangeboten über Schulbegleiterinnen bis zur konkreten Schule – dem Schulcampus Lehnin mit der Grund- und Oberschule „Heinrich Julius Bruns" und ihrer Arbeit mit dem Index.

• Irene GEBHARDT und Angela GREDLER berichten über den fast zehnjährigen und auf den verschiedenen Fassungen des Index für Inklusion basierenden Entwicklungsprozess der Gemeinde Wiener Neudorf, der als Vernetzungsprojekt der pädagogischen Einrichtungen des Orts begann und zwischenzeitlich ein Projekt der gesamten Gemeinde darstellt.

• Ines BOBAN schließlich macht vor dem Hintergrund der Erfahrungen mit der Ganztagsschulentwicklung in Sachsen-Anhalt auf das viel zu selten wahrgenommene Potenzial der Kinder als kontinuierliche Partner*innen in inklusiven Entwicklungsprozessen aufmerksam und lässt einige selbst rückblickend zu Wort kommen.

Das vierte Kapitel enthält zwei Beiträge, die zwei ergänzende und gleichzeitig bedeutsame Aspekte in den Blick nehmen – den externer Begleitung und den landesweiter Unterstützungssysteme.

• Barbara BROKAMP zeigt die Bedeutung externer Begleitung von inklusiven Entwicklungsprozessen auf und stellt das aus acht Modulen bestehende und auf dem Index basierende Konzept der Montag Stiftung Jugend und Gesellschaft für deren Qualifizierung vor, das sowohl im Köln/Bonner Raum als auch in anderen Bundesländern realisiert worden ist.

• Robert KRUSCHEL und Andreas HINZ berichten über die Nutzung des Index beim landesweiten Projekt „Inklusion in der Praxis" (InPrax), in dessen Rahmen allen Kreisen und kreisfreien Städten Schleswig-Holsteins Tandems von Moderator*innen für die Unterstützung von inklusiven Entwicklungsprozessen innerhalb einer Schule oder schulübergreifend zur Verfügung stehen.

Den Schluss des Bandes bildet ein zusammenfassender Beitrag der Herausgeber*innen.

• Ines BOBAN und Andreas HINZ resümieren, welches Spektrum der Nutzung des Index bzw. seiner deutschsprachigen Fassungen in diesem Sammelband deutlich wird, inwiefern der Index für die inklusive Entwicklung von Bildungseinrichtungen als hilfreich beschrieben wird und inwiefern er auch bestehende Widersprüche verdeutlicht und Spannungen erhöht.

Wie vielleicht bereits aufgefallen ist, nutzen wir bei vielen Begriffen die Form des Genderns mit dem hochgestellten Stern mitten im Wort. Dadurch wollen wir auch sprachlich konsequent heterogenitätsbewusst agieren, so dass deutlich wird, dass wir jeweils das ganze kontinuierliche Spektrum von Geschlechterrollen meinen, das tradierterweise den beiden Rollen des Männlichen und Weiblichen zugeschrieben wird.

An dieser Stelle wollen wir den vielen Beteiligten ausdrücklich Dank sagen: Allen Beitragenden danken wir für ihre Bereitschaft, neben allen alltäglichen Arbeiten auch noch diese zu übernehmen. Sie ist umso bemerkenswerter, als das Schreiben von Texten für Bücher für viele von ihnen keine Routine ist, da sie vor allem in Bildungseinrichtungen pädagogisch arbeiten. Zudem bedanken wir uns bei unserer Sekretärin Dagmar Günther, die auch die Texte dieses Bands in gewohnt zuverlässiger Weise korrekturgelesen hat. Und wir danken Dietlinde Vanier als Herausgeberin der Reihe und dem Klinkhardt-Verlag für das Vertrauen, mit uns diese Schriftenreihe zu beginnen – insbesondere für die kooperative Art und Weise bei der Erstellung dieses Buchs.

Halle an der Saale, Januar 2015   Ines Boban und Andreas Hinz

Literatur

BOBAN, Ines & HINZ, Andreas (2011): „Index für Inklusion" – ein breites Feld von Möglichkeiten zur Umsetzung der UN-Konvention. In: FLIEGER, Petra & SCHÖNWIESE, Volker (Hrsg.): Menschenrechte – Integration – Inklusion. Aktuelle Perspektiven aus der Forschung. Bad Heilbrunn: Klinkhardt, 169-175

HINZ, Andreas (2013): Inklusion – von der Unkenntnis zur Unkenntlichkeit?! Kritische Anmerkungen zu zehn Jahren Diskurs zur schulischen Inklusion. Inklusion Online – Zeitschrift für Inklusion. H. 1. Online unter: http://www.inklusion-online.net/index.php/inklusion/article/view/201/182

HINZ, Andreas, BOBAN, Ines, GILLE, Nicola, KIRZEDER, Andrea, LAUFER, Katrin & TRESCHER, Edith (2013): Entwicklung der Ganztagsschule auf der Basis des Index für Inklusion. Bericht zur Umsetzung des Investitionsprogramms „Zukunft Bildung und Betreuung" im Land Sachsen-Anhalt. Bad Heilbrunn: Klinkhardt

JERG, Jo, SCHUMANN, Werner & THALHEIM, Stephan (Hrsg.) (2014): Vielfalt gemeinsam gestalten. Inklusion in Kindertageseinrichtungen und Kommunen. Erfahrungen und Erkenntnisse aus dem Projekt IQUAnet. Reutlingen: Diakonie

1 Grundlagen

Ines Boban und Andreas Hinz

Der Index für Inklusion – eine Einführung

„Mit dem ‚Index für Inklusion' liegt jetzt ein Instrumentarium vor, mit dem Schulentwicklung als Prozess in Richtung Inklusion schrittweise vorangebracht werden kann – orientiert an den Gegebenheiten der einzelnen Schule und unter Beteiligung aller" (DEPPE-WOLFINGER 2005, 109). So kurz lässt sich das Potenzial des Index für Inklusion für Schulen zusammenfassen!
Um die Inhalte der Beispiele besser verstehen zu können, stellen wir im folgenden Text den Index für Inklusion als Instrument zur Entwicklung von Bildungseinrichtungen und sein Verständnis von Inklusion vor. Dazu beschreiben wir zunächst, wie wir mit dem englischen ‚Index for Inclusion' in Kontakt gekommen sind und was uns an ihm fasziniert hat. Daran schließen sich Informationen über den Index selbst, die Adaption der deutschen Schulversion sowie Informationen über die beiden weiteren deutschen Fassungen des Index für Kindertageseinrichtungen sowie des Kommunalen Index an. Um eine Verbindung zum deutschen Diskurs herzustellen, ziehen wir die Menschenrechte als wichtige Basis von Inklusion heran, bevor wir das Inklusionsverständnis des Index darstellen und Spannungsfelder zum deutschen Diskurs aufzeigen. Dieser theoretischen Verortung folgen differenziertere Informationen über den Index und seine zwei wesentlichen Vorschläge für inklusive Entwicklungsarbeit mit seinen Materialien (Indikatoren und Fragen). Da diese Indexe jeweils mehrere hundert Fragen stellen, aber keine einzige Antwort geben, haben wir Überlegungen angestellt, welche vorhandenen und teilweise recht verbreiteten Ansätze pädagogischer Arbeit mit seinem Anliegen harmonieren und insofern Anregungen für Entwicklungsrichtungen sein könnten. Schließlich spitzen wir die Herausforderung inklusiver Pädagogik auf die Gestaltung inklusiver Lernarrangements zu, in Verbindung mit der Kritischen Psychologie Klaus Holzkamps. Den Beitrag beenden wir mit einem kurzen Fazit.

1 Rückblick

Im Jahr 2000 besuchten wir in Manchester die ISEC, die bis dahin alle fünf Jahre als „International Special Education Conference" stattfand und seitdem als „Inclusive Supportive Education Conference" firmiert. Mit über 1000 Teilnehmenden aus mehr als 100 Ländern gab es dort ein Kaleidoskop weltweit diskutierter Themen. Und in einem Workshop mit ca. 500 Menschen wurde ein Material vorgestellt, das in diesem Jahr neu herausgegeben worden war: Der ‚Index for Inclusion' (vgl. BOOTH & AINSCOW 2000).

Mit den Hamburger Erfahrungen als Sonderpädagogin in und Wissenschaftliche Begleiterin von Integrationsklassen in der Sekundarstufe I (vgl. SCHLEY, BOBAN & HINZ 1989) bzw. als Wissenschaftlicher Begleiter von Integrationsklassen in Grundschulen (vgl. WOCKEN, ANTOR & HINZ 1988) und Integrativen Grundschulen in sozialen Brennpunkten, das im Rückblick bei weitem inklusivste Konzept im deutschen Sprachraum (vgl. HINZ u.a. 1998), war sehr schnell klar: Hier wurde etwas vorgestellt, das für Orte, die ‚Schulen für alle' werden und sein wollten, eine stärkende, unterstützende Rolle spielen könnte.

Es war die Zeit, als die Qualitätsdebatte in Deutschland im Schulbereich ankam und Qualität dort fast durchweg über die Leistungsergebnisse von Schüler*innen, zudem standardisiert mit Normerwartungen, definiert wurde. Dies war kaum zu vertreten für Pädagog*innen, die sich gerade die Akzeptanz von Heterogenität und die Vielfalt von Lernwegen im breitesten Sinne auf die Fahnen geschrieben hatten und die überlegen mussten, was in solchen Qualitäts-Testzeiten ‚zieldifferent sonderpädagogisch förderbedürftige Schüler*innen' tun könnten. Mit dem Index wurde eine andere Möglichkeit aufgezeigt, wie Qualität definiert werden kann, und das war eine faszinierende Perspektive. Insofern war für uns sehr schnell klar, dass wir etwas mit diesem Material tun wollten.

2 Entwicklung des deutschsprachigen Index für Schulen und weitere Versionen

Der Index für Inklusion baut auf Arbeiten in den USA und Australien auf, wo zunächst nur die Qualität der schulischen Situation eines Kindes im Blick war. Er weitet diesen Fokus nun auf die ganze Einrichtung aus und hat damit einen systemischen Zugang (vgl. BOBAN & HINZ 2003, 2). Nach seiner Erarbeitung mit einer vielfältigen Projektgruppe Ende der 1990er Jahre für England erwies er sich zunehmend attraktiv für Menschen in anderen Ländern. So entstanden viele Fassungen in anderen Sprachen, bevor wir an die deutsche Version herangingen. Gegenwärtig gibt es Versionen auf Albanisch, Arabisch, Baskisch, Bosnisch, Bulgarisch, Chinesisch, Dänisch, Finnisch, Französisch (in Quebec), Hebräisch, Hindi (in Indien), Holländisch, Italienisch, Japanisch, Katalanisch, Kroatisch, Lettisch, Maltesisch, Norwegisch, Portugiesisch (in Portugal, Brasilien), Rumänisch, Russisch, Schwedisch, Serbisch, Spanisch (in Spanien, Lateinamerika), Tschechisch, Ungarisch, Urdu (in Pakistan), Vietnamesisch und Walisisch. Zunehmend wird auch die englische Version für Kindertageseinrichtungen in andere Sprachen übersetzt (vgl. z.b. BOOTH, AINSCOW & KINGSTON 2006b). Die UNESCO finanzierte zudem eine Untersuchung in Brasilien, England, Indien und Südafrika, um zu klären, wie weit der Index auch in ökonomisch ‚armen' Ländern des Südens angemessen genutzt werden kann (vgl. BOOTH & BLACK-HAWKINS 2001).

2.1 Adaption des Index für Schulen

In zwei aufeinanderfolgenden Semestern diskutierten wir mit 14 Studierenden die erste und dann auch die verbesserte zweite englische Version des Index im Rahmen unseres Forschungsseminars an der Universität Halle und entwickelten so die adaptierte Fassung für Schulen. Dabei beschäftigten uns u.a. folgende inhaltliche Überlegungen (vgl. HINZ 2012):

• Sollte der Index ‚für Inklusion' heißen oder womöglich doch lieber ‚für Integration'? Integration war zu der Zeit gut eingeführt, aber zunehmend unklar geworden im Unterschied zum kaum bekannten und gerade erst von wenigen diskutierten Begriff der Inklusion, der die aufkommende Heterogenitätsdebatte an den internationalen Diskurs anzuschließen versuchte (vgl. HINZ 1996, 2000, 2002, 2004, SANDER 2002, 2003). Da aber Inklusion im Index etwas eindeutig anders Akzentuiertes meinte als die Integration einer bestimmten, vorher ausgeschlossenen Gruppe von Menschen, war klar, dass wir den Inklusionsbegriff wählen würden.

• Welches Verständnis von Inklusion vertritt der Index selbst? Im Rückblick dominierte zunächst die Einschätzung, dass eine Schule entweder inklusiv ist oder nicht – also ein deutlich strukturell bestimmtes Verständnis. Die prozessuale Ebene von Inklusion kam erst nach und nach in den Blick: Demnach konnte eine Schule auch ein Stückchen inklusiver werden als sie vorher war. Gleichwohl blieb und bleibt die Frage der Balance zwischen beiden Ebenen bisher und wohl auch in Zukunft eine nicht beantwortete (und vielleicht auch nicht generell beantwortbare).

• Eine mit dem Inklusionsverständnis verbundene grundlegende Frage war, wie die Balance zwischen einem maximalistischen und einem relativistischen Zugang zur Inklusion hergestellt werden kann: Für die Entwicklung des ‚Nordsterns' als normative Grundorientierung einer Schule ist es wichtig, nicht ‚zu kurz zu springen' und eine ‚weite Perspektive' aufzumachen; damit droht aber für viele Praxissituationen die Anschlussfähigkeit verloren zu gehen. Insofern war es wichtig, im Index die inklusive Pädagogik für alle Schulen zugänglich zu machen – aber dann konnte die Unverbindlichkeit dazu beitragen, Inklusion zu einem modischen und nichtssagenden „In-Begriff" (HAEBERLIN 2007) werden zu lassen.

Bei einer Rückmelderunde von kritischen Leser*innen des Entwurfs in allen deutschen Bundesländern, in Österreich, der Schweiz und Südtirol – darunter Lehrer*innen, Eltern, Schulleiter*innen, Ministeriumsvertreter*innen, Wissenschaftler*innen, Fortbildner*innen und andere – war das Spektrum an Reaktionen beeindruckend. Es reichte von: ‚Genial! Endlich gibt es so ein Material, darauf habe ich gewartet!' bis hin zu: ‚Das ist ein Burn-Out-Programm! Wollt ihr denn alle demoralisieren? In keiner einzigen Schule meines Bundeslandes wird jemand auch nur eine Frage mit ja beantworten können!' Im Index schienen dieser Reaktion zufolge Diskussionen weit entfernt von der Realität geführt zu werden. Hier war offensichtlich die Intention nicht genügend deutlich geworden, dass es sich beim Index nicht um eine Checkliste für die ‚gute inklusive Schule' handelt und jede Nein-Antwort auf eine ‚defizitäre und exklusive Schule' verweist. Vielmehr geht es darum, auf einer klaren Basis Entwicklungsmöglichkeiten aufzuzeigen und den Schulen, die sich als ‚Schule für alle' verstehen, nächste Schritte anzubieten. Der Konsens über diese Zielsetzung – Angebot eines Buffets statt einer verpflichtenden Qualitäts-Checkliste – erschien uns schon damals als Voraussetzung für eine sinnvolle Arbeit mit dem Index.

• Überhaupt gab es zahlreiche Fragen in Bezug auf die Begrifflichkeiten im Index, beginnend mit der Benennung seiner drei grundlegenden Dimensionen von Inklusion: „inclusive cultures, policies and practices" – sprachlich korrekt eher „Kulturen, Grundsätze und Praxis" oder inhaltlich sinnvoll eher „Kulturen, Strukturen und Praktiken"? Leider waren hier unterschiedliche Rahmenbedingungen beim Index für Schulen und dem für Kindertageseinrichtungen gegeben: Während der Schul-Index adaptiert werden konnte, durfte der Kita-Index laut dem englischen Herausgeber lediglich übersetzt werden. Dabei wurden die Freiheitsgrade der Übersetzung leider eher sprachlich korrekt denn inhaltlich sinnig interpretiert, so dass es unglücklicherweise für die gleichen Dimensionen in den verschiedenen Versionen des Index unterschiedliche Bezeichnungen gibt (vgl. BOOTH, AINSCOW & KINGSTON 2006b). Auch die eigene Beteiligung als externe Beratung für den Kita-Index verhinderte nicht, dass dort neben den unterschiedlichen Bezeichnungen Beispiele aus pakistanischen Familien zu lesen sind, die für englische Erzieher*innen hoch brisant, für deutschsprachige aber nicht direkt weiterführend sind.

• Ein anderer Aspekt war, wie die Bezugnahme des Index auf die Verhältnisse in England und die dazu so unterschiedlichen in den deutschsprachigen Ländern bzw. Landesteilen oder Schulabteilungen im deutschen Index abzubilden wären. Dies kann wiederum ein Beispiel verdeutlichen: Das stark dezentralisierte und den Local Education Authorities (LEA) unterstellte englische Schulsystem weist der einzelnen Schule deutlich mehr Kompetenzen zu, etwa bei der Finanzierung der Schule oder der Einstellung von Personal, die dann auch von einem Gremium der Schule, dem „governing body" kontrolliert werden. So etwas gibt es nirgends im deutschen Sprachraum. Damit stellt sich die Frage von analogen bzw. anderen sinnvollen Strukturen. Die Lösung war hier, schulische Gremien trotz ihrer deutlich geringeren Einflussmöglichkeiten als halbwegs analoge Struktur an die Stelle des „governing body" zu setzen.

• Eine andere Fragestellung für die Ausgestaltung des Index war, wie detailliert seine Empfehlungen sein sollten. Als Anregung kann es durchaus sinnvoll sein, Vorschläge für den Ablauf eines Schulentwicklungstags mit seinen wesentlichen Impulsen aufzunehmen. Auch kann es als Orientierung hilfreich sein, Zeiträume für die Phasen des Index-Prozesses zu nennen, die auf Erfahrungen beruhen. Jedoch könnte andererseits zum einen der (Ein-) Druck aufkommen, dass hier Vorgaben gemacht würden – was keineswegs passieren soll – und zum anderen könnten sich erfahrene Schulentwicklungsbegleiter*innen entmündigt fühlen. Die Herausforderung bestand also darin, eine Balance zwischen der Detailliertheit von Prozessen und der Generalisiertheit als Entwicklungsrichtung zu finden und zu gestalten.

• Lange Diskussionen gab es über die im Index enthaltenen Fragebögen. Zunächst wurde bezweifelt, ob sie überhaupt sinnvoll sind, denn die Gefahr des schlichten Kopierens und damit des unreflektierten Einsatzes von Materialien, die mit einiger Wahrscheinlichkeit an den Bedarfen – und vielleicht auch Nöten – der Beteiligten einer Schulgemeinschaft vorbeigehen, wurde als erheblich eingeschätzt. Ohnehin sollten in den Schulen – wenn überhaupt – eigene Fragebögen entwickelt werden, die genau auf die aktuelle Situation eingehen können. Wie also könnte der Index zu einer solchen Adaptierungsfreudigkeit in der Praxis beitragen?

Im Rückblick sind diese intensiven Überlegungen und Diskussionen nicht mehr im Detail zu rekonstruieren. Immerhin war es aber möglich, im Seminar einen Konsens zu finden und den auch als gemeinsame Lösung zu formulieren. Mitunter wurde dies erleichtert durch die Selbstberuhigungsstrategie, dass dies ja nur die erste, also eine sehr vorläufige Auflage sei und eine zweite spätestens in drei Jahren folgen würde – ein Irrtum, wie wir mittlerweile wissen.

Mittlerweile gibt es eine mehr als zehnjährige Nutzung des schulischen Index, der immer wieder nachgedruckt wurde. Die vom GEW-Hauptvorstand herausgegebene Version für Kindertageseinrichtungen (vgl. Booth, Ainscow & Kingston 2006b) unterscheidet sich als Übersetzung der englischen Version für „early years and child care" (vgl. Booth, Ainscow & Kingston 2006a) nicht nur in den Begrifflichkeiten: Inhaltlich bezieht sie sich stärker auf das Spiel als wesentliche kindliche Tätigkeit – was dem schulischen Index eigentlich auch gut täte.

2.2 Kommunaler Index für Inklusion

Eine wesentliche inhaltliche Erweiterung der Unterstützungsmöglichkeiten durch die deutschsprachigen Versionen des Index für Inklusion kommt durch die Entwicklung eines „Kommunalen Index für Inklusion" durch die Montag Stiftung Jugend und Gesellschaft (vgl. MSJG 2011) zustande, der an einen Entwurf aus der englischen Grafschaft Suffolk (vgl. McDONALD & OLLEY 2002) anschließt und inklusive Entwicklungsprozesse aus dem Bildungsbereich auf den Sozialraum ausweitet. Für den Kommunalen Index brachte die Montag Stiftung zunächst ein Arbeitsheft heraus, in dem in starker Anlehnung an den schulischen Index die Fragen auf kommunale Strukturen bezogen sind (vgl. MSJG 2010). Nutzer*innen waren dazu eingeladen, sie kritisch zu kommentieren. Auf dieser Basis entwickelte sie den eigentlichen Kommunalen Index, bei dem einige Spezifika bedeutam sind (vgl. dazu Kap. 5 sowie BROKAMP 2011, 2015):

• Zum einen enthält er, da er sich auf die viel größere Komplexität von kommunalen Kontexten bezieht, eine andere Systematik als die beiden Indexe für Kitas und Schulen.
• Zum anderen wurde eine Idee aufgenommen, auf welchen Ebenen und mit welchen Beteiligten die aktuelle Situation reflektiert werden kann; diese Idee ist verallgemeinerbar (vgl. Kap. 5).

3 Menschenrechte – Orientierung für Inklusion

Der Index ist eine Unterstützung für die Entwicklung zu inklusiveren Kulturen, Strukturen und Praktiken in Bildungseinrichtungen. Er erfährt eine große Bestärkung durch die seit dem Inkrafttreten der UN-Behindertenrechtskonvention (BRK) 2009 stark boomenden Diskussion um Inklusion. Angestoßen durch die Argumentation mit den Menschenrechten allgemein, steht in der Regel die UN-Konvention über die Rechte von Menschen mit Behinderungen vorrangig im Blickpunkt. In der Tat haben die Ratifizierung dieser Konvention durch Bundestag und Bundesrat und ihr Inkrafttreten 2009 die Diskussion intensiviert. Zunächst schien sie jedoch politisch – ähnlich wie die Kinderrechtskonvention 1989 – im ahnungslos wirkenden Stil einer „Schabowski-Phase" (vgl. HINZ, KÖRNER & NIEHOFF 2010) folgenlos zu bleiben: Die ‚Reisefreiheit' im Bildungsbereich galt zwar nun irgendwie plötzlich auch für Kinder und Jugendliche mit Behinderungserfahrungen. Doch was das real bedeutete, war zunächst völlig unklar – auf jeden Fall sollte sich aus Sicht der Bildungsverwaltung möglichst wenig ändern. Dies ist jedoch dank der damaligen Kultusministerin von Schleswig-Holstein, Ute ERDSIEK-RAVE (2010), nicht so geblieben: Nachdem sie auf einer internationalen Tagung der UNESCO in Genf die international gesehen exotische und merkwürdige Situation des hohen Maßes von Segregation in Deutschland rechtfertigen musste, brachte sie das Thema offensiv in der Kultusministerkonferenz ein und initiierte später den Expertenkreis Inklusion der deutschen UNESCO-Kommission.

Der Rückbezug vor allem auf die BRK lässt jedoch die Missinterpretation zu, es handele sich um eine spezifische Gruppe von Menschen, denen mit der Konvention spezifische Rechte in puncto Inklusion zugeschrieben würden. Hier ist es bedeutsam sich zu vergegenwärtigen, dass die BRK in einer Reihe von Konventionen steht, die auf die Allgemeine Erklärung der Menschenrechte (1948) zurückgehen, in der die universellen, unverbrüchlichen und unteilbaren Menschenrechte definiert werden – also Rechte, die weder insgesamt noch teilweise noch für bestimmte Menschen zur Disposition gestellt werden können. Mit dieser Erklärung wurde ein Entwicklungsprozess begonnen, der im Sinne eines ‚living documents' kontinuierlich fortschreitet und insofern Aktualisierungen, Konkretisierungen und Ergänzungen erfordert, die dann in verschiedenen Konventionen gefasst werden, etwa in der Anti-Rassismus-Konvention (1965), in der Frauenrechtskonvention (1979), in der Kinderrechtskonvention (1989) und gegenwärtig in der Behindertenrechtskonvention (2006). Aktuell wird vor allem im ‚globalen Süden' diskutiert, ob nicht die Rechte ‚der Mutter Erde' ebenfalls Eingang in Menschenrechtsdokumente finden sollten (vgl. hierzu DHAWAN & CASTRO VARELA 2014).

Mit diesem kurzen Blick auf die Menschenrechte ist klar, dass die BRK nicht exklusiv auf Menschen mit Behinderungserfahrungen zu beziehen ist. Vielmehr stellt sie eine Etappe der Entwicklung der Menschenrechte insgesamt dar, in der – da offensichtlich notwendig und bisher nicht ausreichend berücksichtigt – klargestellt wird, dass die Menschenrechte und insbesondere das Recht auf Bildung im allgemeinen Kontext auch für Menschen mit Behinderungserfahrungen gelten und dass eine hochwertige Bildung und der diskriminierungsfreie Zugang zu ihr (auch) für sie, wie für alle Menschen, zu gewährleisten sind (vgl. UN 2008). Mit dem Bezug auf die Menschenrechte ist also ausgesagt, dass es in der Bildung für alle Menschen Barrieren für Lern- und Partizipationsprozesse abzubauen gilt – und das ist das explizite Anliegen des Index für Inklusion.

4 Idee des Index – Inklusion als Prozess

Uns faszinierte die Art, wie der Index an die Dinge herangeht: Er vertritt ein Verständnis von Inklusion, das sich nicht primär an einem strukturellen Status festmacht, etwa einer Schule, die alle Schüler*innen aufnimmt und niemanden an andere Einrichtungen verweist. Dann wäre Inklusion weder für Haupt-, Realschulen, Gymnasien und Berufsschulen noch für Hochschulen ein erfüllbarer Anspruch; lediglich Grund-, Gesamt- und Gemeinschaftsschulen kämen für sie in Frage, denn alle anderen ‚nehmen nicht alle'. Vielmehr ist für das Inklusionsverständnis des Index entscheidend, dass die Bildungseinrichtung – zunächst unabhängig von ihrer Verortung in wie auch immer selektiv organisierten Strukturen des Bildungssystems – daran arbeitet, durch die Menschenrechte also geboten, immer mehr Barrieren für Lern- und Partizipationsprozesse zu eruieren und abzubauen. Dass damit auch eine größere Offenheit für die Aufnahme unterschiedlichster Kinder bzw. Schüler*innen einhergeht, liegt auf der Hand. Es ist also nicht entscheidend, ob eine Kita oder Schule bereits allen Kinder offen steht – vielmehr ist es bedeutsam, dass eine Bildungseinrichtung möglichst allen Bedürfnissen und Bedarfen der Menschen in ihr zu entsprechen sucht und weitere Schritte der Öffnung anstrebt. Ein solches prozessorientiertes Verständnis von Inklusion bedeutet, dass sie niemals vollständig abgeschlossen ist, sondern die kontinuierliche Reflexion von möglicherweise immer wieder neu auftauchenden Barrieren ein permanentes Unterfangen ist. Inklusion bedeutet also für jede Bildungseinrichtung, eine lernende Institution zu sein, die sich immer wieder möglichen Diskriminierungstendenzen stellt, sie selbstkritisch analysiert und schrittweise so weit wie möglich beseitigt.

4.1 Inklusionsverständnis

Damit stimmt der Index mit einem Verständnis von Inklusion überein, dessen vier Eckpunkte – auf der Basis der Analyse des internationalen Diskurses – sich folgendermaßen zusammenfassen lassen (vgl. HINZ 2004, 46f.):
• Die Vielfalt von Menschen ist etwas Positives, mit dem die Beteiligten so umgehen, dass sie – mit allen Kontroversen und Spannungen – für die Entwicklung von Menschen und ihr Zusammenleben förderlich ist und nicht durch Aufteilung und Zuordnung wegorganisiert werden müsste.
• Eine inklusive Sicht bezieht sich auf alle gesellschaftlich relevanten Dimensionen von Heterogenität, seien es etwa unterschiedliche Fähigkeiten, Hautfarben, Erstsprachen, ethnische Herkünfte, Geschlechterrollen, sozialer Status, sexuelle Identitäten, körperliche Bedingungen, religiöse, politische und philosophische Orientierungen oder unterschiedliches Alter. Dabei sind nicht die Aspekte an sich bedeutsam, sondern die gesellschaftlichen Bewertungen, mit denen sie verbunden werden und mit denen ein Individuum mit seinen jeweiligen differenzierten Identitäten hinter einer dominierenden, negativ (oder auch positiv) bewerteten, zugeschriebenen Eigenschaft zu verschwinden droht. Hinter jedem dieser Aspekte steht eine spezifische Diskussion über Diskriminierung – z.B. über Sexismus, Rassismus, Fettismus, Behindertenfeindlichkeit, Islamfeindlichkeit, Antisemitismus, Antiziganismus, Schwulen- und Lesbenfeindlichkeit, Adultismus usw. Gesellschaftlich richtet sich Diskriminierung gegen bestimmte Gruppen (vgl. HEITMEYER 2012), für pädagogische Prozesse ist es jedoch wichtig, das Denken in Gruppenkategorien zu durchlöchern, indem sie immer

wieder hinterfragt und fließende Übergänge für möglich gehalten werden. Im Alltag werden oft unbewusst zwei Gruppen konstruiert, von denen die eine als ‚eigentlich gemeinte‘, ‚richtigere‘ oder ‚bessere‘ erscheint und die andere ‚auch‘ da sein und etwas lernen kann. Inklusiv ist jedoch eine Denkweise, die Gemeinschaften als letztlich ununterteilbare Spektren von Individuen mit je spezifischen, komplexen Profilen sieht und auf den Abbau von Barrieren für jegliche Lern- und Partizipationsprozesse zielt.

• Inklusion ist den universellen, unteilbaren und unverbrüchlichen Menschenrechten verpflichtet. Sie ist sozialen Bewegungen verbunden wie der Bürgerrechts- und Frauenbewegung. Daher wendet sich Inklusion gegen jede Form von Diskriminierung und Marginalisierung, also dagegen, eine Person aufgrund jedweder Zuschreibungen und durch Strukturen und Rahmenbedingungen an den Rand zu drängen und ihr Barrieren für Selbstbestimmung und gleichberechtigte Partizipation in den Weg zu stellen – sie also z.B. durch Etikettierung und/oder Isolation aktiv zu behindern.

• Inklusion ist eine weltweite Entwicklungsperspektive mit dem Ziel in allen gesellschaftlichen Bereichen zunehmend diskriminierungsfreie Partizipation zu ermöglichen – zumal in der Bildung. Inklusion ist demnach immer auch Inklusionspolitik.

Damit ist klar, dass Inklusion als gesellschaftliche Aufgabe eine Orientierung für das konkrete Handeln darstellt, auch wenn sie wohl nie zu hundert Prozent realisiert werden kann. Arbeitsteilige Gesellschaften haben eher die Tendenz, Diskriminierung und Exklusion gegenüber bestimmten Gruppen zu verstärken und sich in Krisenzeiten ökonomisch zu spalten. Mit diesem Fokus bietet inklusive Pädagogik als Konzept die Chance,

• über die Integration bestimmter Gruppen *in etwas Bestehendes hinein* hinauszugehen,

• über die unrealistische Definition von verschiedenen, eindeutig abgrenzbaren Gruppen (Zwei-Gruppen-Theorie) hinauszukommen und sich der Vorstellung eines ununterteilbaren Spektrums von gleichen und verschiedenen Individuen anzunähern,

• zu einer gemeinsamen Zuständigkeit aller Pädagogiken und pädagogischen Professionen für Heterogenität zu kommen und

• den Fokus auf die Veränderung und Weiterentwicklung von pädagogischen Arrangements statt auf die Veränderung von Lernenden und deren je ‚richtige‘ Platzierung‘ zu legen.

4.2 Inklusion im Index und im deutschsprachigen Diskurs

Mit diesem Verständnis von Inklusion unterscheidet sich der Index deutlich vom dominierenden deutschsprachigen Diskurs, wie er von der Bildungspolitik und -verwaltung sowie entsprechenden Verbänden und in den Medien, aber auch teilweise in der Wissenschaft betrieben wird. Es geht im Index um die Frage, wie Bildungseinrichtungen es immer besser schaffen können, nicht benachteiligend mit jedweden pädagogisch relevanten zugeschriebenen Unterschieden zwischen den Beteiligten umzugehen. Das ist einerseits deutlich mehr – und erscheint schwieriger – als ein ‚Inklusionsverständnis‘, das – wie der Schulpädagoge VON SALDERN (2013, 11) so treffend sagt – nicht wirklich Inklusion im konsequenten Sinne meint, sondern „Integration plus", also mehr Integration von Schüler*innen mit sonderpädagogischem Förderbedarf als bisher anstrebt. Real wird damit De-Segregation betrieben, dies jedoch rhetorisch als Inklusion ausgegeben (vgl. KÖPFER 2013 sowie ausführlich HINZ 2013). Andererseits ist es deutlich einfacher als mit ‚Integration plus‘, denn hier wird nicht ein besonderer Fokus auf zusätzlich zu integrierende Menschen gerichtet, die anders sind und nun ‚auch noch‘ das Recht auf die allgemeine Schule besitzen. Vielmehr wird die in der Praxis ohnehin in jeder Lerngruppe vorhandene pädagogische Grundfrage verschärft gestellt, wie die Pädagog*innen mit der vorhandenen Heterogenität umgehen – im Unterricht und im Schulleben (vgl. HINZ 1993). Dass hierfür verbesserte Rahmenbedingungen notwendig sind, nämlich zeitweise Unterstützung im Unterricht und damit dem Aufgeben des ‚Einzelkämpfersystems‘, liegt auf der Hand – und ist ohnehin sinnvoll. Damit ist Inklusion keine Aufgabe für besonders engagierte Schulen, vornehmlich Grund- und Gemeinschaftsschulen – während andere Schulformen sich bequem in die zweite Reihe zurückziehen zu können meinen. Vielmehr ist sie eine Herausforderung für jede Schule, unabhängig von der Schulform und ihrer üblichen Selektivität. Jede Schule ist aufgefordert, die vorhandene Vielfalt differenziert wahrzunehmen, inklusiv mit ihr umzugehen und sie als Potenzial für alle zu vergrößern – orientiert an den Menschenrechten. Das ist das komplette Gegenteil einer zuweilen geäußerten Kritik, so etikettierte ‚radikale Inklusionist*innen‘ würden mit diesem Verständnis Gleichmacherei betreiben und Unterschiede leugnend bzw. einebnend Gleichheitsträumen nachhängen.

Bei dem Inklusionsverständnis des Index entsteht gleichzeitig ein Spannungsmoment, indem er einerseits die jeweils eigene Entwicklungslogik einer pädagogischen Einrichtung favorisiert und ihr zu vielen Schritten in inklusive Richtung verholfen sehen will und anderseits die gesetzliche Situation auf menschenrechtlicher Grundlage juristische Forderungen stellt, die hier und heute sofort zu erfüllen sind. Inklusion ist selbst nicht explizit als Menschenrecht formuliert, vielmehr ist sie eine wesentliche Form, Menschenrechten zur Realisierung zu verhelfen. Dann allerdings kann es keine Rolle spielen, ob eine Bildungseinrichtung ‚so weit‘ ist, dass sie sich in der Lage fühlt, eine*n Lernende*n aufzunehmen und eine hochwertige Pädagogik – gemäß Art. 24 der BRK – zu bieten, die also den individuellen Bedarfen entspricht.

4.3 Drei Perspektiven auf Inklusion

Dieses Spannungsmoment ist auch in einem Theorem von Tony Booth (2008) zu finden, wenn er drei Perspektiven auf Partizipation unterscheidet, die es in ihrer jeweiligen Bedeutung für Inklusion zusammenzudenken gilt:

- Partizipation von Personen zielt auf den individuellen Aspekt, demzufolge jeder Mensch das Recht hat, diskriminierungsfrei selbstverständlicher Teil allgemeiner Orte, z.B. von Bildungseinrichtungen zu sein. Hier geht es um menschenrechtsbasierte juristische Ansprüche, die ggf. juristisch geklärt werden müssen. Dies ist ein wichtiger, aber gleichzeitig auch u.U. problematischer Aspekt, weil sehr schnell ‚das Problem' auf diese Person gerichtet wird – ihr sonderpädagogischer Förderbedarf, ihr Migrationshintergrund, ihre Lebenswelt sind die Faktoren, die es so schwierig machen. Förderbedarf wird Lernenden zugewiesen, nicht Erzieher*innen oder Lehrer*innen, Leitungen, Trägern bzw. Schulämtern oder Sozial- bzw. Kultusministerien – einzig und allein Kinder und Jugendliche erhalten bisher diese Zuschreibung. Das macht es dringend notwendig, dass weitere Perspektiven hinzukommen.

- Partizipation in Systemen zielt auf den innerinstitutionellen und systemischen Aspekt. Wie geht eine pädagogische Einrichtung mit der Unterschiedlichkeit von Lernenden um? Wie kann es angehen, um das prominenteste Problembeispiel anzuführen, dass moslemische männliche Jugendliche in westdeutschen Großstädten in Schulen mit dem Förderschwerpunkt Lernen so überrepräsentiert sind? Hier geht es deutlich nicht nur um deren – u.U. vorgebliches – So-Sein, sondern es geht zuallererst um den Blick darauf, wie deutsche Bildungseinrichtungen mit ihnen umgehen. Oder schärfer formuliert: Hier geht es um strukturelle Diskriminierung, die dazu führt, dass deutsche Normalitätsvorstellungen maßgeblich zu Benachteiligung und Aussonderung beitragen (vgl. Gomolla & Radtke 2009). Damit ist also die kritische Selbstreflexion der Einrichtung gefragt: Bei ihr liegt das Problem mit ihrer mehr oder weniger entwickelten Fähigkeit im Rahmen vorhandener Rahmenbedingungen – oder ggf. auch ihrem Willen –, mit Vielfalt inklusiv umzugehen.

- Partizipation an einer inklusiven Grundorientierung zielt auf den Aspekt des Selbstverständnisses einer Bildungseinrichtung. Zwar muss jede Bildungseinrichtung ihr Profil beschreiben und ein Leitbild definieren, die Frage ist jedoch, wie weit ihre Prinzipien und Orientierungen allen Beteiligten bewusst und in welchem Maß sie auch gemeinsam entwickelt worden sind. Dabei kann es – gerade angesichts der deutschen Geschichte – nicht darum gehen, einen verbindlichen Kanon von Werten vorzugeben, sondern es geht um den gemeinsamen Reflexions- und Entwicklungsprozess, in dem die Bildungseinrichtung ihre eigene Orientierung klärt. Zentral dürften dabei Aspekte wie die Anerkennung von Personen als gleichwertig und der Respekt für Vielfalt sein. Sie werfen wiederum vielfältige Fragen auf, was eine Orientierung an ihnen für Folgerungen nach sich zieht und wie sie die Beteiligten in ihrem alltäglichen Handeln verdeutlichen. Die verschiedenen Versionen des englischen Index machen deutlich, dass auch die Frage inklusiver Grundorientierung ein Entwicklungsprozess ist, der jeweils unterschiedliche – und zunehmend viele – Überschriften für entsprechende Werte und Orientierungen beinhaltet (vgl. BOOTH & AINSCOW 2002, 2011 sowie BOOTH 2008).

Erst wenn die Beteiligten alle drei Perspektiven zusammenbringen, haben sie laut BOOTH (2008) ein umfassendes Verständnis von Inklusion.

5 Vorschläge und Materialien des Index

Wenn nun jede Kita und jede Schule gefragt ist, sich mit bewussten und unbewussten eigenen Barrieren für Lern- und Partizipationsprozesse auseinanderzusetzen, dann ist es sinnvoll, dies mit zwei Prämissen zu tun, zu denen der Index zwei Vorschläge macht (vgl. BOOTH & AINSCOW 2002): einen dazu, wie dieser Prozess gestaltet werden kann, und einen zur inhaltlichen Systematik, die dabei hilft, den Prozess inhaltlich auf die konkrete Situation zu beziehen und so ertragreicher zu gestalten.

5.1 Erster Vorschlag: zum Prozess

Dieser Reflexions- und Planungsprozess umfasst möglichst viele Beteiligte mit möglichst vielfältigen Perspektiven; zentral ist dabei die Sicht der Spielenden und Lernenden, also der Kinder bzw. Jugendlichen. Je mehr unterschiedliche Perspektiven im Dialog – oder vielleicht auch in harten kontroversen Debatten – zur Sprache kommen, desto größer sind die Chancen, ein umfassendes Bild und eine tiefergehende Reflexion der aktuellen Situation zu entwickeln und dann gemeinsam sinnvolle und nicht überfordernde nächste Entwicklungsschritte zu planen und zu realisieren. Daher macht der Index einen Vorschlag, wie der Prozess unter Beteiligung möglichst vieler Menschen und koordiniert durch ein Index-Team gestaltet werden kann und welche Aktivitäten beispielsweise auch ohne dieses Phasenmodell möglich sind – und es ist lediglich ein Vorschlag, natürlich kein Muss, der im Folgenden auf Schule bezogen ausgeführt wird (vgl. BOBAN & HINZ 2003, 18-19 sowie BOBAN 2012).

Wenn es ihr sinnvoll erscheint, weil sie z.B. noch wenig Erfahrungen mit systematischer Entwicklungsarbeit hat und eine klare Orientierung im Prozess haben möchte, startet die Bildungseinrichtung in einen Prozess mit fünf Phasen (vgl. Abb. 1). Dabei entscheidet sie zunächst – wir haben dies mit ‚Phase 0‘ bezeichnet –, ob sie überhaupt mit dem Index arbeiten will (vgl. HINZ u.a. 2013).

In Phase 1 bildet die Bildungseinrichtung, sofern sie nicht über eine inklusiv strukturierte Steuergruppe verfügt, ein Index-Team als Koordinationsgruppe für die gesamte Entwicklungsarbeit. Da dieses Team repräsentativ sein soll für die Einrichtung, gehören selbstverständlich neben der Leitung und pädagogischen Mitarbeiter*innen Eltern und Lernende dazu. Schon hier wird im ersten Schritt Partizipation der Lernenden abgesichert. Dieses Team reflektiert seinen bisherigen Zugang zur Entwicklungsarbeit, macht sich mit dem Ansatz und den Materialien des Index vertraut und bereitet die Arbeit mit der Bildungseinrichtung als Ganzes vor.

In Phase 2 – einer Schlüsselphase für die inklusive Qualität der Arbeit mit dem Index – geht es darum, die Situation der Bildungseinrichtung zu analysieren. Dazu gilt es, die entsprechenden Einschätzungen von allen beteiligten Gruppen zu eruieren – die der bestehenden Gremien, der Mitarbeiter*innen, Eltern, die der Lernenden und schließlich auch die des Umfeldes. Weiter werden in dieser Phase Prioritäten für konkrete nächste Schritte der Bildungseinrichtung im Rahmen des nächsten Entwicklungsprogramms herauskristallisiert.

In Phase 3 werden der Rahmen des Index und sein Grundverständnis und/oder die gemeinsam festgelegten Prioritäten in das bestehende Entwicklungsprogramm eingearbeitet; sofern noch keins existiert, kann dies der Anlass sein, eins zu entwickeln. Phase 4 enthält die Umsetzung der Prioritäten, wobei diese nachhaltig und dokumentiert erfolgen soll. Mit Phase 5 wird diese Entwicklung evaluiert und der Prozess der Arbeit mit dem Index reflektiert, so dass sich der Kreis der Entwicklungsarbeit schließt und auf der Grundlage neuer Analysen nächste Prioritäten festgelegt und umgesetzt werden – und sich dieses Phasenmodell aufgrund der zunehmenden Ungleichzeitigkeit verschiedener Vorhaben verwischt.

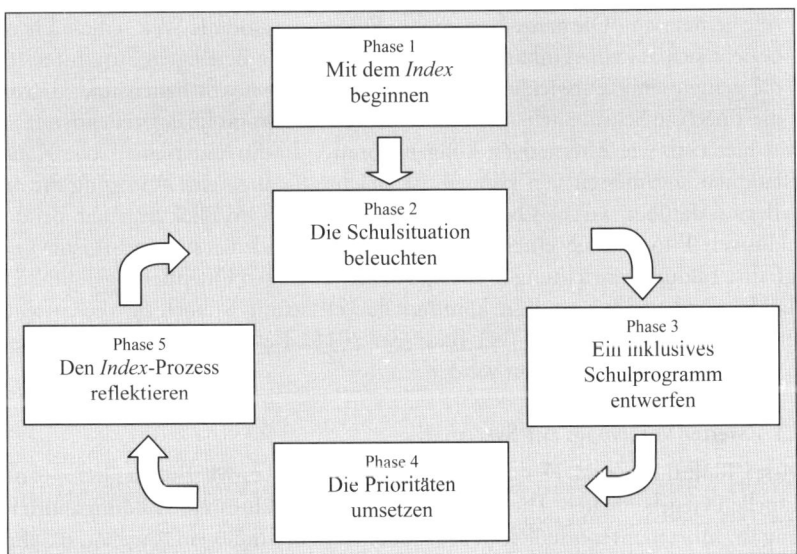

Abb. 1: Phasen-Modell des Index für Inklusion (BOBAN & HINZ 2003, 19)

5.2 Ergänzung: Fünf Ebenen für Reflexion und Dialog

Eine wesentliche Aussage über die inklusive Qualität von Situationen und Entwicklungen verbindet sich mit dem Dialog. In den Kommunalen Index für Inklusion wurde eine Idee aufgenommen, die für die Arbeit mit allen Fassungen des Index hilfreich sein kann. Er verweist darauf, dass sich bei kommunal orientierten inklusiven Entwicklungsprozessen Prozesse auf unterschiedlichen Ebenen vollziehen (vgl. MSJG 2011, 25f.) – und dies kann auch eine Hilfe für deren systematische Reflexion sein. Daher verallgemeinern wir im Folgenden die fünf Ebenen auf alle Situationen und Entwicklungsprozesse:

*   Ich mit Mir: die einzelne Person – diese Ebene bezieht sich auf Reflexion und Dialog einer Person mit sich selbst und nimmt z.b. die eigene Rolle, das eigene Selbstverständnis und eigene (Vor-) Urteile wie auch die Bereitschaft zur Veränderung in den Blick.
*   Ich mit Dir: Mensch zu Mensch – diese Ebene betrifft Reflexion und Dialog zwischen direkt im Kontakt stehenden Beteiligten, die sich über eigenes Handeln und seine individuellen und kollektiven Hintergründe austauschen.
*   Wir: die Organisation oder Einrichtung – diese Ebene zielt auf gemeinsame Reflexion und Dialog in einem institutionellen Zusammenhang, wo sich die Organisation als Ganzes auf den inklusiven Weg macht.
*   Wir und wir: Kooperation und Vernetzung – diese Ebene geht über die eigene Organisation hinaus und bezieht Kooperationspartner*innen in die Reflexion und den Dialog ein, die die gemeinsamen inklusiven Schritte im Sozialraum mittragen und stärken können.
*   Alle gemeinsam: Die ganze Kommune, Region, … und die Welt – diese Ebene bezieht sich auf einen inklusiven Prozess, in dem die Beteiligten Strukturen für die gemeinsame Entwicklung des Sozialraums entwickelt haben und koordiniert nächste Schritte gehen, die sie auch gemeinsam im Dialog reflektieren.

Was hier evtl. wie Alternativen klingen könnte, die für unterschiedliche Konstellationen angemessen sein können, ist gleichzeitig auch eine Anregung für die Reflexion darüber, welche Ebene in welchem Ausmaß im Blick ist. Auch bei der inklusiven Entwicklung einer ganzen Kommune sind die einzelne Person und ggf. ihre Bildungseinrichtung in Bezug auf die jeweiligen Orientierungen und das Handeln bedeutsam – und die kommunale Vernetzung ist auch für die einzelne Bildungseinrichtung wichtig (vgl. BROKAMP 2015). Reflexion und Dialog können so vielfältiger und produktiver werden.

5.3 Zweiter Vorschlag: zur Systematik

Dieser Reflexions- und Planungsprozess bezieht sich möglichst konkret auf die aktuellen Gegebenheiten. Die pauschale Frage, wie inklusiv eine Bildungseinrichtung ist, führt nicht sonderlich weit. Daher macht der Index ein Angebot, das ihre mögliche Inklusivität sowie mögliche Barrieren in drei Dimensionen, sechs Bereiche, in 44 Indikatoren und in insgesamt mehreren hundert Fragen aufblättert, so dass die Beteiligten über sehr konkrete Dinge nachdenken, sprechen und sie dann ggf. auch planen können. Diese Systematik mag auf den ersten Blick überfordernd aussehen; die breite Palette von Reflexionsanstößen macht aber, wie die Erfahrung zeigt, durchaus Sinn, denn jede Schule befindet sich an einem eigenen Punkt der Entwicklung, bearbeitet jeweils spezifische Fragestellungen und treibt individuelle Vorhaben voran, auf die der Index mit einem sehr üppigen Buffet von Reflexionsanstößen besser eingehen kann (vgl. BOBAN & HINZ 2012a).

5.3.1 Rahmen für die Analyse: Dimensionen und Bereiche

Abb. 2: Dimensionen und Bereiche des Index für Inklusion (BOBAN & HINZ 2008, 54)

Die Dimensionen beziehen sich auf drei grundlegende Ebenen von Entwicklungsprozessen, die sich jeweils in zwei Bereiche ausdifferenzieren (vgl. Abb. 2 sowie BOBAN 2012):
- Es gilt, inklusive Kulturen zu schaffen, also am Aufbau einer sicheren, akzeptierenden, positiv interdependent kooperierenden und anregenden Gemeinschaft (Bereich A 1) zu arbeiten, in der jede*r geschätzt wird, so dass alle Lernenden und Mitarbeiter*innen sich anerkannt fühlen und ihre individuell bestmöglichen Leistungen erzielen können. Diese Dimension befasst sich mit der Entwicklung inklusiver Werte (Bereich A 2), die im ganzen Team, von den Lernenden, Eltern und Mitgliedern der Gremien geteilt und allen neuen Mitgliedern

der Bildungseinrichtung vermittelt werden. Die Prinzipien, die innerhalb inklusiver pädagogischer Kulturen entwickelt werden, sind leitend für Entscheidungen über Strukturen und Alltagspraktiken, so dass das Lernen für alle durch einen kontinuierlichen Prozess der Entwicklung unterstützt wird. Eine inklusive pädagogische Kultur wird getragen von dem Vertrauen in die Entwicklungskräfte aller Beteiligten und dem Wunsch, niemanden je zu beschämen.

- Ebenso gilt es, inklusive Strukturen zu etablieren, also Inklusion als zentralen Aspekt der Entwicklung der Bildungseinrichtung abzusichern und alle Strukturen durchdringen zu lassen, so dass sie das Lernen und die Partizipationsmöglichkeiten aller erhöhen (Bereich B 1). Dabei besteht Unterstützung in allen Aktivitäten, die zur Fähigkeit einer Bildungseinrichtung beitragen, auf die Vielfalt der Lernenden einzugehen (Bereich B 2). Alle Arten der Unterstützung werden in einen gemeinsamen Bezugsrahmen gebracht und von der Perspektive der Lernenden und ihrer Entwicklung aus betrachtet – und nicht von den Verwaltungsstrukturen einer Bildungseinrichtung oder eines Sozial- bzw. Schulamts aus.

- Schließlich gilt es, inklusive Praktiken zu entwickeln, also die jeweilige Praxis so zu gestalten, dass sie die inklusiven Kulturen und Strukturen der Bildungseinrichtung widerspiegelt. Diese Dimension stellt sicher, dass Aktivitäten die Partizipation aller Lernenden anregen und ihre Stärken, ihre Talente, ihr Wissen und ihre außerschulischen Erfahrungen einbeziehen (Bereich C 1). Statt die meisten Lernenden zu erziehen und zu unterrichten und wenige individuell zu fördern, werden Lernprozesse so arrangiert, dass sie Lern- und Partizipationsbarrieren überwinden helfen und so für alle gemeinsames Lernen an gemeinsamen Lerngegenständen ermöglicht wird. Die Lerngemeinschaft mobilisiert Ressourcen innerhalb der Bildungseinrichtung und in der örtlichen Gemeinde, um ein solches aktives, expansiv angelegtes Lernen für alle zu fördern (Bereich C 2).

Die Dimensionen und Bereiche bleiben zwar noch eher unkonkret, helfen aber bei der Systematisierung aktueller Fragestellungen im Hinblick darauf, ob das Thema eher mit dem Selbstverständnis der Bildungseinrichtung, mit internen strukturellen Bedingungen oder mit alltäglichen Praktiken zu tun hat – oder ob es sich durch alle drei Dimensionen zieht, wie es bei Querschnittsthemen wie der Kooperation der Fall ist. Bedeutsam ist dabei, dass es nicht um eine Kultur, eine Struktur und eine Praxis geht, sondern bereits in der Begrifflichkeit verdeutlicht wird, dass es vielfältige Kulturen, Strukturen und Praktiken sind, die komplex und auch nicht widerspruchsfrei sind. Zudem sind die drei Dimensionen mit einem Verb versehen, das den Prozesscharakter nochmals stärkt.

5.3.2 Materialien für die Analyse: Indikatoren und Fragen

Der schulische Index für Inklusion besteht aus insgesamt 44 Indikatoren (vgl. Abb. 3; der Kita-Index hat 46). Jeder Bereich enthält zwischen fünf und elf Indikatoren; sie bezeichnen Zielsetzungen, die mit dem aktuellen Status-Quo verglichen werden können, um daraus mögliche Prioritäten für weitere Entwicklungsschritte abzuleiten. Jeder Indikator wird durch eine Reihe von Fragen vertieft, so dass ein konkreter und differenzierter Dialog und ein gemeinsames Verständnis entwickelt werden können.

Bereich	Indikatoren	Zahl der Fragen
A 1 Gemeinschaft bilden	1. Jede(r) fühlt sich willkommen.	11
	2. Die SchülerInnen helfen einander.	10
	3. Die MitarbeiterInnen arbeiten zusammen.	13
	4. MitarbeiterInnen und SchülerInnen gehen respektvoll miteinander um.	10
	5. MitarbeiterInnen und Eltern gehen partnerschaftlich miteinander um.	14
	6. MitarbeiterInnen und schulische Gremien arbeiten gut zusammen.	11
	7. Alle lokalen Gruppierungen sind in die Arbeit der Schule einbezogen.	9
A 2 Inklusive Werte verankern	1. An alle SchülerInnen werden hohe Erwartungen gestellt.	12
	2. MitarbeiterInnen, SchülerInnen, Eltern und Mitglieder schulischer Gremien haben eine gemeinsame Philosophie der Inklusion.	10
	3. Alle SchülerInnen werden in gleicher Weise wertgeschätzt.	10
	4. MitarbeiterInnen und SchülerInnen beachten einander als Mensch und als RollenträgerIn.	11
	5. Die MitarbeiterInnen versuchen, Hindernisse für das Lernen und die Teilhabe in allen Bereichen der Schule zu beseitigen.	10
	6. Die Schule bemüht sich, alle Formen von Diskriminierung auf ein Minimum zu reduzieren.	15
B 1 Eine Schule für alle entwickeln	1. Der Umgang mit MitarbeiterInnen in der Schule ist gerecht.	8
	2. Neuen MitarbeiterInnen wird geholfen, sich in der Schule einzugewöhnen.	8
	3. Die Schule nimmt alle SchülerInnen ihrer Umgebung auf.	8
	4. Die Schule macht ihre Gebäude für alle Menschen barrierefrei zugänglich.	7
	5. Allen neuen SchülerInnen wird geholfen, sich in der Schule einzugewöhnen.	10
	6. Die Schule organisiert Lerngruppen so, dass alle SchülerInnen wertgeschätzt werden.	13

B 2 Unter- stützung für Vielfalt organisieren	1. Alle Formen der Unterstützung werden koordiniert.	10
	2. Fortbildungsangebote helfen den MitarbeiterInnen, auf die Vielfalt der SchülerInnen einzugehen.	13
	3. ‚Sonderpädagogische' Strukturen werden inklusiv strukturiert.	11
	4. Dem Gleichstellungsgebot wird durch den Abbau von Hindernissen für das Lernen und die Teilhabe aller SchülerInnen entsprochen.	11
	5. Die Unterstützung für SchülerInnen mit Deutsch als Zweitsprache wird mit der Lernunterstützung koordiniert.	8
	6. Unterstützungssysteme bei psychischen und Verhaltensproblemen werden mit denen bei Lernproblemen und mit der inhaltlichen Planung koordiniert.	13
	7. Druck zu Ausschluss als Strafe wird vermindert.	14
	8. Hindernisse für die Anwesenheit werden reduziert.	15
	9. Mobbing und Gewalt werden abgebaut.	14
C 1 Lern- arrangements organisieren	1. Der Unterricht wird auf die Vielfalt der SchülerInnen hin geplant.	16
	2. Der Unterricht stärkt die Teilhabe aller SchülerInnen.	17
	3. Der Unterricht entwickelt ein positives Verständnis von Unterschieden.	10
	4. Die SchülerInnen sind Subjekte ihres eigenen Lernens.	19
	5. Die SchülerInnen lernen miteinander.	11
	6. Bewertung erfolgt für alle SchülerInnen in leistungsförderlicher Form.	16
	7. Die Disziplin in der Klasse basiert auf gegenseitigem Respekt.	12
	8. Die LehrerInnen planen, unterrichten und reflektieren im Team.	10
	9. Die ErzieherInnen unterstützen das Lernen und die Teilhabe aller SchülerInnen.	15
	10. Die Hausaufgaben tragen zum Lernen aller SchülerInnen bei.	14
	11. Alle SchülerInnen beteiligen sich an Aktivitäten außerhalb der Klasse.	14
C 2 Ressourcen mobilisieren	1. Die Unterschiedlichkeit der SchülerInnen wird als Chance für das Lehren und Lernen genutzt.	9
	2. Die Fachkenntnis der MitarbeiterInnen wird voll ausgeschöpft.	10
	3. Das Kollegium entwickelt Ressourcen, um das Lernen und die Teilhabe zu unterstützen.	15
	4. Die Ressourcen im Umfeld der Schule sind bekannt und werden genutzt.	6
	5. Die Schulressourcen werden gerecht verteilt, um Inklusion zu verwirklichen.	7

Abb. 3: Bereiche, Indikatoren und Anzahl der Fragen des schulischen Index für Inklusion (BOBAN & HINZ 2003, 17)

Wie viele Nutzer*innen sagen, bilden die Fragen das Herz des Index. Sie sind zwar in geschlossener Form (ja/nein) gestellt, eröffnen jedoch produktive Gespräche, bei denen Beteiligte sehr schnell über die Beantwortung mit ja oder nein hinaus zu überlegen beginnen, wie weit sie die Frage positiv beantworten können, welche Beispiele für besonders gelungene Situationen ihnen dafür einfallen und wann sie massive Schwierigkeiten mit diesem Aspekt hatten.

Das breite Spektrum von Fragen verdeutlicht hier jeweils eine aus jedem der sechs Bereiche (vgl. BOBAN & HINZ 2003):

* Heißt die Schule alle Schüler*innen willkommen, z. B. Kinder von Migrant*innen, Fahrenden oder Asylbewerber*innen, Kinder mit Beeinträchtigungen und aus verschiedenen sozialen Milieus? (Frage A1.1.2; S. 53)
* Werden die Schüler*innen zu Prüfungen aufgefordert, wenn sie inhaltlich soweit sind und nicht zu einem festgesetzten Zeitpunkt? (Frage A2.1.5; S. 60)
* Werden Beobachtungen der neuen Mitarbeiter*innen über die Schule als wertvoll erachtet, um erste Eindrücke der Schule auf Außenstehende zu eruieren? (Frage B1.2.8; S. 67)
* Zielt die Unterstützung auf das Erkennen und Reduzieren der Hindernisse für das Lernen und die Teilhabe, anstatt sie mit Begriffen wie ,doppelter Halbsprachigkeit' oder ,Lernbehinderung' zu etikettieren? (Frage B2.5.3; S. 76)
* Prüfen die Lehrer*innen Möglichkeiten, den Bedarf an individueller Unterstützung bei Schüler*innen zu reduzieren? (Frage C1.1.10; S. 81)
* Werden Eltern und andere Menschen aus dem Umfeld in ihrer Vielfältigkeit als Unterstützung in den Unterricht eingeladen? (Frage C2.4.3; S. 95)

Für jede Bildungseinrichtung dürften andere Fragen bedeutsam sein und eventuell ist die wichtigste Frage im Index auch nicht enthalten – deshalb gibt es bei jedem Indikator Platz für weitere Fragen. Bei bestimmten Fragen gibt es vielleicht Unzufriedenheit und Handlungsbedarfe, aber andere Prioritäten werden als dringender wahrgenommen. Oder es ist etwas nicht vorhanden und es ist auch nicht notwendig. Wie gesagt, geht es nicht um das Abarbeiten eines Fragenkatalogs mit einem abschließenden ,Inklusionsquotienten', der zu einem Zertifikat führt – es geht vielmehr um die Unterstützung des Dialogs aller Beteiligten über den aktuellen Status-Quo und um gemeinsame Überlegungen für nächste Schritte der Bildungseinrichtung.

Seit Erscheinen des schulischen Index für Inklusion haben wir bei vielen Gelegenheiten in unterschiedlichsten Konstellationen zum Kennenlernen des Index danach gefragt, welche Indikatoren und Fragen leicht funktionierende nächste Schritte anstoßen könnten. Das Ergebnis bestätigt voll und ganz, dass es so viele Fragen im Index sein müssen: Aktuelle ,Lieblingsfragen' können nahezu alle Fragen sein, da ja die Situation in der einzelnen Bildungseinrichtung immer eine spezifische ist. Die ,entscheidenden' 40 oder 50 Fragen herauszudestillieren und einen vielleicht zugänglicheren, weil überschaubareren ,Index light' produzieren zu wollen, machte also keinen Sinn. Dies kann nur problematisch finden, wer den Index als Checkliste missversteht und nicht als Buffet nutzt.

Mit der dialogisch und partizipativ angelegten Grundsituation einer Vielfaltsgemeinschaft – sowohl in einem zentral koordinierenden Index-Team, als auch in unterschiedlichsten Konstellationen mit vielen Beteiligten – geht es letztlich darum, „kulturelle Kompetenz" zu entwickeln, zu erweitern und so zu „transformativem Lernen" zu kommen (vgl. SCHLEHUBER & MOLZAHN 2007). Dies gilt für Kitas und Schulen wie für Fortbildungsinstitutionen und die Bildungsverwaltung; am sinnvollsten kann mit dem Index gearbeitet werden, wenn er auf die eigene Situation bezogen wird – und auch dafür ist es hilfreich, dass es nicht nur eine Fassung des Index gibt, sondern drei.

5.3.3 Systematik des Kommunalen Index für Inklusion

Aufgrund der anderen Grundstruktur im kommunalen Kontext mit einer deutlich höheren Komplexität enthält der Kommunale Index eine andere Grundstruktur als die beiden Fassungen für Kitas und Schule, die sich im Schwerpunkt auf eine Bildungseinrichtung beziehen, auch wenn sie deren Vernetzung mit im Blick haben. Er enthält drei große Fragenbereiche, unter denen die Indikatoren und Fragen subsummiert sind (vgl. MSJG 2011, 36f.):

- „Unsere Kommune als Wohn- und Lebensort" bezieht sich auf das Individuum und seine Lebenssituation; hier kommen alle Aspekte zur Sprache, die für eine inklusive Lebensqualität im Umfeld wichtig sein können.
- „Inklusive Entwicklung unserer Organisation" nimmt die inklusive Qualität der eigenen Organisation in den Blick, sei es ein Amt, ein Dienst, ein Verein, ein Träger von Einrichtungen – oder auch eine Kindertageseinrichtung oder eine Schule.
- „Kooperation und Vernetzung in unserer Kommune" schließlich betrachtet die Kommune als Ganzes und reflektiert die Kooperation und Vernetzung auf lokaler und regionaler Ebene.

Auf dieser Basis kommt es zu folgender Systematik (vgl. MSJG 2011, 38-123):

Fragebereich	Indikatoren	Zahl der Fragen
Unsere Kommune als Wohn- und Lebensort	Inklusive Werte	13
	Wohnen und Versorgung	10
	Wohlbefinden und Gemeinschaft	11
	Mobilität und Transport	11
	Barrierefreiheit	8
	Umwelt und Energie	9
	Bildung und lebenslanges Lernen	15
	Arbeit und Beschäftigung	12
	Kultur und Freizeit	12
	Beteiligung und Mitsprache	16
Inklusive Entwicklung unserer Organisation	Gemeinsame Ziele und Leitideen	13
	Haltung und Verhalten	14
	Selbstständigkeit und Verantwortungsübernahme	12
	Kontaktaufnahme und Empfang	11
	Zugänglichkeit der Gebäude	12
	Außendarstellung und Werbung	11
	Angebote und Leistungen	12
	Erreichbarkeit und Bearbeitung der Anliegen	10
	Rückmeldungen und Veränderungspraxis	11
	Arbeitsplatz und Arbeitsbedingungen	14
	Einstellungspraxis und Beförderungswesen	13
	Neue Mitarbeiterinnen und Mitarbeiter	12
	Interne Kommunikation und Information	14
	Zusammenarbeit und Unterstützung	16
	Wissen, Erfahrungen und Kompetenzen	11
	Weiterbildung und Entwicklung	14
	Führungskultur und -praxis	14
	Beteiligung und Mitbestimmung	11
	Abläufe und Standards	13
	Finanzen und Ressourcen	12
Kooperation und Vernetzung in unserer Kommune	Inklusive Werte im Netzwerk	12
	Kooperation mit Partnerorganisationen	12
	Beteiligung und Verantwortungsgemeinschaft	12
	Transparenz und Kommunikation	10
	Verständigung und Entscheidung	11
	Mobilisierung von Ressourcen	11
	Koordination und Steuerung	10
	Strategien für nachhaltige Wirksamkeit	14
	Vernetzung über die Kommune hinaus	10
	Lokal denken – global handeln	8

Abb. 4: Fragenbereiche, Indikatoren und Anzahl der Fragen des Kommunalen Index für Inklusion (MSJG 2011)

6 Schlüsselelemente inklusiver Pädagogik

Egal wie stark bei der Arbeit mit dem Index dessen Buffet-Charakter betont wird – Menschen empfinden ihn mitunter trotzdem als Zumutung: Er stellt hunderte von Fragen und gibt keine einzige Antwort. Da es jedoch bekannte pädagogische Konzepte gibt, die mit inklusiver Pädagogik kompatibel sind oder mit ihr synergetisch zusammenwirken, ist klar, dass inklusive Pädagogik nicht neu erfunden werden muss. Wenn eine Bildungseinrichtung sich also einem der Bereiche des Index verstärkt zuwenden will, können die folgenden praxiserprobten Ansätze – als Beispiele, die uns naheliegend erschienen – dafür Anregungspotenziale bieten (vgl. Boban & Hinz 2008 sowie Beiträge in Boban, Eckmann & Hinz 2014):

• Möchte eine Bildungseinrichtung sich darin stärken, eine Gemeinschaft zu bilden, und sich um eine anerkennende Kultur bemühen, bietet der Ansatz der ‚lebensbereichernden Pädagogik‘ mit ‚gewaltfreier Kommunikation‘ diverse Impulse (vgl. Rosenberg 2004, Macho-Wagner & Wagner 2012).

• Will sich eine Bildungseinrichtung stärker mit ihren grundlegenden Werten auseinandersetzen, kann sie dazu den Ansatz der ‚Gleichwürdigkeit‘ (vgl. Juul & Jensen 2009, Jensen 2014) auf der Basis eines Partnerschaftsmodells (vgl. Eisler 2005) heranziehen.

• Hat eine Bildungseinrichtung den Plan, sich der Entwicklung zur partizipativen ‚Kita für alle‘ oder ‚Schule für alle‘ zu widmen, liegt es nahe, sich mit Modellen der demokratischen Bildung und ihren Strukturen und ebenso mit ihren Kulturen und Werten zu beschäftigen, wo es eine Altersmischung von drei bis 18 Jahren gibt; zudem strahlt demokratische Bildung auch auf die demokratische Veränderung von kommunalen Räumen aus (vgl. Hecht 2010, Boban & Hinz 2008, Gidion 2010, Dvir, Arbel, Gilboa-Ater & Schwartzberg 2014).

• Plant eine Bildungseinrichtung Schritte zur Unterstützung von Vielfalt, kann sie sich auf das wohl weltweit am inklusivsten strukturierte Schulsystem der kanadischen Atlantikprovinz New Brunswick beziehen, in dem der Kindergarten integraler Bestandteil ist. Dort gibt es lediglich eine Differenzierung nach Schulstufen, aber keine nach Schulformen, geschweige denn Sonderschulen oder -klassen – und das kann nur funktionieren, wenn jede Schule ein internes Unterstützungssystem hat und mit externen Diensten vernetzt ist (vgl. Porter & Richler 1991, Hinz 2007, Köpfer 2013).

• Möchte eine Bildungseinrichtung ihre Lernarrangements weiterentwickeln, kann sie das Kooperative Lernen in heterogenen Kleingruppen mit ihrem gruppenpädagogischen Zugang und ihrer ausbalancierten Gewichtung von Lernprozessen und -ergebnissen als Anregung nehmen (vgl. Green & Green 2006, Boban & Hinz 2007).

• Geht es einer Bildungseinrichtung um das Erschließen neuer Ressourcen, kann ihr das Konzept der Zukunftsplanung helfen, mit dem sich die Situation einer

Person, einer Organisation oder einer Region reflektieren und weiterentwickeln lässt (vgl. Boban 2008, Hinz & Kruschel 2013, Kruschel & Hinz 2015).

Diese Auflistung von Ansätzen ist keineswegs vollständig. Vielmehr machen sie Richtungen deutlich, die Orientierung bieten und Entwicklungen anregen können. Dabei dürfte es kein Zufall sein, dass einige ihrer Vertreter*innen sowohl in der „Kunst des Dialogs" (Hartkemeyer & Hartkemeyer 2005) als auch im Band „Ungehorsam im Schuldienst" (Stähling & Wenders 2009) interviewt werden. Auch dies ist also kein geschlossenes Curriculum, sondern eine Sammlung von möglichen Anknüpfungspunkten. Interessanterweise haben nicht nur wir nach solchen Konzepten Ausschau gehalten; auch in der dritten englischen Auflage des Index findet sich unter dem Begriff „alliances" eine stärkere Verbindung zwischen Inklusion und unterschiedlichen Konzepten (vgl. Booth & Ainscow 2011, 29-33).

7 Kern inklusiver Pädagogik: Lernprozesse gestalten

Wer inklusive Lebens- und Lernbedingungen gestalten will, gerät unweigerlich in Widersprüche – in der schulischen sicher stärker als in der frühkindlichen Bildung. Das war ja u.a. am Beginn der Ausgangspunkt für die Faszination durch den Index.

Die Widersprüche haben zum einen damit zu tun, welche gesellschaftlichen Funktionen der Bildungsbereich wahrnimmt. Kurz gesagt steht auf der einen Seite die Qualifikationsfunktion der Bildung, die auf gegenwärtige und zukünftige Kompetenzen Lernender zielt, auf der anderen Seite steht die Allokationsfunktion, mit der das Bildungssystem Lernenden, z.B. über Abschlüsse, unterschiedliche Chancen für ihr zukünftiges Leben in der Gesellschaft verteilt und damit selektiv wirkt. Aus diesen widersprüchlichen Funktionen gibt es kein Entrinnen, jedoch ist es möglich, durch die Gestaltung des Bildungssystems Einfluss darauf zu nehmen, welche der beiden Tendenzen stärker in den Vorder- und welche in den Hintergrund gerückt wird (vgl. Hinz 2004, 65).

Zum anderen gibt es jedoch auch Widersprüche innerhalb des Bildungssystems, die auf Beteiligte wie eine Zerreißprobe wirken: Einerseits soll hochwertige inklusive Bildung realisiert und damit der Heterogenität entsprochen werden, andererseits wird über neue Formen der Steuerung der Druck auf standardisierte Lernverläufe verstärkt, indem Vergleichsarbeiten geschrieben, ein Zentralabitur abgelegt und allgemein Curricula und Standards erfüllt werden sollen. Die problematischen Rückwirkungen auf pädagogische Situationen werden breit diskutiert, u.a. im Kontext des achtjährigen Gymnasiums in den westlichen Bundesländern. Auch bei diesen Spannungsfeldern – wobei diskutiert werden könnte, ob es sich um sich ausschließende oder ergänzende handelt – gibt es keine Lösung, sondern neben der Strategie politischer Einflussnahme nur – oder immerhin – die Herausforderung für ein pragmatisches Ausbalancieren.

Im Zentrum inklusiver Pädagogik steht die Gestaltung von Lernprozessen als deren Umsetzung (vgl. BOBAN & HINZ 2012). Verbunden mit dem Ansatz des Kritischen Psychologen HOLZKAMP lassen sich pädagogische Situationen mit einem einfachen Vier-Felder-Schema unterteilen und am besonders drastischen Beispiel der Schule beschreiben (vgl. Abb. 5).

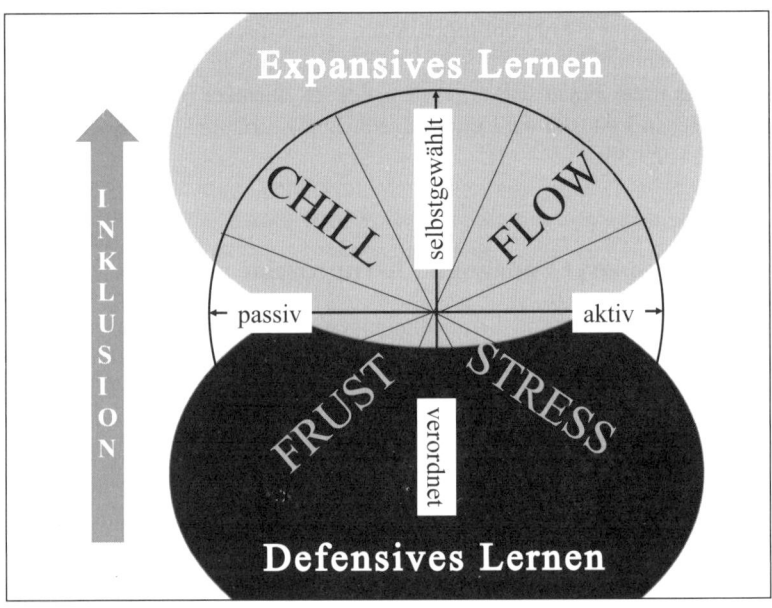

Abb. 5: Lernbedingungen und ihre tendenziellen Folgen (nach BOBAN & HINZ 2012, 71)

Hier finden sich idealtypisch folgende dominierende Tendenzen, die jedoch in der Realität immer auch Anteile des je anderen enthalten: Besteht Aktivität vorwiegend aus dem Erfüllen verordneter Aufgaben, entsteht bei vielen Schüler*innen Stress, dominiert hingegen passives Stillsitzen und Zuhören, entsteht häufig Frust. Mitunter kommt es zu beidem bei verschiedenen Schüler*innen gleichzeitig, weil Lehrer*innen in einem im Wesentlichen durch sie gesteuerten Unterricht in die schwierige Motor-Brems-Dynamik geraten, bei der sie einige Schüler*innen anschieben und andere verlangsamen müssen. Der hohe Grad an Stress für Lehrer*innen entsteht letztlich dadurch, dass sie alle Schüler*innen in einem Modus „defensiv begründeten Lernens" (HOLZKAMP 1992, 9) halten müssen, der von curricularer und/oder persönlicher Fremdbestimmung geprägt ist. Beim defensiv begründeten Lernen vermittelt ein ‚heimlicher Lehrplan' Schüler*innen, dass ihre Fragen und Interessen, aber auch ihre individuellen Fähigkeiten und Stärken nicht zum Tragen kommen, sondern es vielmehr darauf ankommt, die Lehrer*innen mit ihren Aufgabenstellungen zufriedenzustellen. Wie HOLZKAMP (ebd.) schreibt, zielt dieses außengesteuerte und sachentbundene Lernen lediglich auf die Abwehr von möglichen Sanktionen; zuallererst geht es „um die Abrechenbarkeit des Lernerfolgs bei den jeweiligen Kontrollinstanzen" (ebd., 1995, 193). Was hierbei gelernt wird, kann auch fragmentarisches Sachwissen sein, vor allem aber, wie die je nächste Selektionshürde gemäß der ‚Standardisierungsagenda' ohne Crash zu nehmen ist.

Bei selbstbestimmtem Lernen kommt es mit Chance bei großem Aktivitätsgrad zum Agieren im „Flow-Kanal" (BUROW 2011, 64), also dem intensiven Eintauchen in die Auseinandersetzung mit einer Sache, bei geringer Aktivität entstehen Tendenzen zum ‚Chill', also dem entspannten ‚Abhängen' beim Lernen, während dessen nach Aussage der Hirnforschung Erarbeitetes weiter verarbeitet werden kann – und aus beidem besteht Lernen. Hier werden Möglichkeitsräume „expansiv begründeten Lernens" (HOLZKAMP 1995,191) geschaffen, d.h. es geht um das „Lernen um mit der mit dem Eindringen in den Gegenstand erreichbaren Erweiterung der Verfügung / Lebensqualität willen" (ebd.). Was alle Lernenden bei ihren individuellen Vorhaben brauchen, ist Lernbegleitung durch aufmerksame und (be-)stärkende Erwachsene, und dies in individuell unterschiedlichem Ausmaß und zu verschiedenen Zeitpunkten ihrer Lernprozesse. Dazu gehört dann eine Fragehaltung, die eher das ‚Was tust du gern?' fokussiert als das ‚Was kannst du gut?' – und schon gar nicht das ‚Was kannst du alles noch nicht und wobei ist Förderung angesagt?' Für die Rolle der Lehrer*innen stellt sich dann nicht mehr das Dilemma der Motor-Brems-Dynamik, sie lässt sich eher als zeitweilig eingeladene Beifahrer*innen, vielleicht als lernbezogene Stauberater*innen und als pädagogische Tankwart*innen beschreiben.

Erst mit Möglichkeitsräumen für expansives Lernen entstehen Chancen dafür, dass Lernende sich als aktive, selbstwirksame Individuen innerhalb einer kreativen Gruppe erleben. ‚Flow-Qualität' des Arbeitens – und vermutlich auch der ‚Chill-Modus' des Verarbeitens – bedarf der Inspiration des gemeinsamen Denkens und einer dialogischen Qualität von Beziehung: „Kreativität gibt es nur im Plural", fasst BUROW (1999) zusammen und konstatiert für viele Aspekte der bisherigen Logik des Lehrens und Förderns eine „Individualisierungsfalle" (ebd.). Dies zu erkennen bedeutet den Anspruch, die ‚Spielregeln' für alle zu ändern, statt – wie bisher oft mit einem spezifischen Verständnis von Integration mit einem Förder-Ansatz – einige dabei besonders (individuell, sonderpädagogisch, begabungsentsprechend) zu unterstützen, am für alle schwierigen, weil defensiven ‚Spiel' besser teilnehmen zu können.

Abb. 6: Zentrifugale, nach außen gerichtete, und zentripetale, nach innen gerichtete Dynamiken (Boban 2015, 280)

Dabei gilt es, eine Balance zwischen zwei Richtungen von Prozessen zu finden und im Auge zu behalten (vgl. Abb. 6): Einerseits haben Gruppen die Tendenz, sich entsprechend individuellen Vorhaben und Interessen auseinanderzuentwickeln, so dass sich in Interessen und/oder Möglichkeiten Ähnliche oder Gleiche zusammenfinden und Unterschiedliche weniger miteinander zu tun haben – so entsteht eine nach außen gerichtete, zentrifugale Dynamik. Diese Tendenzen gilt es zu ergänzen durch Prozesse, die die Gruppe als Ganzes stärken und miteinander in intensivere Kontakte bringen, so dass Gemeinsamkeit gestärkt wird und eine zentripetale Dynamik entsteht. Zentrifugale Dynamiken entstehen in jeder Gruppe, zumal wenn sie sich in Bildungseinrichtungen nicht freiwillig zusammengefunden hat, für zentripetale Dynamiken gilt es soweit Sorge zu tragen, dass insgesamt eine Balance von Nähe und Distanz und von Annäherung und Abgrenzung möglich wird – so bereits eine zentrale Aussage der Theorie integrativer Prozesse aus den 1990er Jahren (vgl. Reiser 1991, Hinz 1993).

Damit ist die inklusive Herausforderung der Gestaltung von Lernprozessen beschrieben: Es gilt, den Anteil des expansiven Lernens zu vergrößern und den des defensiven Lernens zu verkleinern und dabei Gemeinsamkeit und Individualität in Balance zu halten. Stress und Frust wird es immer bei Lernenden geben, auch bei Flow-Erfahrungen, das muss in Bildungseinrichtungen nicht extra mit viel Aufwand organisiert werden – was eigentlich eine beruhigende Information ist. Wie aber die individuellen und gleichzeitig sozial eingebundenen Vorhaben mit eigenen Fragestellungen, Vorlieben und Interessen gestaltet werden können – darauf gilt es im Rahmen inklusiver Pädagogik zu achten. Übrigens hat sich gezeigt, dass diese Überlegungen zu Inklusion als expansiven Lebens- und Lernmöglichkeiten nicht nur für die Partizipation Lernender an ihren Lernprozessen in Bildungseinrichtungen relevant sind, sondern ebenso für die von Pädagog*innen und Leitungspersonen an ihrer Arbeit, wie auch für Referent*innen in Fortbildungsinstituten, in Ministerien und an anderen Arbeitsstellen… Je mehr Einfluss

Beteiligte auf ihre Situation haben und so an Selbstwirksamkeit realisieren können – und es kommt hinzu: je mehr Dialoge über die gemeinsame Gestaltung von Situationen geführt werden –, als umso inklusiver kann eine Lebens-, Lern- und Arbeitssituation angesehen werden.

8 Zwischenfazit

Zusammenfassend lassen sich folgende Kernpunkte der drei deutschsprachigen Fassungen des Index für Inklusion und seines Anliegens festhalten:

- Der Index stellt eine Möglichkeit dar, die eigene Situation in einer Bildungseinrichtung oder Kommune zu reflektieren und nächste Schritte der Entwicklung in Richtung Inklusion zu planen und zu realisieren.
- Dabei bilden die Menschenrechte, insbesondere die Rechte auf Bildung und Partizipation in allen Lebensbereichen, eine wesentliche Orientierung für Inklusion.
- Der Index begreift Inklusion als Prozess, der unterschiedliche Perspektiven – auf Individuen, auf Einrichtungen und auf Wertorientierungen – zusammenbringt und durch Reflexion und Dialog möglichst vieler Beteiligter zu produktiven Schritten in Richtung Inklusion beiträgt; damit steht er in einem Spannungsverhältnis zum deutschsprachigen Inklusionsdiskurs, der das Thema weitgehend auf die Integration von Menschen mit Behinderungserfahrungen verkürzt.
- Der Index schlägt vor, wie der inklusive Prozess gestaltet werden kann und wie Reflexion und Dialog durch ein detailliertes Buffet von Fragen angeregt werden können.
- Da der Index mehrere hundert Fragen stellt, aber keine einzige Antwort gibt, kann es sinnvoll sein, sich auf die Suche nach Ansätzen zu machen, die mit dem inklusiven Anliegen zusammenwirken können – und da gibt es viele Ansätze, die in Bildungseinrichtungen praktiziert werden.
- Als Kern inklusiver Pädagogik lassen sich die Gestaltung von inklusiven Lernarrangements im Sinne eines Möglichkeitsraums für vermehrtes expansives Lernen und die Balance zwischen zentrifugalen und zentripetalen Dynamiken in Lerngruppen benennen.

Damit steht der Index als Unterstützung für die schrittweise Entwicklung immer inklusiverer Kulturen, Strukturen und Praktiken bereit – er ist quasi eine Erleichterung für inklusive Prozesse, die über die gemeinsame Reflexion möglichst vieler Beteiligter zu einer inklusiveren Qualität von deren Lebens- und Lernbedingungen beitragen. Das gilt sowohl für diejenigen, die primär als Lernende aktiv sind, als auch für die, die primär für das Arrangieren und Unterstützen von Lernprozessen zuständig sind.

Literatur

AINSCOW, Mel (1999): Understanding the Development of Inclusive Schools. Studies in Inclusive Education Series. London/Philadelphia: Falmer

BOBAN, Ines (2008): Bürgerzentrierte Zukunftsplanung in Unterstützerkreisen. Inklusiver Schlüssel zu Partizipation und Empowerment pur. In: HINZ, Andreas, KÖRNER, Ingrid & NIEHOFF, Ulrich (Hrsg.): Von der Integration zur Inklusion. Grundlagen – Perspektiven – Praxis. Marburg: Lebenshilfe, 230-247

BOBAN, Ines (2015): Stärkung in der Gruppe – das Konzept „Summer University". In: KRUSCHEL, Robert & HINZ, Andreas (Hrsg.): Zukunftsplanung als Schlüsselelement von Inklusion. Praxis und Theorie personenzentrierter Planung. Bad Heilbrunn: Klinkhardt, 279-285

BOBAN, Ines, ECKMANN, Theo & HINZ, Andreas (Hrsg.) (2014): Lernen durch Vielfalt. Variationen aus der sozialästhetischen und inklusiven Praxis: Demokratische Bildung, Kooperatives Lernen, Zukunftsplanung. Bochum/Freiburg: Projekt Verlag

BOBAN, Ines & HINZ, Andreas (Hrsg.) (2003): Index für Inklusion. Lernen und Teilhabe in der Schule der Vielfalt entwickeln. Halle (Saale): Universität (auch online unter: http://www.eenet.org.uk/ index_inclusion/Index%20German.pdf)

BOBAN, Ines & HINZ, Andreas (2007): Orchestrating Learning!?! Der Index für Inklusion fragt, Kooperatives Lernen hat Antworten. In: DEMMER-DIECKMANN, Irene & TEXTOR, Annette (Hrsg.): Bildungspolitik und Integrationsforschung im Dialog. Bad Heilbrunn: Klinkhardt, 117-125

BOBAN, Ines & HINZ, Andreas (2008): „The inclusive classroom" – Didaktik im Spannungsfeld von Lernprozesssteuerung und Freiheitsberaubung. In: ZIEMEN, Kerstin (Hrsg.): Reflexive Didaktik – Annäherungen an eine Schule für alle. Oberhausen: Athena, 71-98

BOBAN, Ines & HINZ, Andreas (2011): „Index für Inklusion" – ein breites Feld von Möglichkeiten zur Umsetzung der UN-Konvention. In: FLIEGER, Petra & SCHÖNWIESE, Volker (Hrsg.): Menschenrechte – Integration – Inklusion. Aktuelle Perspektiven aus der Forschung. Bad Heilbrunn: Klinkhardt, 169-175

BOBAN, Ines & HINZ, Andreas (2012a): Auf dem Weg zur inklusiven Schule – mit Hilfe des Index für Inklusion. In: MOSER, Vera (Hrsg.): Standards für die Umsetzung der inklusiven Schule. Stuttgart: Kohlhammer, 71-76

BOBAN, Ines & HINZ, Andreas (2012b): Individuelle Förderung in der Grundschule? Spannungsfelder und Perspektiven im Kontext inklusiver Pädagogik und demokratischer Bildung. In: SOLZBACHER, Claudia, MÜLLER-USING, Susanne & DOLL, Inga (Hrsg.): Ressourcen stärken! Individuelle Förderung als Herausforderung für die Grundschule. Köln: Wolters Kluwer, 68-82

BOBAN, Ines & HINZ, Andreas (2015): Zukunftsplanung in Schulentwicklungsprozessen. In: KRUSCHEL, Robert & HINZ, Andreas (Hrsg.): Zukunftsplanung als Schlüsselelement von Inklusion. Praxis und Theorie personenzentrierter Planung. Bad Heilbrunn: Klinkhardt, 153-164

BOOTH, Tony (2008): Eine internationale Perspektive auf inklusive Bildung: Werte für alle? In: HINZ, Andreas, KÖRNER, Ingrid & NIEHOFF, Ulrich (Hrsg.): Von der Integration zur Inklusion. Grundlagen – Perspektiven – Praxis. Marburg: Lebenshilfe, 53-73

BOOTH, Tony & AINSCOW, Mel (Eds.) (2000): Index for Inclusion. Developing Learning and Participation in Schools. Bristol: CSIE

BOOTH, Tony & AINSCOW, Mel (Eds.) (²2002): Index for Inclusion. Developing Learning and Participation in Schools. Bristol: CSIE (auch online unter: http://www.eenet.org.uk/resources/docs/ Index%20English.pdf)

BOOTH, Tony & AINSCOW, Mel (Eds.) (³2011): Index for Inclusion. Developing Learning and Participation in Schools. Bristol: CSIE

BOOTH, Tony, AINSCOW, Mel & KINGSTON, Denise (2006a): Index for Inclusion. Developing Play, Learning and Participation in Early Years and Childcare. Bristol: CSIE (auch online unter: http:// www.eenet.org.uk/resources/docs/Index%20EY%20English.pdf)

Booth, Tony, Ainscow, Mel & Kingston, Denise (Hrsg.) (2006b): Index für Inklusion (Tageseinrichtungen für Kinder). Lernen, Partizipation und Spiel in der inklusiven Kindertageseinrichtung entwickeln. Frankfurt am Main: GEW (auch im Internet: http://www.eenet.org.uk/index_inclusion/Index%20EY%20German2.pdf)

Booth, Tony & Black-Hawkins, Kristine (2001): Developing Learning and Participation in Countries of the South. The Role of an Index for Inclusion. Paris: UNESCO (auch online unter: http://www.eenet.org.uk/resources/docs/147140eo.pdf)

Bonsen, Matthias zur & Maleh, Carole (2001): Appreciative Inquiry (AI): Der Weg zu Spitzenleistungen. Weinheim/Basel: Beltz

Brokamp, Barbara (2011): Ein kommunaler Index für Inklusion – oder: Wie können sinnvoll kommunale inklusive Entwicklungsprozesse unterstützt werden? In: Flieger, Petra & Schönwiese, Volker (Hrsg.): Inklusionsforschung im Lichte der UN-Konvention über die Rechte behinderter Menschen. Bad Heilbrunn: Klinkhardt, 237-244

Brokamp, Barbara (2015): Kommunale Vernetzung inklusiver Schulen und Lehrerinnen- und Lehrerbildung. In: Häcker, Thomas & Walm, Maik (Hrsg.): Inklusion als Entwicklung. Konsequenzen für Schule und Lehrerbildung. Bad Heilbrunn: Klinkhardt, 332-344

Burow, Olaf-Axel (1999): Die Individualisierungsfalle. Kreativität gibt es nur im Plural. Stuttgart: Klett-Cotta

Burow, Olaf-Axel (2011): Positive Pädagogik. Sieben Wege zu Lernfreude und Schulglück. Weinheim/Basel: Beltz

Deppe-Wolfinger, Helga (2005): Was macht die inklusive Qualität einer guten Schule aus und wie kann sie umgesetzt werden? In: Geiling, Ute & Hinz, Andreas (Hrsg.): Integrationspädagogik im Diskurs. Auf dem Weg zur inklusiven Pädagogik? Bad Heilbrunn: Klinkhardt, 106-109

Dhawan, Nikita & Castro Varela, Maria do Mar (2014): Human Rights and its Discontents: Postkoloniale Interventionen in Menschenrechtspolitik. In: König, Julia & Seichter, Sabine (Hrsg.): Menschenrechte. Demokratie. Geschichte. Transdisziplinäre Herausforderungen an die Pädagogik. Weinheim/Basel: Beltz Juventa, 144-161

Dvir, Ron, Arbel, Yael, Gilboa-Ater, Michal & Schwartzberg, Yael (Eds.) (2014): Democratic City. An Education City in the 21st Century. A Roadmap to Social – Educational – Communal Change. Tel Aviv: Institute for Democratic Education. Online unter: http://www.democratic.co.il/en/book/

Eisler, Riane (2005): Die Kinder von morgen. Die Grundlagen der partnerschaftlichen Bildung. Freiburg im Breisgau: Arbor

Erdsiek-Rave, Ute (2010): Ein System unter Druck. Aufgaben für die Politik. In: Hinz, Andreas, Körner, Ingrid & Niehoff, Ulrich (Hrsg.): Auf dem Weg zur Schule für alle. Barrieren überwinden – inklusive Pädagogik entwickeln. Marburg: Lebenshilfe, 311-318

Gidion, Niklas (2010): Der Beitrag der „Demokratischen Schulen" zu einem inklusiven Schulsystem. In: Hinz, Andreas, Körner, Ingrid & Niehoff, Ulrich (Hrsg.): Auf dem Weg zur Schule für alle. Barrieren überwinden – inklusive Pädagogik entwickeln. Marburg: Lebenshilfe, 192-212

Gomolla, Mechthild & Radtke, Frank-Olaf (³2009): Institutionelle Diskriminierung. Die Herstellung ethnischer Differenz in der Schule. Wiesbaden: VS

Green, Norm & Green, Kathy (²2006): Kooperatives Lernen im Klassenraum und im Kollegium. Das Trainingsbuch. Seelze: Kallmeyer

Hartkemeyer, Johannes F. & Hartkemeyer, Martina (2005): Die Kunst des Dialogs – kreative Kommunikation entdecken. Erfahrungen, Anregungen, Übungen. Stuttgart: Klett-Cotta

Hecht, Yaacov (2010): Democratic Education. A Beginning of a Story. Tel Aviv: Innovation Culture

Heitmeyer, Wilhelm (Hrsg.) (2012): Deutsche Zustände, Folge 10. Frankfurt am Main: Suhrkamp

HINZ, Andreas (1993): Heterogenität in der Schule. Integration – Interkulturelle Erziehung – Koedukation. Hamburg: Curio (auch online unter: http://bidok.uibk.ac.at/library/hinz-heterogenitaet_schule.html)

HINZ, Andreas (1996): Inclusive Education in Germany: The Example of Hamburg. The European Electronic Journal on Inclusive Education in Europe, 1.Online unter: http://www.uva.es/inclusion/texts/hinz01.htm

HINZ, Andreas (2000): Sonderpädagogik im Rahmen von Pädagogik der Vielfalt und Inclusive Education. Überlegungen zu neuen paradigmatischen Orientierungen. In: ALBRECHT, Friedrich, HINZ, Andreas & MOSER, Vera (Hrsg.): Perspektiven der Sonderpädagogik. Disziplinäre und professionsbezogene Standortbestimmungen. Neuwied: Luchterhand 124-140

HINZ, Andreas (2002): Von der Integration zur Inklusion – terminologisches Spiel oder konzeptionelle Weiterentwicklung? Zeitschrift für Heilpädagogik 53, 354-361

HINZ, Andreas (2004): Vom sonderpädagogischen Verständnis der Integration zum integrationspädagogischen Verständnis der Inklusion!? In: SCHNELL, Irmtraud & SANDER, Alfred (Hrsg.): Inklusive Pädagogik. Bad Heilbrunn: Klinkhardt, 41-74

HINZ, Andreas (2007): Inklusion – VISION und Realität! Herausforderungen in Deutschland und Praxis in Kanada. In: KATZENBACH, Dieter (Hrsg.): Vielfalt braucht Struktur. Heterogenität als Herausforderung für die Schul- und Unterrichtsforschung. Frankfurt am Main: Goethe-Universität, 81-98

HINZ, Andreas (2013): Inklusion – von der Unkenntnis zur Unkenntlichkeit?! Kritische Anmerkungen zu zehn Jahren Diskurs zur schulischen Inklusion. Inklusion Online – Zeitschrift für Inklusion. H. 1. Online unter: http://www.inklusion-online.net/index.php/inklusion/article/view/201/182

HINZ, Andreas, BOBAN, Ines, GILLE, Nicola, KIRZEDER, Andrea, LAUFER, Katrin & TRESCHER, Edith (2013): Entwicklung der Ganztagsschule auf der Basis des Index für Inklusion. Bericht zur Umsetzung des Investitionsprogramms „Zukunft Bildung und Betreuung" im Land Sachsen-Anhalt. Bad Heilbrunn: Klinkhardt

HINZ, Andreas, KATZENBACH, Dieter, RAUER, Wulf, SCHUCK, Karl Dieter, WOCKEN, Hans & WUDTKE, Hubert (1998): Die Integrative Grundschule im sozialen Brennpunkt. Ergebnisse eines Hamburger Schulversuchs. Hamburg: Feldhaus

HINZ, Andreas, KÖRNER, Ingrid & NIEHOFF, Ulrich (2010): Vorwort. In: HINZ, Andreas, KÖRNER, Ingrid & NIEHOFF, Ulrich (Hrsg.): Auf dem Weg zur Schule für alle. Barrieren überwinden – inklusive Pädagogik entwickeln. Marburg: Lebenshilfe, 8-10

HINZ, Andreas & KRUSCHEL, Robert (2013): Bürgerzentrierte Planungsprozesse in Unterstützerkreisen. Praxishandbuch Zukunftsfeste. Düsseldorf: selbstbestimmtes leben

HOLZKAMP, Klaus (1992): Die Fiktion administrativer Planbarkeit schulischer Lernprozesse. Im Internet: http://www2.ibw.uni-heidelberg.de/~gerstner/holzkampLernfiktion.pdf

HOLZKAMP, Klaus (1995): Lernen. Subjektwissenschaftliche Grundlegung. Frankfurt am Main: Campus

JENSEN, Helle (2014): Hellwach und ganz bei sich. Achtsamkeit und Empathie in der Schule. Weinheim/Basel: Beltz

JUUL, Jesper & JENSEN, Helle (³2009): Vom Gehorsam zur Verantwortung. Für eine neue Erziehungskultur. Weinheim: Beltz

KÖPFER, Andreas (2013): Inclusion in Canada. Analyse inklusiver Unterrichtsprozesse, Unterstützungsstrukturen und Rollen am Beispiel kanadischer Schulen in den Provinzen New Brunswick, Prince Edward Island und Québec. Bad Heilbrunn: Klinkhardt

KRUSCHEL, Robert & HINZ, Andreas (Hrsg.) (2015): Zukunftsplanung als Schlüsselelement von Inklusion. Praxis und Theorie personenzentrierter Planung. Bad Heilbrunn: Klinkhardt

MACHO-WAGNER, Isolde & WAGNER, Thomas (2012): Wege zum achtsamen Miteinander. Gewaltfreie Kommunikation und Spiritualität. Freiburg im Breisgau: Kreuz

McDonald, Vincent & Olley, Debbie (2002): Aspiring to Inclusion. A Handbook for Councils and other Organisations. Ipswich: Suffolk County Council

MSJG (Montag Stiftung Jugend und Gesellschaft) (Hrsg.) (2010): Kommunaler Index für Inklusion. Arbeitsbuch. Bonn: Montag Stiftung Jugend und Gesellschaft (auch online: http://www.montag-stiftugen.com/fileadmin/Redaktion/Jugend_und_Gesellschaft/PDF/Projekte/Kommunaler_Index/KommunenundInklusion_Arbeitsbuch_web.pdf)

MSJG (Montag Stiftung Jugend und Gesellschaft) (Hrsg.) (2011): Inklusion vor Ort. Der Kommunale Index für Inklusion – ein Praxishandbuch. Berlin: Deutscher Verein für öffentliche und private Fürsorge

Porter, Gordon L. & Richler, Diane (Eds.) (1991): Changing Canadian Schools. Perspectives on Disability and Inclusion. North York, Ontario: Roeher Institute

Reiser, Helmut (1991): Wege und Irrwege zur Integration. In: Sander, Alfred & Raidt, Peter (Hrsg.): Integration und Sonderpädagogik. St. Ingbert, 13-33

Rosenberg, Marshall B. (2004): Erziehung, die das Leben bereichert. Gewaltfreie Kommunikation im Schulalltag. Paderborn: Junfermann

Saldern, Matthias von (2013): Inklusion ist auf dem Weg. In: Saldern, Matthias von (Hrsg.): Inklusion II. Der Umgang mit besonderen Merkmalen. Norderstedt: Books on Demand, 7-20

Sander, Alfred (2002): Von der integrativen zur inklusiven Bildung. Internationaler Stand und Konsequenzen für die sonderpädagogische Förderung in Deutschland. In: Hausotter, Anette, Boppel, Werner & Meschenmoser, Helmut (Hrsg.): Perspektiven sonderpädagogischer Förderung in Deutschland. Dokumentation der nationalen Fachtagung vom 14. bis 16. November 2001 in Schwerin. Middelfart: European Agency, 143-164

Sander, Alfred (2003): Über die Integration zur Inklusion. St. Ingbert: Röhrig

Schlehuber, Elke & Molzahn, Rainer (2007): Die heiligen Kühe und die Wölfe des Wandels. Warum wir ohne kulturelle Kompetenz nicht mit Veränderungen klarkommen. Offenbach: Gabal

Schley, Wilfried, Boban, Ines & Hinz, Andreas (Hrsg.) (1989, ²1992): Integrationsklassen in Hamburger Gesamtschulen. Erste Schritte zur Integrationspädagogik im Sekundarstufenbereich. Hamburg: Curio

Stähling, Reinhard & Wenders, Barbara (Hrsg.) (2009): Ungehorsam im Schuldienst. Von heutigen Schulreformern lernen. Baltmannsweiler: Schneider Hohengehren

UN (United Nations) (2008): Gesetz zu dem Übereinkommen der Vereinten Nationen vom 13. Dezember 2006 über die Rechte von Menschen mit Behinderungen sowie zu dem Fakultativprotokoll vom 13. Dezember 2006 zum Übereinkommen der Vereinten Nationen über die Rechte von Menschen mit Behinderungen vom 21. Dezember 2008. Bundesgesetzblatt Jahrgang 2008 Teil II Nr. 35, 1419-1457. Online unter: http://www.un.org/Depts/german/uebereinkommen/ar61106-dbgbl.pdf

Wocken, Hans, Antor, Georg & Hinz, Andreas (Hrsg.) (1988): Integrationsklassen in Hamburger Grundschulen. Bilanz eines Modellversuchs. Hamburg: Curio (auch online unter: http://bidok.uibk.ac.at/library/wocken-integrationsklassen.html)

2 Erfahrungen – Schwerpunkt Kindertageseinrichtungen

Andrea Platte und Brigitte Gronowski

Willkommen?! – Fragen am Anfang der (institutionellen) Bildungslaufbahn

„Everyone is welcomed" – so eröffnet der erste Indikator den Fragenkatalog des englischen Index for Inclusion (vgl. BOOTH & AINSCOW 2000) und liest sich damit nicht nur programmatisch für die Leitidee inklusiver Bildung, sondern auch für die Gestaltung von Anfängen: Der erste Kontakt mit einer jeden Bildungseinrichtung fällt leichter im Gefühl des willkommen Seins. Umso mehr gilt das für den allerersten Schritt auf dem Weg der institutionell organisierten Bildung überhaupt – und dieser ist zumeist der Schritt in die Kindertageseinrichtung, die Kita.

Die Entscheidung, sich als Institution in Richtung der bildungspolitischen und internationalen Leitidee der Inklusion zu entwickeln, ist die Entscheidung für eine Kultur des Willkommens. Der erste Schritt in die Kita macht als Beginn von Fremdbetreuung oft eine Hürde aus und markiert zugleich den Start in einen Bildungsweg. Hier scheinen entscheidende Weichen gestellt zu werden. Ein Vertrauen abverlangender, einschneidender Moment für alle Beteiligten, vor allem aber für Kind und Eltern bzw. nächste Bezugspersonen. Die Bedeutsamkeit dieser ersten Begegnung für die beginnende Erziehungs- und Bildungspartnerschaft ist nicht zu unterschätzen.

Gleichzeitig und darüber hinaus wird der Moment des Anfangs und des Übergangs immer wieder neu erlebt und kennzeichnet den Beginn eines jeden Tages: Sind wir willkommen? Treten Mutter, Vater, Bezugsperson und Kind mit Leichtigkeit und Vorfreude durch das Tor der Einrichtung? Wird ein fröhliches, zuversichtliches Kind hinterlassen und sind dementsprechend auch die Eltern unbeschwert, vertrauensvoll? Und wo liegen die Hindernisse, wenn das nicht der Fall ist?

Einblicke in Prozessbegleitungen mit dem Index für Inklusion in Kitas (vgl. BOOTH, AINSCOW & KINGSTON 2006) sollen im Folgenden zeigen, inwiefern ausgewählte Fragen die Entwicklung einer ‚Willkommenskultur' unterstützen können – in der Absicht, Vertrauen zu bilden und ‚Anfänge' zu erleichtern.

1 Willkommen im Index für Inklusion – Willkommen in der inklusiven Kita

„Jede/r ist willkommen" – unter diesem Indikator werden im Index für Inklusion (s.o.) Fragen angeregt, die Empfang, Begrüßung, Aufnahme und Annahme beim Eintritt in eine Bildungseinrichtung reflektieren und realisieren lassen (vgl. BOBAN & HINZ 2014):

* Gehen die Beteiligten aktiv auf Menschen zu, die vor kurzem aus dem In- oder Ausland zugezogen sind? (A.1.1)
* Grüßen sich die Beteiligten in einer respektvollen und freundlichen Weise? (A.1.5)
* Spiegeln Informationsschilder und Ausstellungen im Eingangsbereich die Wertschätzung von Vielfalt wider? (A.1.14)
* Reflektieren die Beteiligten bei der Gestaltung von Informationsschildern und Ausstellungen mögliche Jargons und Klischees? (A.1.17)

Im Aufbau des Index ist der erste Indikator der *Dimension A: Inklusive Kulturen schaffen* und in dieser dem Bereich *A1: Gemeinschaft bilden* zugeordnet. Die englischsprachige dritte Auflage (vgl. BOOTH &AINSCOW 2011) verweist zudem auf zwei ‚verwandte' Indikatoren: „Die Beteiligten unterstützen alle bei der Entwicklung eines positiven Selbstbewusstseins" (A.2.9; BOBAN & HINZ 2014, 27) und „Die Bildungseinrichtung steht allen Menschen offen" (B.1.6; ebd., 35). Dieser Verweis scheint den Fokus auf das „Willkommen" zu stärken: Zunächst ist die Einrichtung als solche aufgefordert, jeder/jedem angemessenen Zugang zu ermöglichen. In der englischen Version wird dabei in B.1.6 der Fokus lokal ausgerichtet: „The school[1] seeks to admit all children from its locality" (B.1.6; BOOTH & AINSCOW 2011, 103), d.h. der Anspruch auf den Besuch einer wohnortnahen Bildungseinrichtung wird zusätzlich betont.

---

1 Der englische Begriff ‚school' wird hier in einem weiteren Verständnis als ‚Bildungseinrichtung' verstanden.

Der im Index für Inklusion fundamentale Anspruch, ein Willkommen auszudrücken und erleben zu lassen, kann entsprechend der vier Strukturelemente (vgl. MOTAKEF 2006, PLATTE 2012), die für eine Bildungsgestaltung im Sinne der Menschenrechte grundlegend sind, eingeordnet werden:
Die ersten beiden Strukturelemente Availability und Accessability, im Deutschen Verfügbarkeit und Zugänglichkeit von Bildungseinrichtungen sind Voraussetzung für die Realisierung des Rechts *auf* Bildung (Right *to* Education). Die Betreuungsquote von 32,3% der Kinder unter drei Jahren in Kindertageseinrichtungen (vgl. STATISTISCHES BUNDESAMT 2014) belegt, dass selbst die vorauszusetzende Verfügbarkeit an frühpädagogischen Bildungseinrichtungen in Deutschland nicht unbedingt gegeben ist. Die Zugänglichkeit wird sich spätestens im oben beschriebenen ersten Eintritt beweisen. Hier sind es ganz unterschiedliche Barrieren, die Kindern und ihren Familien Zugang verweigern oder erschweren können: Für manche (und nicht nur Rollstühle, sondern auch Kinderwagen) ist die fehlende Rampe ein Hindernis, für andere die zu hoch angesetzte Türklinke, unzureichende sprachliche Informationen, finanzielle Voraussetzungen (zum Beispiel in einer Elterninitiative). Begrenzte Betreuungsplätze und dementsprechende Auswahlkriterien zwingen ohnehin dazu, Kinder sehr früh und zumeist in mehreren Einrichtungen parallel anzumelden. Auch die Zugänglichkeit ist, so zeigt sich, in Kindertageseinrichtungen keine Selbstverständlichkeit. Entsprechend ist es auch auf Seiten der Einrichtungen nicht immer leicht oder authentisch, ein Willkommen auszudrücken. Sind Verfügbarkeit und Zugänglichkeit gegeben, vom einzelnen Kind aus betrachtet, würde das heißen: Hat ein Kind ,seine' Kita gefunden, so kann dieses davon ausgehen, dem Recht *auf* Bildung (Right *to* Education) näher zu kommen.
Wirklich willkommen fühlt sich jedoch nach dem ersten „Ankommen", wer auch Rechte *innerhalb* der Bildungseinrichtung genießt (Right *in* Education) (vgl. PLATTE 2012). Dieses Recht wird mit dem dritten und vierten Strukturelement Acceptability und Adaptability fokussiert: Annehmbarkeit und Adaptierbarkeit verlangen, dass der pädagogische Alltag innerhalb der Bildungseinrichtung jedem Kind gerecht wird. Persönlichkeit, Bedarfe und Bedürfnissen werden so unterstützt, dass das Kind sich angemessen (zum Beispiel in seiner Herkunftssprache) entwickeln kann, keine Diskriminierung erfahren muss und ein positives Selbstwertgefühl aufbauen kann. Hier könnten weitere Indikatoren und Fragen zur Reflexion anregen, so zum Beispiel: „Die Beteiligten sehen alle als gleichwürdig an" (A.2.6):

- Unterstützen Beteiligte das Lernen und die Partizipation zurückhaltender gleichermaßen wie die extrovertierter Lernender? (A.2.6.5)
- Reflektieren Mitarbeiter*innen, dass Menschen mit unterschiedlichen sexuellen Identitäten in der Bildungseinrichtung präsent sind und in Bildungsangeboten bedeutsam sind? (A.2.6.11)
- Reflektieren Beteiligte, wie sie Menschen mit ihren unterschiedlichen Unterstützungsbedarfen gleichwürdig willkommen heißen? (A.2.6.13)
- Tauschen sich Beteiligte darüber aus, inwieweit sie gleichwertige Möglichkeiten für Lernende mit unterschiedlichem Können bereithalten? (A.2.6.14)

Zum nachhaltigen Wohlfühlen in einer Kita nach dem Ankommen und über die willkommen heißende Begrüßung hinaus gehört, und das bringen die Fragen unter A.2.6 zum Ausdruck, vor allem das Angenommen werden. Das heißt, ein Willkommen richtet sich nicht nur auf das *Da-Sein*, sonder darüber hinaus auch auf das *So-Sein* eines jeden Mitgliedes einer Bildungseinrichtung, in diesem Fall der Kita. Die beispielhaft aufgeführten Fragen unter A.1 laden ein zur Reflexion von Begrüßung, Empfangssituation, Ankommen – Willkommen des Da-Seins –, die unter A.2.6 und A.2.9 zur Reflexion von Wohlbefinden und nachhaltiger Annahme eines jeden Kindes – Willkommen des So-Seins. Der Fragenkatalog fokussiert damit das Recht *auf* Bildung ebenso wie die Rechte *in der* Bildung. Beide beschriebenen Qualitäten können in Teamprozessen kritisch reflektiert und beständig weiterentwickelt werden. Qualitätsentwicklung richtet sich dabei auf die Ermöglichung des Da-Seins ebenso wie auf die Stärkung von Lernenden in ihrem So-Sein. Letzteres verlangt Offenheit für die Entwicklungsbedingungen und -potenziale von Kindern jenseits von Orientierung an Entwicklungsnormen, zu erwerbenden Kompetenzen und zu vermittelnden Bildungsinhalten.

2 Qualitätsentwicklung zu einer Kita für alle Kinder – ein Neu-Anfang

Im Jahr 2009 wurde in der Gemeinde Neunkirchen-Sellscheid die erste Kindertageseinrichtung in NRW durch externe Moderation im Projekt „Vielfalt gestalten" der Montag Stiftung Jugend und Gesellschaft (vgl. BROKAMP & PLATTE 2010) in ihrem Qualitätsentwicklungsprozess begleitet. Im Raum Köln/Bonn waren in diesem Rahmen bereits viele Schulentwicklungsprozesse mit dem Index für Inklusion durchgeführt worden. Aufbauend auf diesen Erfahrungen, wurde der erste Prozess in einer Kindertagesstätte über zwei Jahre von zwei Moderator*innen begleitet und dabei in eine durch das Team der Einrichtung selbständig getragene Weiterentwicklung überführt. Zum Zeitpunkt des Prozessbeginns befand die

Kita sich im Umbau, der einen zusätzlicher Trakt mit barrierefreien Räumen für zwei zusätzliche Gruppen schaffen sollte. Initiiert durch die Leiterin der Einrichtung, die sich wiederum durch die Schulentwicklungsbegleitung der benachbarten Grundschule hatte anregen lassen, begann der Prozess mit einem Vorgespräch zwischen Kita-Leitung, Projektmanagement und Moderator*innen der Stiftung und der ‚sichtbare' Auftakt mit einem einführenden Vortrag vor dem Team der pädagogischen Fachkräfte und dem Vorstand. Daran schlossen sich acht Termine in unregelmäßigen Abständen (ca. alle drei Monate) an.

2.1 Stärkung des Teams

Zu Beginn wurde die Zielsetzung formuliert, die Teilhabe und das Wohlbefinden aller Kinder, Eltern und Mitarbeiter*innen zu stärken, Barrieren zu entdecken und abzubauen und die Integration behinderter Kinder in die Einrichtung zur Selbstverständlichkeit werden zu lassen. Als konkretes Anliegen galt es die Konzeption der Kita im Zusammenhang mit dem Anbau so weiterzuentwickeln, dass die neuen Gruppen, die auch behinderte Kinder aufnehmen würden, nicht als nachträglich oder separat angehängte ‚integrative Gruppen' gelten, sondern die gesamte Einrichtung sich als ‚inklusive Kita' verstehen sollte. Im Rückblick auf den – moderiert begonnenen und zunehmend selbst verantworteten – Entwicklungsprozess formuliert die ehemalige Leiterin der Einrichtung: *„Inklusion fängt im Kopf an. Wir kommen in der Praxis mit vielen Kindern in Berührung, die in uns unterschiedliche Sympathien, Gefühle und Empfindungen auslösen. Niemand kann sich davon freisprechen, in der täglichen Arbeit nicht alle Kinder gleichermaßen wertzuschätzen und in ihrer Individualität anzunehmen. Aber genau das ist es, was Inklusion ausmacht. Wir verstehen Inklusion als Prozess, der niemals aufhört und erlauben uns, Fehler zu machen und Momente, in denen wir ausgrenzen, nicht zu tabuisieren oder zu negieren, sondern sie zu betrachten. Wir haben festgestellt, dass wir ausgrenzen. Jeden Tag, mehrfach. Manchmal sogar bewusst"* (PLATTE 2014).
Während der moderierten Termine ging es zunächst um die Verständigung innerhalb des Teams über Stärken und Schwierigkeiten der Einrichtung, über Ziele und eine gemeinsam zu entwickelnde Haltung sowie um ein gemeinschaftliches Verständnis von Inklusion. Dabei zeigten sich strukturelle Voraussetzungen, pädagogische Grundhaltung und die gemeinsam getragene Bereitschaft, eine Willkommenskultur zu entwickeln, die a) alle Kinder wohnortnah und darüber hinaus auch zunehmend Kinder, die in anderen Einrichtungen ‚gescheitert' waren, aufnehmen würde und b) die Kinder in ihrer Unterschiedlichkeit und Individualität zu unterstützen.

2.2 Kooperation mit Eltern

In einer zweiten Phase ging es um das Anliegen, diese Haltung Eltern zu vermitteln und möglichst auch von ihnen mitgetragen zu wissen. Dabei zeigte sich – und dies wird in Erfahrungen aus Schulentwicklungsprozessen aus dieser Zeit bestätigt –, dass trotz großer Bereitschaft und Offenheit im Team für kritisch-konstruktive Reflexion und Veränderungen, die Zusammenarbeit (noch) nicht über dieses hinaus gehen sollte. Die im Index für Inklusion als selbstverständlich nahegelegte Partizipation aller an der Bildungseinrichtung Beteiligten wurde zunächst so umgesetzt, dass im Team erarbeitete Strukturen und Kulturen von diesem aus weitergetragen werden sollten. So wurden zum Beispiel Elternabende zum Thema ‚Inklusive Kita' geplant und durchgeführt. Dazu berichtet die ehemalige Leiterin der Kita: *„Um eine wertschätzende und bereichernde Kooperation mit den Eltern zu praktizieren, müssen die Beteiligten den Eltern eine hohe professionelle Aufmerksamkeit und Kompetenz entgegenbringen. Dabei ist es wichtig, sich mit den eigenen Kompetenzen auseinander zu setzen, sich diese bewusst zu machen und vor allem bereit zu sein, sie weiter zu entwickeln. Nur so kann eine gelungene Zusammenarbeit zwischen Eltern und Erziehern stattfinden. Schon immer galten die Eltern in unserer Einrichtung als die Experten ihrer Kinder. Aber im Zuge der Inklusion haben wir immer wieder neue Interventionen für eine bessere Zusammenarbeit mit den Eltern gefunden. Zum Beispiel haben wir die Entwicklungsgespräche, die zweimal im Jahr stattfinden, überarbeitet. Für diese Gespräche benutzen wir als Dokumentationsvorlage einen Baum, die Wurzel füllen wir mit den schon vorhandenen Stärken der Kinder, dabei holen wir die Eltern aktiv ins Boot, indem sie die Stärken ihrer Kinder mit benennen. In den Baumstamm kommen (statt der Probleme) die noch nicht vorhandenen Fähigkeiten, welche das Kind noch erlernen muss. In die Baumkrone gehört dann das individuelle Handlungskonzept, das mit den Eltern gemeinsam besprochen und entwickelt wird. Welche Handlungsmöglichkeiten haben wir als Einrichtung und was kann die Familie zu Hause tun, um das Kind in seiner Entwicklung positiv zu begleiten? Durch die veränderte Sichtweise, dass die Kinder keine Probleme mit sich bringen, sondern noch ungelernte Fähigkeiten haben, konnten wir als Team, sowie auch die Eltern, erneut den Kindern eine inklusive Haltung entgegen bringen, die sich positiv auf die Entwicklung der Kinder auswirkt"* (PLATTE 2014).

Angeregt durch die Index-Frage *„Gibt es genügend Aktivitäten, an denen sich die Eltern beteiligen können?"* (A.1.5.i. in BOOTH, AINSCOW & KINGSTON 2006, 79) wurden ein Arbeitskreis und ein Elterncafé ins Leben gerufen. *„Der Arbeitskreis findet in regelmäßigen Abständen (sechs bis acht Wochen) statt. In diesem sollen die Eltern ihre Ressourcen entdecken und in einen gemeinsamen Austausch kommen können. Vom Ablauf her gestaltet sich das Treffen so, dass nach einer allgemeinen Befindlichkeitsrunde eine Teilnehmerin ein Problem anspricht, was den Ablauf des Alltags vielleicht im Augenblick schwierig werden lässt. Wir finden es immer wieder bemerkens-*

wert, mit was für einer hohen Kompetenz die Eltern sich untereinander beraten und ihre Erfahrungen austauschen" (PLATTE 2014).

2.3 Annäherung an die Kinderperspektive

Die moderierte Qualitätsentwicklung verfolgte von Beginn an das Anliegen, eine Grundlage für die zukünftige Selbstevaluation und -entwicklung zu schaffen und den pädagogischen Alltag mit dem Index zu begleiten. Dementsprechend wurden sehr bald Fragen und Indikatoren aus dem Index für Inklusion als regelmäßige Impulse zum Beispiel in Teamsitzungen eingesetzt. Als Beispiel sei die Auseinandersetzung mit zwei Fragen zum Indikator „Die Mitarbeiter/innen und Kinder begegnen sich mit Respekt" (A.1.4) vorgestellt:

„Betrachten sich alle Erzieher/innen und Kinder gegenseitig zugleich als Lernende und Lehrende"? (A.1.4.e in BOOTH, AINSCOW & KINGSTON 2006, 78).

In der Beantwortung dieser Index-Frage waren sich die Fachkräfte einig, dass sie selbst sich alle als Lernende *und* Lehrende verstehen, zeigten sich jedoch unzufrieden mit der Einschätzung, dass die Kinder diese Frage sicherlich mit ‚nein' beantworten und die Erwachsenen vorrangig als Lehrende bezeichnen würden. Ideen zu einer Veränderung dieser Sichtweise wurden entwickelt, z.B.: „Zum Tagesabschluss erzählt jede/r, was sie/er gelernt hat. Dabei präsentieren auch die Erwachsenen den Kindern ihre ‚Tageslernerfolge'. Den Erzieherinnen liegt am Herzen, dass die Kinder wahrnehmen, dass alle – Kinder und Erwachsene – Tag für Tag gemeinsam lernen und dass alle Lernenden sich als gleichwertig erkennen.

„Achten die Erzieherinnen und Kinder auf das äußere Erscheinungsbild der Räume"? (A.1.4.k) (BOOTH, AINSCOW & KINGSTON 2006, 78)

Aus der Auseinandersetzung mit dieser Frage und dem daraus folgenden Wunsch nach gemeinsam getragener Verantwortlichkeit für die Raumgestaltung ergaben sich konkrete Handlungsschritte für den Alltag in der Einrichtung:
• Die Kinder beteiligen sich gezielt in Gartenpflege und Gruppenraumordnung.
• Die Kinder drücken ihre Wünsche im Blick auf die Einrichtung aus.
• Die Erzieherinnen bewegen sich zur Wahrnehmung der Kinderperspektive auf Kinderstühlen oder Rollbrettern durch die Einrichtung.
• Impulse durch Gemütlichkeit, Dekorationen und Informationen im Flur werden fortgeführt.

Die Bearbeitung beider Fragen führt sowohl zur Bewusstwerdung über bereits bestehende Praktiken, als auch zur Aufmerksamkeit für mögliche Erweiterungen und neue Impulse.

In einem zweiten Beispiel schreibt eine Erzieherin spontane Gedanken zur Indexfrage *„Werden die Stärken jeder Person innerhalb der Lerngruppe bekannt gemacht und wirksam?" (C.1.3.3)* auf ein ‚Weißes Blatt'[2]: „Wer nimmt was als Stärke wahr? Ein Kind kann sich seiner Stärken bewusst sein, wird aber nicht gefragt, ob es diese in die Lerngruppe einbringen will. Ich frage mich: Möchte die Person ihre Stärke denn zeigen? Das Einbringen von Stärke unterstellt meiner Ansicht nach ein Wohlbefinden. Dieses erstreckt sich auf unterschiedliche Ebenen. Die Ebene des persönlichen und tagesformabhängigen, körperlichen Wohlbefindens, die Ebene des persönlichen Wohlbefindens in der jeweiligen Gruppe, die Ebene des persönlichen Wohlbefindens im Einklang mit der Gruppenleitung und auch die Ebene stolz auf diese Stärke zu sein.

Erlauben die Rahmenbedingungen also das Einbringen der Stärke? Zum Beispiel grenzen vorgegebene Themenbereiche meiner Meinung nach aus, auch die Stärken. Jedes Kind hat Stärken in den unterschiedlichsten Bereichen. Manche deutlich sichtbar, andere verborgen, unentdeckt, nicht beachtet – nicht beobachtet! Stärken sind subjektive Definitionen, welche in Abhängigkeit des beobachteten Blickwinkels und der beobachtenden Person definiert werden" (BRADE 2013, 1).

2.4 Übertragung auf den Kita-Alltag: Fragen entwickeln Methoden

Im nächsten Schritt entwickelte das Team selbst Zugangs- und Umgangsweisen mit den Fragen, von denen einige im Folgenden vorgestellt werden. Jede der vorgestellten Methoden wurde angeregt durch eine Frage aus dem Index für Inklusion. „Glückskind" entstand aus der Auseinandersetzung mit der Frage: „Werden unglückliche oder ärgerliche Kinder in gleicher Weise wertgeschätzt wie scheinbar friedliche, zufriedene oder leicht zufrieden zu stellende Kinder?" (A.2.3.f. in BOOTH, AINSCOW & KINGSTON 2006) und kann hier sogar mit einer Variation dargestellt werden:

Teamglückskind
Die Namen aller Kinder werden in eine Schatzkiste gelegt. Zu Beginn einer Teamsitzung wird ein „Glückskind" gezogen. Dieses Kind steht nun im Vordergrund der Sitzung. Alle Teammitglieder nennen Besonderheiten, außergewöhnliche Fähigkeiten und Stärken, die das Kind mit sich bringt. Ziel des Teams ist es, eine förderliche und entwicklungsorientierte Haltung zum ausgewählten Kind als Grundlage für eine positive Beziehung zu finden. Die Aussagen werden schriftlich festgehalten und für die Bildungsdokumentation verwendet.

---

2 ‚Das weiße Blatt' kann als Methode eingesetzt werden, bei der Teilnehmer*innen ihre Assoziationen zu einer Frage spontan aufschreiben.

Variante: „Ich bin das Glückskind" (Spiel für den Stuhlkreis)
Die Namen aller Kinder einer Gruppe befinden sich in einer Schatzkiste. Im Stuhlkreis wird das Glückskind für den Tag gezogen. Die Pädagogische Fachkraft nennt Merkmale, die das Kind trägt („Unser heutiges Glückskind trägt eine Bluse mit roten Tupfen" u.ä.), bis das Kind sich erkennt und sagt: „Ich bin das Glückskind". Das Glückskind darf an diesem Tag besondere Dinge mitentscheiden, wie zum Beispiel ein Spiel oder ein Lied aussuchen. Außerdem hängt ein Foto des Glückskindes an der Gruppeninfowand.

Die ehemalige Leiterin der Einrichtung berichtet über diese Methode: *„Wenn Kinder in unsere Einrichtung kamen, die in einer Regeleinrichtung als ‚nicht tragbar' eingestuft wurden, überlegten wir uns im Vorfeld genau, wie ein individuelles Handlungskonzept für dieses Kind aussehen soll und was wir auf keinen Fall wollen. Wenn Kolleginnen wütend auf ein Kind waren und dies drohte, Stigmatisierungen zur Folge zu haben, betrachteten wir dieses Kind als besonderen Schatz"* (PLATTE 2014). Rückblickend auf den Prozess formuliert eine Pädagogische Fachkraft: *„Inklusion braucht Pädagogen, die bei sich mit Veränderung beginnen und sich nicht auf die Suche nach Kindern begeben, die verhaltensgestört, verhaltensauffällig, lernbehindert, entwicklungsverzögert, aggressiv, schwer erziehbar, auffällig, nicht integrierbar sind, Förderbedarf haben, getestet werden müssen, und in ‚Schubladen' gesteckt werden, die Ausgrenzung und Diskriminierung mit sich bringen."*

3 Fragen begleiten Anfänge

Die Auseinandersetzung mit Fragen aus dem Index für Inklusion sowie mit den ihnen zugrunde liegenden Werten (vgl. BOOTH & AINSCOW 2011) kann die Kultur einer Einrichtung prägen: So kann im kollegialen Austausch z.B. bewusst werden, dass die Freundlichkeit eines ersten Kontaktes für ein Elternteil durch eine herzliche Begrüßung gewährleistet ist, während eine andere Bezugsperson aufgrund von (Fremd-)Sprachschwierigkeiten verunsichert bleibt. Ein Kind beginnt jeden Kindergartentag mit Selbstverständlichkeit, während das andere den Übergang an jedem Morgen als Hürde empfindet... Das weiterführende Hinterfragen nach der ersten plausibel erscheinenden Beantwortung verlangt von allen Beteiligten Selbstreflexion und -positionierung: Wo befinden wir uns zwischen den Polen ‚ja' und ‚nein' – wo wollen wir hin und wie finden wir die einzuschlagende Richtung? Auf unterschiedlichste Weise kann der Index für Inklusion zur Unterstützung von Selbstevaluation und -reflexion, professioneller Positionierung und Weiterentwicklung in Kindertageseinrichtungen beitragen. Das Ziel für die Bildungsgestaltung markiert der erste Indikator: Jede*r soll sich willkommen fühlen können – beim ersten Schritt *in* die Bildungslandschaft *hinein* ebenso wie bei den darauffolgenden Gehversuchen, Wanderungen, Übergängen und Stolpersteinen *innerhalb* von ihr.

Literatur

BOBAN, Ines & HINZ, Andreas (Hrsg.) (2003): Index für Inklusion. Lernen und Teilhabe in der Schule der Vielfalt entwickeln. Halle: Martin-Luther-Universität. Online unter: http://www.eenet.org.uk/resources/docs/Index%20German.pdf

BOBAN, Ines & HINZ, Andreas (Hrsg.) (2014): Index für Inklusion in der Bildung. Halle (Saale): Unveröffentlichter Entwurf

BOOTH, Tony & AINSCOW, Mel (2000): Index for Inclusion. Developing Learning and Participation in Schools. Bristol: CSIE

BOOTH, Tony & AINSCOW, Mel (³2011): Index for Inclusion. Developing Learning and Participation in Schools. Bristol: CSIE

BOOTH, Tony, AINSCOW, Mel & KINGSTON, Denise (2006): Index für Inklusion (Tageseinrichtungen). Lernen, Partizipation und Spiel in der inklusiven Kindertageseinrichtung entwickeln. Frankfurt am Main: GEW. Online unter: http://www.eenet.org.uk/resources/docs/Index%20EY%20German2.pdf.

BRADE, Anette (2013): Werden die Stärken jeder Person innerhalb der Lerngruppe bekannt gemacht? Unveröffentlichte Hausarbeit: Köln: Fachhochschule

BROKAMP, Barbara & PLATTE, Andrea (2010): Unterstützung inklusiver Schulentwicklung in NRW: Moderation, Qualifizierung, Vernetzung. In: HINZ, Andreas, KÖRNER, Ingrid & NIEHOFF, Ulrich (Hrsg.): Auf dem Weg zur Schule für alle. Barrieren überwinden – inklusive Pädagogik entwickeln. Marburg: Lebenshilfe, 213-227

MOTAKEF, Mona (2006): Das Menschenrecht auf Bildung und der Schutz vor Diskriminierung. Berlin: Deutsches Institut für Menschenrechte

MSJG (MONTAG STIFTUNG JUGEND UND GESELLSCHAFT) (Hrsg.) (2011): Inklusion vor Ort. Kommunaler Index für Inklusion – ein Praxishandbuche. Berlin: Deutscher Verein für öffentliche und private Fürsorge

PLATTE, Andrea (2012): Inklusive Bildung als internationale Leitidee und pädagogische Herausforderung. In: BALZ, Hans-Jürgen, BENZ, Benjamin & KUHLMANN, Carola (Hrsg.): Soziale Inklusion. Wiesbaden: Springer VS, 141-162

PLATTE, Andrea (2014): Unveröffentlichtes Interview mit der Leiterin einer Kindertageseinrichtung.

STATISTISCHES BUNDESAMT (2014): Pressemitteilung Nr. 313 vom 04.09.2014. Online unter: /www.destatis.de/DE/PresseService/Presse/Pressemitteilungen/2014/09/PD14_313_225.html

UNITED NATIONS (2009): Übereinkommen über die Recht von Menschen mit Behinderungen. Online unter: http://www.institut-fuer-menschenrechte.de/fileadmin/user_upload/PDF-Dateien/Pakte_Konventionen/CRPD_behindertenrechtskonvention/crpd_de.pdf

Jacqueline Erk und Christine Schubert

Teilhabe als zentraler Aspekt inklusiver Praxis in der Kita

Wir möchten Sie als Leser*innen einladen, an unseren Erfahrungen auf dem Weg der Inklusion teilzuhaben. Der Index für Inklusion dient uns dabei als Wegweiser, der uns hilft, unseren Standort zu bestimmen, die nächsten Etappen zu planen und in der Praxis zielgerichtet die nächsten Schritte zu gehen. Wie das Thema Teilhabe für uns bedeutsam wurde, wie es unser pädagogisches Denken und Handeln beeinflusst hat und welche Veränderungen für uns und die Einrichtungen daraus folgten, beschreiben wir in dem folgenden Artikel.

1 Ausgangssituation

Der Kindergarten Heiligkreuz ist eine Einrichtung in Würzburg mit Plätzen für 125 Kinder im Vorschulalter von 2,6 bis 7 Jahren. Er befindet sich in einem Stadtteil, dessen Bevölkerungsstruktur durch sehr große Heterogenität gekennzeichnet ist. Zum Einzugsbereich des Kindergartens gehören seit vielen Jahren ebenso Kinder aus finanziell gut situierten Familien mit hohem Bildungsstand wie aus Familien in Armutslagen ohne qualifizierten Schulabschluss oder Beruf. Zudem leben in diesem Stadtteil eine große Zahl von Familien mit Migrationshintergrund sowie viele Familien, die der Gruppe der Sinti angehören.
Die sehr große Unterschiedlichkeit der Sozialisationsbedingungen der Kinder im Hinblick auf die Ethnien, den Bildungshintergrund, die Sozialisationserfahrungen, die finanziellen Ressourcen und die individuellen Merkmale der einzelnen Familie sind für die Einrichtung Bereicherung und Herausforderung zugleich und bedingten schon immer die Auseinandersetzung mit den Themen Diversity, Bildung, Armut, Chancengleichheit etc.
Neben den oben beschriebenen Merkmalen an Vielfalt besuchen den Kindergarten seit 2001 zunehmend mehr Kinder, die laut Bescheid des Bezirks Unterfranken der Gruppe von Kindern mit einer (drohenden) Behinderung angehören.
Die pädagogische Arbeit in unserer Einrichtung erfordert schon immer eine offene Haltung, die Vielfalt als bereichernd wertschätzt und Hindernisse als positive Herausforderung ansieht. Das Motto war von Anfang an: „Alle Kinder sind willkommen und kein Kind darf verloren gehen."

Die Anfrage einer Familie, die 2001 ihr Kind vom Zentrum für Körperbehinderung in Würzburg in unseren Kindergarten ummeldete, gab den Anstoß, uns explizit mit dem Thema Integration, Inklusion und Einzelintegration auseinanderzusetzen. Unsere Skepsis war anfänglich verbunden mit der Frage: „Können wir das auch noch leisten?" Dies zerstreute sich durch den Kontakt zu einer Fachkraft für Einzelintegration, die sehr viel Erfahrung im Bereich der integrativen Arbeit mitbrachte. Durch den Austausch mit ihr realisierten wir, dass unsere pädagogische Arbeit schon immer von inklusiven Gedanken getragen war. Auf diesem Hintergrund gelang es uns, Behinderung nicht als zusätzliche Anforderung zu betrachten, sondern vielmehr in die uns vertraute Vielfalt zu integrieren. Ausgehend von dem Anspruch, für alle Kinder des Stadtteils offen zu sein, erkannten wir zunehmend, welcher Reichtum in der Vielfalt der Kinder und Familien liegt. Mehr und mehr realisierten wir, welchen weiteren innovativen Einfluss diese Vielfalt auf die Entwicklung der gesamten Einrichtung noch entfalten konnte. So legten wir unsere Energien ganz bewusst in die Veränderung des Systems und des Umfeldes auf allen Ebenen (Kinder, Mitarbeiter*innen, Familien, Träger, Stadtteil, andere Bildungsinstitutionen, Behörden…).

In den letzten Jahren ist dabei der Index für Inklusion für Kindertageseinrichtungen (BOOTH, AINSCOW & KINGSTON 2010) ein für uns sehr hilfreiches Arbeitsmaterial. Er ist immer wieder Impulsgeber, über die verschiedensten Aspekte von Inklusion nachzudenken, er hilft die eigene Einrichtungssituation zu erfassen und das eigene Denken und Handeln zu reflektieren. Letztlich stärkt dieses Material uns immer wieder, aufs Neue unserer inklusiven Überzeugung entsprechend zu handeln und unsere Visionen eines inklusiven gesellschaftlichen Zusammenlebens nicht aus dem Auge zu verlieren.

Unser Entwicklungsprozess ist kein geradliniger und er ist auch nicht bis ins Detail planbar. Vielmehr wird er beeinflusst von verschiedenen Faktoren, z.B. von Wertvorstellungen der Leitung, persönlichen Anteilen und Qualifikation der einzelnen Mitarbeiter*innen, Zeit für Teamgespräche, Anzahl der Teammitglieder, Personalwechseln, gesetzlichen Regelungen, Vorgaben der Kostenträger… Und er orientiert sich an den jeweils aktuellen Herausforderungen.

So befanden wir uns vor drei Jahren in einer Phase der erneuten Auseinandersetzung mit den verschiedensten Aspekten inklusiver Pädagogik. Es tauchten damals Schwierigkeiten bei der Begleitung von Kindern auf, die sich nicht als so anpassungsfähig zeigten wie andere und die in unterschiedlichen Entwicklungsbereichen deutlich auf Unterstützung angewiesen waren, indem sie zum Beispiel nicht über aktive Sprache kommunizierten. Immer wieder wurde die Frage nach der ‚richtigen' Förderung und dem passenden Rahmen laut. Uns war klar, dass die Gewährung von Eingliederungshilfeleistung für Kinder mit einer (drohenden) Behinderung die Kindertageseinrichtungen verpflichtet, die Teilhabe dieser Kinder im regulären pädagogischen Alltag zu gewährleisten. Gleichzeitig führen die

administrativen Abläufe im Rahmen der Beantragung von Einzelintegration in der Praxis sehr häufig zur Besonderung der betroffenen Kinder und deren Eltern und erschweren die Entwicklung einer inklusiven Grundhaltung bei pädagogischen Mitarbeiter*innen. Wir sahen also dringenden Handlungsbedarf, uns als gesamtes Team erneut mit den Anforderungen der UN-Behindertenrechtskonvention und damit der Entwicklung von Inklusion insgesamt auseinanderzusetzen.
Angeregt durch den Index für Inklusion, begannen wir auf der Ebene inklusiver Kulturen, uns mit inklusiven Werten zu beschäftigen. Wir sammelten inklusive Werte auf Plakaten und dann im Dialog in Kleingruppen auf ihre Bedeutung im pädagogischen Alltag hin. In dieser Sammlung fanden sich beispielsweise Gleichberechtigung, Hilfsbereitschaft, Wertschätzung, Akzeptanz, Gemeinschaft, freie Entfaltung, Achtung vor der Individualität und einige mehr. Bei der anschließenden Vorstellung der Ergebnisse im Gesamtteam wurde deutlich, dass Teilhabe in allen Gruppen einen bedeutsamen Wert darstellte, aber durchaus kontrovers diskutiert wurde. Durch unsere Vorerfahrungen war uns sehr schnell klar, dass sich Teilhabe nicht mit der reinen Anwesenheit eines Kindes in der Gruppe erschöpft, sondern die Auseinandersetzung und Reflexion des zur Verfügung gestellten Rahmens, der Art der pädagogischen Angebote, der Haltung der Mitarbeiter*innen, der Kommunikation und Beziehungsgestaltung in der Gruppe und der Art und Weise der Zusammenarbeit im Team bedeutet.

2 Teilhabe – ein inklusiver Wert

Die Vorstellungen darüber, was Teilhabe als inklusiver Wert bedeutet, gingen im Team weit auseinander. Wir ließen uns davon nicht schrecken, sondern stellten diese Unterschiede in den Mittelpunkt unserer nächsten Betrachtungen. Alle Beteiligten waren aufgefordert, zwischen der subjektiven Einstellung zu Teilhabe und der eigenen Sozialisation und Bildungsbiografie Verbindungen herzustellen. Im Austausch dieser unterschiedlichen Gedankengänge entwickelte sich eine sehr wertschätzende Atmosphäre. Das Nachdenken über die eigene Identität, unser Geworden sein unter den je unterschiedlichen Bedingungen und das Benennen eigener Bedürfnisse und Befürchtungen schaffte die so unverzichtbare Offenheit für neue Erfahrungen und Erkenntnisse. Dieser Dialog befreite alle Beteiligten von der (durch unser Schulsystem forcierten) Idee, es gäbe die eine ‚richtige' Antwort. Vielmehr gelang es uns, die Unterschiedlichkeit der Aussagen immer wieder dazu zu nutzen, die Vielschichtigkeit des Begriffes der Teilhabe zu verdeutlichen und damit die Beteiligung der Mitarbeiter*innen wertzuschätzen. Gerade im Austausch der unterschiedlichen Erfahrungen entdeckten die Beteiligten viele gemeinsame Blickwinkel. Dieser Prozess war nicht (wie viele andere) von Konkurrenz und Abgrenzung, sondern vielmehr von gegenseitigem Verständnis und Achtung geprägt.

Die Ergebnisse unserer Überlegungen beschrieben dann auch eindrucksvoll die hohe Bedeutsamkeit von Teilhabe für die Entwicklung aller Kinder. Gedanklich saßen wir nun in einem Boot. Die Gewährleistung von Teilhabe war das erklärte Ziel, mit dem sich alle identifizieren konnten. Wir freuten uns über diese Entwicklung und dennoch war uns klar: Das ist erst der Anfang, das Wesentliche steht uns noch bevor.

3 Gelebte Teilhabe im Alltag

Nun war es an der Zeit, den Blick in die Praxis zu richten. Der Morgenkreis ist in allen fünf Gruppen der Einrichtung Teil der Tagesstruktur und in Bezug auf die Beteiligung aller Kinder immer wieder Thema von Teamsitzungen. Wir beschlossen deshalb, am Beispiel des Morgenkreises unser pädagogisches Handeln in Bezug auf Teilhabe im Alltag gemeinsam zu reflektieren. In jeder Gruppe wurde der Morgenkreis gefilmt und in einzelnen Sequenzen von den Mitarbeiter*innen der Gruppe im Gesamtteam vorgestellt. Dabei standen folgende – auch durch den Index inspirierten – Fragen im Mittelpunkt:

- An welchen Stellen gelingt uns im Morgenkreis die Gewährleistung von Teilhabe für alle Kinder?
- Was sind unserer Meinung nach Faktoren, die zu diesem Gelingen beitragen?
- Wodurch wird die Gewährleistung von Teilhabe erschwert oder verhindert?
- Welche Entwicklungsaufgaben erwachsen aus dieser Reflexion für uns?
- Welche (noch nicht beachteten) Ressourcen nutzen wir dabei?

Die Vorstellung der Filmbeiträge war anfänglich für die Pädagog*innen mit großer Unsicherheit und Aufregung verbunden. Sowohl sich selbst in der Aufzeichnung wahrzunehmen, als auch dem kritisch reflektierenden Blick der Kolleg*innen ausgesetzt zu sein, waren für die meisten Mitarbeiter*innen völlig neue Erfahrungen. Der sich anschließende Dialog im Gesamtteam beruhigte jedoch sehr schnell die Gemüter. Geteilte Begeisterung über gelungene Teilhabe mischte sich in jedem Beitrag mit kritischen Anmerkungen und Fragen, die zu einer sehr konstruktiven und bereichernden Auseinandersetzung führten. Hierbei kam das im Index für Inklusion verankerte Schlüsselkonzept der Barrieren und Hindernisse für Spiel, Lernen und Partizipation zur Anwendung. So fiel den Mitarbeiter*innen in einer Videosequenz die hohe Motivation und Beteiligung der Kinder im Morgenkreis einer Gruppe sehr positiv auf. Der deutlich handlungsorientierte Ablauf, das flexible, unterstützende Eingehen auf einzelne Kinder und die Nutzung unterschiedlicher Materialien wurden in der anschließenden Reflexion als besonders teilhabeunterstützend beschrieben. In der Folge wurde starkes Reglementieren, ausschließlich sprachliches Agieren und das Übergehen von kindlichen Bedürfnissen als beteiligungshinderlich erkannt. So zeigten sich mehrere jüngere Kinder in einem Video sehr unruhig während des Morgenkreises. Einer Kollegin fiel dazu auf, dass die Aktivitäten kaum die Interessen und Beteiligungsmöglichkeiten von jungen Kindern berücksichtigten. Es war deutlich zu beobachten, wie sich in der fortschreitenden Auseinandersetzung der kritische Blick der Mitarbeiter*innen zunehmend auf die Art der Aktivitäten, die äußere Strukturen, das pädagogische Handeln der Kolleg*innen, den Einsatz von Materialien und die vorherrschende Atmosphäre richtete. Die Idee, dass in erster Linie die Unterstützungsbedarfe der Kinder das Hauptproblem bei der Gewährleistung von Teilhabe darstellen, wurde durch die Reflexion der Filmbeiträge als nicht haltbar entlarvt.

Dieser Erkenntnisprozess gründete wunderbarerweise nicht auf Negativbeispielen, sondern wurde durch Sequenzen maßgeblich ausgelöst, in denen Mitarbeiter*innen durch ihr Handeln Teilhabe beförderten und unterstützten. Gerade kleine, scheinbar unbedeutende Details in den Filmaufnahmen (die einladende Stimme der Erzieherin, der unsichere Blick eines Kindes, die aufmunternde Geste einer Kollegin, die Unterbrechung durch das Klingeln des Gruppentelefons…) schärften den Blick für Bedingungszusammenhänge und öffneten den Raum für Veränderung. Eine Veränderung, die sich eben nicht als Veränderung, Behandlung, Förderung der ‚ach so schwierigen‘ Kinder versteht. Vielmehr lag der Schwerpunkt auf unseren Einstellungen, Handlungskompetenzen, pädagogischen Planungen und den ungenutzten Ressourcen bei Kindern, Eltern und Mitarbeiter*innen. Jede genehmigte Einzelintegration ist eine Maßnahme der Eingliederungshilfe und damit eine Leistung, die die Teilhabe am gemeinschaftlichen Leben gewährleisten soll. Allererster Auftrag an eine Kindertageseinrichtung im Rahmen einer Einzelintegration ist folglich die Gewährleistung der Teilhabe im regulären pädagogischen Alltag und nicht die noch häufig vorhandene Idee von der ganz besonderen Förderung, womöglich noch außerhalb des Alltagsgeschehens!

Unser Vorhaben, die Gewährleistung von Teilhabe für alle Kinder in den Mittelpunkt des Veränderungsprozesses zu stellen, entspricht folglich in vollem Umfang dem Anspruch der Eingliederungshilfe. Damit ist im Umkehrschluss die Frage nach dem Teilhabeunterstützungsbedarf keine Frage mehr, die sich ausschließlich auf Kinder mit Beeinträchtigung bezieht.

4 Teilhabe durch Unterstützung auf allen Ebenen

Die Entwicklung von Inklusion und das Nachdenken über Vielfalt ist gerade auf der Ebene der Erwachsenen ein anstrengender und herausfordernder Prozess. Er konfrontiert die Menschen mit eigenen diskriminierenden Praktiken und Einstellungen und stellt die Institutionskultur in Frage (vgl. BOOTH, AINSCOW & KINGSTON 2010, 17). Im Verlauf unserer Auseinandersetzung zeigte sich der inklusive Umgang mit der Unterschiedlichkeit der Mitarbeiter*innen als große Herausforderung. Wir stießen an Grenzen, die ohne Hilfe von außen nicht zu bewältigen waren. Eine längerfristige Teamsupervision unterstützte uns dann auf unserem weiteren gemeinsamen Weg. Im Rahmen einer vertieften Auseinandersetzung mit der Unterstützung von Teilhabeprozessen haben wir uns mit Themen beschäftigt wie

• Macht und Ohnmacht,
• Teilhabeunterstützung versus sonderpädagogischer Förderbedarf,
• Reflexion ermutigender und enttäuschender Entwicklungen
• Ressourcenmobilisierung auf allen Ebenen und
• Teamkultur im Umgang mit Unterschieden.

Dabei ist folgendes Modell entstanden:

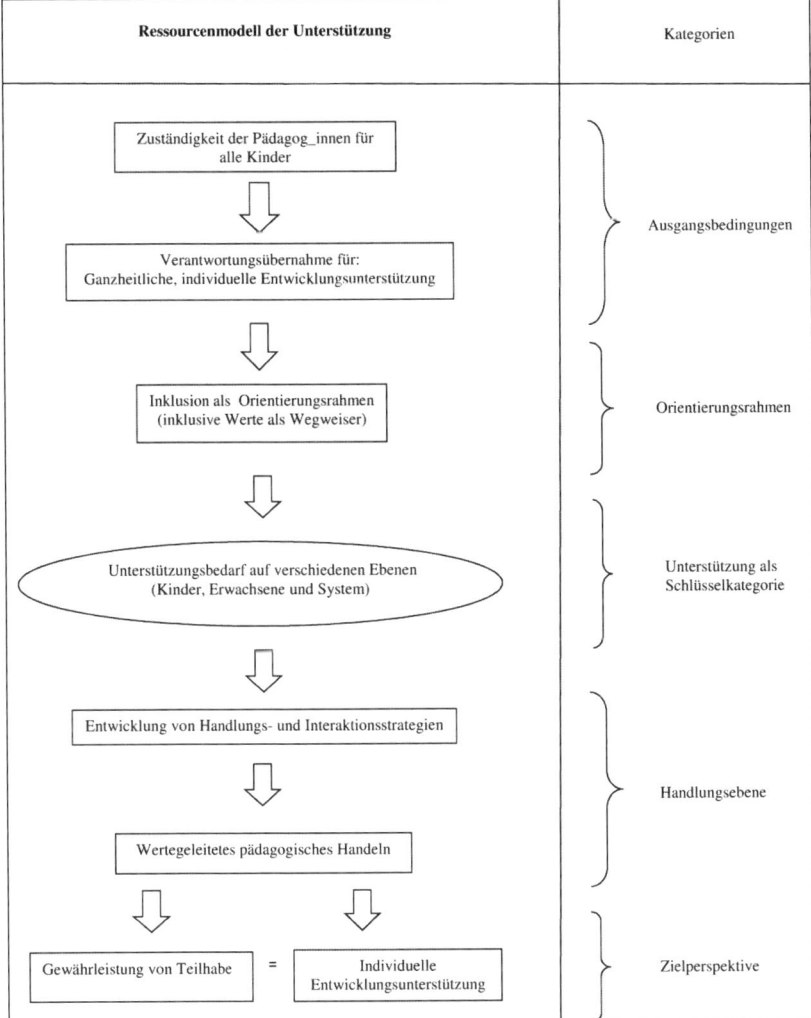

Abb. 1: Ressourcenmodell der Unterstützung (eigene Grafik)

Gerade auf der Ebene der Mitarbeiter*innen scheint es uns wichtig, den Begriff der Unterstützung zur Anwendung zu bringen. Wir alle sind nicht in inklusiven Zusammenhängen groß geworden. Wir können nicht auf inklusive Kulturen und Strukturen zurückgreifen, wir sind gefordert uns daran zu beteiligen, sie zu entwickeln und zu etablieren. Dabei brauchen wir jedwede Unterstützung.

Der Index für Inklusion ist eine Hilfestellung und Handreichung zur Unterstützung inklusiver Entwicklungen (vgl. Booth, Ainscow & Kingston 2010, 10). Unterstützung ist ein zentraler Begriff in diesem Material und er kommt für alle am Inklusionsprozess Beteiligten zur Anwendung. In der Praxis ist dieser Begriff in seiner inklusiven Bedeutung noch wenig beachtet. Gemeinschaftliches menschliches Leben ist ohne Unterstützung nicht denkbar. Jeder von uns benötigt in jedem Alter in unterschiedlichen Lebensbezügen und Kontexten Unterstützung. Und jeder von uns kann auf ganz unterschiedliche Weise unterstützend für andere wirksam werden. Es ist kein Makel, kein Eingeständnis von Schwäche, kein Zeichen von Minderwertigkeit Unterstützung zu benötigen, es ist vielmehr ein selbstverständlicher Aspekt unseres Menschseins. Darüber hinaus ist es im beruflichen Kontext professionell, den Anforderungen entsprechend Unterstützung zu leisten, einzufordern und anzunehmen. Wir haben sehr bewusst in den vergangenen Jahren unterschiedlichste Formen der kollegialen Beratung, Unterstützung und Problemlösung innerhalb der Einrichtung praktiziert und etabliert. Dabei orientieren wir uns an inklusiven Werten wie Hilfsbereitschaft, Anerkennung von Vielfalt, Gleichheit, Teilhabe, Gemeinschaft – und stellen uns entschieden gegen Beschämung, Herabwürdigung und Ausgrenzung (vgl. hierzu auch Booth, Ainscow & Kingston 2010, Boban & Hinz 2003).

Diese unterstützenden Formen der Zusammenarbeit, in der alle aufgefordert sind, ihre individuellen Fähigkeiten und Potenziale einzubringen, werden von den Mitarbeiter*innen als bereichernd, zielführend und stärkend empfunden. Genau diese Erfahrungen sind unverzichtbar, um auf der Ebene des eigenen pädagogischen Handelns im Alltag neue Möglichkeitsräume zu entdecken. So erschöpft sich weder die Teilhabe der Mitarbeiter*innen in der Teamsitzung, noch die Teilhabe der Kinder im Alltag der Kita im bloßen Da(bei)sein.

5 Bedeutung von Teilhabe in unserem Veränderungsprozess

Die intensive Beschäftigung mit dem inklusiven Wert der Teilhabe (vgl. auch Booth & Ainscow 2011) in Verbindung mit der Frage nach einem möglichen Unterstützungsbedarf zu deren Gewährleistung hat die pädagogische Arbeit im Alltag nachhaltig verändert. Ausgrenzende, stigmatisierende Praktiken wurden deutlich minimiert. Durch neue Beteiligungsformen hat sich die Mitwirkung der Kinder an der Gestaltung des pädagogischen Alltags erweitert, und damit verändert sich auch zunehmend die Rolle der Mitarbeiter*innen. Im Team wächst das Bewusstsein über die Bedeutung ressourcenorientierter pädagogischer Arbeit. Insbesondere gegenüber Kindern mit Benachteiligungen und Beeinträchtigungen gehen die Pädagog*innen sensibler mit der Gefahr von negativen Zuschreibungen, defizitorientierten Sichtweisen und damit verbundenen herabgesetzten Erwartungen um. So beschrieb eine Mitarbeiterin im September ein neues Kind mit hohem Unterstützungsbedarf von Beginn an als positive Herausforderung für sich und die Kolleginnen in der Gruppe. Ihr Hauptaugenmerk richtete sich auf die Gestaltung eines Umfeldes, das dem Kind Teilhabechancen bietet. Schon bald berichtete sie voller Freude, wie aktiv sich das Kind zeigt und welche Fähigkeiten und positiven Entwicklungen sich beobachten lassen. Als ein behinderungsspezifischer Fachdienst von außen die Idee eines Wechsels in eine Fördereinrichtung äußerte, positionierte sich die engagierte Mitarbeiterin klar und deutlich für den von den Eltern gewünschten inklusiven Bildungsweg. Die Wirksamkeit der bisherigen Begleitung zeigt sich deutlich im Wohlbefinden des Kindes im Alltag und es gibt weder bei den Eltern, noch bei den Mitarbeiter*innen einen Zweifel daran, dass dieses Kind am genau richtigen Ort ist.

Die Gewährleistung von Teilhabe als inklusivem Wert war für uns in den vergangenen Jahren sowohl Zielperspektive als auch kontinuierlicher Schwerpunkt der Auseinandersetzung, Planung und Handlung im Alltag. An einer Stelle begonnen, wurde ein Veränderungsprozess in Gang gesetzt, der weitreichende Folgen hatte. Durch die Veränderungen in unserem Denken und Handeln bekam der Prozess eine Dynamik, die keine andere Option offenließ, als diesen einmal begonnenen Weg weiter zu beschreiten. Die intensive Beteiligung der Mitarbeiter*innen führte zur Erweiterung der Teilhabemöglichkeiten von Kindern und diese eröffneten uns wiederum völlig neue Perspektiven.

So konnte beispielsweise ein von Kolleginnen als extrem störend und entwicklungsauffällig beschriebenes Verhalten eines Kindes als ein Hinweis auf Barrieren im System (der pädagogischen Planung) verstanden werden. Bei genauerer Betrachtung der Zusammenhänge unter dieser Perspektive stellte sich das Verhalten dieses Kindes als sehr kompetent und folgerichtig heraus und führte sogar dazu, den Blick mit Sorge auf das (angepasste) Verhalten aller anderen Kinder zu richten. Im Focus standen plötzlich nicht mehr die ‚schwierigen' Kinder und deren Behandlung und Begleitung, sondern die Gestaltung eines Systems, welches in der Lage ist, auf die Vielfalt der Kinder einzugehen. Es folgten Fallbesprechungen, in denen wir das Schlüsselkonzept der ‚Hindernisse und Barrieren' aus dem Index für Inklusion in den Mittelpunkt stellten und die Erfahrung machen konnten, wie positiv sich Veränderungen im pädagogischen Umfeld der Kinder auf deren Teilhabe und Entwicklungsverläufe auswirkten. Diese Erfahrungen stärken uns im weiteren Veränderungsprozess und haben einen sehr positiven Einfluss auf die Arbeitszufriedenheit der Mitarbeiter*innen.

Abschließend möchten wir alle Leser*innen ermuntern, den Index für Inklusion als unterstützendes Arbeitsmaterial im Prozess inklusiver Veränderung zu nutzen. Für uns war und ist dieser Veränderungsprozess eine große Herausforderung, an der wir beständig arbeiten und wachsen. Der Weg der Veränderung, den wir in den vergangenen Jahren zurückgelegt haben, hat *alle* Beteiligten reich beschenkt. Auch und gerade weil sich Phasen kraftvoller, stärkender Entwicklungen abwechseln mit Phasen kräftezehrender und schwer auszuhaltender Stagnation, haben wir ein tiefes Vertrauen in unsere eigenen und die Entwicklungskräfte und -potenziale *aller* Beteiligten gewonnen. Mit dem Wissen um diese Wirkungskraft werden wir auch weiterhin, unserer Verantwortung gemäß, einen Beitrag auf dem Weg in eine inklusive Gesellschaft leisten.

Literatur

BOBAN, Ines & HINZ, Andreas (Hrsg.) (2003): Index für Inklusion. Lernen und Teilhabe in der Schule der Vielfalt entwickeln. Halle: Martin-Luther-Universität. Online unter: http://www.eenet.org.uk/resources/docs/Index%20German.pdf

BOOTH, Tony, AINSCOW, Mel & KINGSTON, Denise (2010): Index für Inklusion. Spiel, Lernen und Partizipation in der inklusiven Kindertageseinrichtung entwickeln. Frankfurt am Main: GEW. Online unter: http://www.eenet.org.uk/resources/docs/Index%20EY%20German2.pdf.

.

Jo Jerg, Sabine Kaiser und Stephan Thalheim

„Inklusion als Rahmen, in dem alles, die ganze pädagogische Arbeit abläuft" – Erfahrungen mit dem Index für Inklusion in vier Kindertageseinrichtungen als Teil des Sozialraums und der Kommune

Das Projekt „Inklusion, Qualifikation, Assistenz" (IQUA) hat seit 2001 in zwei Phasen Erfahrungen mit Qualifizierungskursen für Inklusionsassistent*innen und Fortbildungen für Erzieher*innen zur „Fachkraft für inklusive Pädagogik" gesammelt, um die eingesetzten zusätzlichen Integrationskräfte und Fachkräfte unter den Aspekten der Inklusion und Assistenz zu qualifizieren. Ergebnis dieser zwei ersten Projektphasen war u.a., dass Inklusion sich zum einen nicht auf die institutionelle Bildung und Erziehung in Kindertageseinrichtungen beschränken kann, sondern weitere Lebens- und Bildungsorte der Kinder berücksichtigen muss. Zum anderen sollen und können die erforderlichen inklusionspädagogischen Qualifikationen nicht bei Zusatzkräften bzw. einzelnen Fachkräften kumuliert bleiben. Diese Erkenntnisse wurden im Folgeprojekt „Inklusion, Qualifikation, Assistenz und Netzwerk" IQUAnet (2009 – 2012) aufgegriffen. Ausgehend von vier Kindertageseinrichtungen wurde die inklusionspädagogische Qualifizierung der Mitarbeiter*innen-Teams in Form von Inhouse-Coaching um Aspekte der inklusionsorientierten Sozialraumentwicklung und der kommunalen Strukturentwicklung erweitert.

„Dieser Index hat uns da einfach auch geholfen schneller auf die Spur zu kommen und Dinge auch umzusetzen, was vorher vielleicht nicht so schnell passiert wäre. Aber man ist viel mehr miteinander im Gespräch und dadurch kann man auch mehr umsetzen und bewegen." (LI2-6)

Ziel des Projekts IQUAnet war es, den Anspruch auf Inklusion in Kindertageseinrichtungen und im Gemeinwesen zu verbreiten und ihn an zwei ausgewählten baden-württembergischen Standorten   Ludwigsburg und Reutlingen – konsequent und exemplarisch umzusetzen. Dabei wird Inklusion im umfassenden Sinne verstanden: Alle Kinder finden Berücksichtigung. Jedes Kind ist ein Besonderes und braucht Besonderes – und sei es, dass es mehr oder weniger durch schwierige soziale und/oder kulturelle Bedingungen oder durch Behinderung in seiner Entwicklung beeinträchtigt wird. Der folgende Text gibt einen Einblick in die Ergebnisse des Projekts IQUAnet in Bezug auf die Erfahrungen und Erkenntnisse aus der Arbeit mit dem Index für Inklusion – Tageseinrichtungen für Kinder (vgl. BOOTH, AINSCOW & KINGSTON 2006; im Folgenden: Index). In neun Thesen gibt er einen ersten Überblick zur Quintessenz der Auswertung der Praxisbegleitung über drei Jahre (vgl. ausführlich JERG, SCHUMANN & THALHEIM 2014). Dabei werden die zusammenfassenden Ergebnisse mit konkreten exemplarischen Aussagen von Erzieher*innen und Leiter*innen aus den Kindertageseinrichtungen unterlegt. Die Aussagen sind aus Gruppendiskussionen mit den jeweiligen Index-Teams und Interviews mit den Leiterinnen der vier Kindertageseinrichtungen zur Projektauswertung im Rahmen der wissenschaftlichen Begleitung entnommen.

1 Der Index arbeitet mit Fragen (nicht mit Standards) und ermöglicht dadurch einen Dialog, der in den Einrichtungen überwiegend entwicklungsfördernd und öffnend wirkt. Ohne Einführung wirkt der Index jedoch auf den ersten Blick mit seinen vielen Fragen für viele Fachkräfte störrisch, trocken, überfordernd.

Indem sich die Fachkräfte durch gegenseitiges Befragen bzw. gemeinsames Hinterfragen ihre Alltagspraxis bewusst machen, Erfahrungen in Worte fassen und damit wiederum für ihr Handeln verfügbar machen, können sie, entsprechend des Dialogischen Prinzips Martin BUBERS (1973), neue Anstöße und Anregungen für die eigene Weiterentwicklung finden. Zugleich werden durch eine externe Einführung in die Arbeit mit dem Index verschiedene Möglichkeiten der Annäherung eröffnet, die über eine einfache Beantwortung von Fragen hinausweisen. Nimmt man beispielsweise die Frage: „Ist der erste Kontakt, den man mit der Einrichtung hat, freundlich und einladend?" (Indikator A1.1a), kann unter dem Blickwinkel des Hinterfragens, woran wir dies spüren, sehen oder messen eine Erörterung im Sinne der dialogischen Annäherung gestaltet werden, die öffnend wirkt. Zugleich ermöglicht eine fachliche Einführung, dass viele unterschiedliche Formen der Anwendung, wie z.B. die Arbeit mit Einzelfragen, erprobt und erfahren werden können.

> „..., also man reflektiert erst mal theoretisch darüber, aber man bekommt auch neue Impulse, ...oder kommt einfach ins Gespräch über eine bestimmte Fragestellung, wie können wir zum Beispiel den kollegialen Austausch nochmal anders gestalten. Ich bin auch über meine eigene Rolle über so eine Index-Frage selber nochmal ins Nachdenken gekommen"(IT1)

Dennoch wird in allen vier Kindertageseinrichtungen betont, dass diese Prozesse einer – zumindest anfänglichen – Einführung und Begleitung bedürfen.

> *„Also mir macht es auch Spaß, über eine Fragestellung vom Index gemeinsam im großen Team nachzudenken und da dann die Vielfalt der Gedanken zu sehen oder einfach die sichtbar zu machen."(IT1-13)*

> *„Also ich finde eine Begleitung schon wichtig, es unterstützt einen im Alltag, weil sonst hat man das Buch … und dann muss man gucken, wie … Also ich finde der Index erschlägt einen richtig, … und es braucht auch jemanden, der erst mal mit einem strukturiert und auch verdeutlicht, dass es nur Schritt für Schritt gehen kann. Aber man braucht da schon jemanden, der einen so ein bisschen unterstützt und auch so den Weg manchmal auch zeigt… Und natürlich braucht es auch einen Motor, …und dieser Motor, der darf nicht ins Stottern kommen." (IT1-13)*

2 Der Index ist gut geeignet, die Einrichtungssituation im Hinblick auf inklusive Gestaltung und Strukturen zu beleuchten und dadurch die zu bearbeitenden Handlungsfelder zu identifizieren.

In der Praxis zeigen sich unterschiedliche Möglichkeiten, um die eigene Situation in der Kindertageseinrichtung zu analysieren und den jeweiligen Ansatzpunkt im Mitarbeiter*innen-Team auszuwählen. Eine Möglichkeit besteht in der Arbeit mit den Indikatoren. Jedes Teammitglied sucht sich je einen Indikator aus, der für sie/ ihn zum Ausdruck bringt, was besonders gelingend in der Praxis umgesetzt wird und einen weiteren Indikator, der ein Entwicklungspotential für die eigene Praxis anzeigt.

> *„Also für uns war es ganz zentral, einfach mal unser Haus auch zu überdenken, in Augenschein zu nehmen. Weil, man sagt auf der einen Seite: Jedes Kind ist willkommen; aber bieten wir, die Mitarbeiter, die Räume, bietet das Material …, dass jedes Kind damit arbeiten kann und dass jedes Kind in seiner Entwicklung weiter fortschreitet?" (LI1-2)*

Viele Teams arbeiten mit dem Fragebogen zu den Indikatoren aus dem Anhang des Index, um die verschiedenen Einschätzungen der Mitarbeiter*innen und ggf. der Eltern und Kinder sichtbar zu machen und zum Anlass für Gespräche und Weiterentwicklungen zu nehmen. Diese Vorgehensweise unterstützt die gleichberechtigte Partizipation aller Beteiligten, die zunächst in anonymisierter Form möglich ist und der Selbstevaluation dient. Neben dieser Beteiligungskultur ermöglicht der Fragebogen, dass sich die Teammitglieder mit der Komplexität der Indikatoren sowie den Ebenen des Index von inklusiven Kulturen, Strukturen und Praktiken befassen. Der Zeitaufwand bleibt dabei relativ gering und überschaubar. Eine begleitende externe Moderation erhöht die hierin liegende Chance, aus den Ergebnissen Fragen nach den Hintergründen der momentanen Selbsteinschätzung zu entwickeln und eigene Themen zu identifizieren, die den Startpunkt für die inklusionsorientierte Weiterentwicklung bilden. Bedeutend in diesem Zusammenhang sind die erörternden Blickwinkel und eine fragende und erkundende Haltung. In der Identifizierung einzelner, konkreter und selbstgewählter Handlungsfelder liegt zudem die Chance, sich nicht zu überfordern.

„Und ich glaube, so der Kernpunkt, das was uns in diesem Prozess auch bewusst geworden ist, wie viel davon abhängig ist, mit welcher Haltung wir agieren, weil ich glaube, dass da dieser Goldschatz im Detail liegt. Das sind so ganz kleine Äußerungen am Tisch ... und wie man reagiert ... – und das überträgt sich, ...Ich glaube, dass so die Grundlage ist, was für ein Menschenbild ich habe, wie mein Verständnis von Unterstützung und Förderung ist." (IT2- 7f)

3 Der Index gibt jedem Team die Möglichkeit, an der eigenen Situation anzusetzen, eigene Themen zum Anlass zu nehmen, um gleichberechtigte Vielfalt als Sinnbild für Inklusion zu entwickeln und dem Interesse näher zu kommen, kein Kind auszugrenzen. Die Indexfragen werden deshalb als Unterstützung einer gemeinsamen Wertebasis und gemeinsamen Handelns in der Kindertagesstätte gesehen.

Werte und Haltungen zur Sprache zu bringen, sichtbar zu machen, gegenseitige Wertschätzung zu stärken bzw. weiter zu entwickeln – all dies sind Aspekte, die von mehreren Kindertageseinrichtungen zunächst genutzt wurden, um an der eigenen Teamentwicklung anzusetzen und diese zu fördern. In diesem Sinne ist ein Einstieg mit Fragen bezüglich der Sensibilität gegenüber Ausgrenzung und Diversität zwischen den Mitarbeitenden häufig der Ausgangspunkt in der Arbeit mit dem Index für Inklusion. Die eigene Wahl des Themas basiert auf dem Grundgedanken, dass Selbstbestimmung die Motivation und Entwicklung von Mitarbeiter*innen fördert.

Dazu gehört, dass *„die Unterschiedlichkeit der Mitarbeiter*innen auch so willkommen ist wie die der Kinder."* (IT1-18)

4 Einrichtungen, die schon virulente Probleme benennen können, erhalten durch das systematische Befragen mittels des Index Anregungen, wie offene Fragen lösungsorientiert bearbeitet werden können.

So hat sich z.b. die Zusammenarbeit mit Eltern in zwei Einrichtungen durch den Indexprozess grundlegend und nachhaltig verändert. Durch die Entwicklung kreativer und zielgruppenangemessener Angebote und eine damit einhergehende Wertschätzung der Lebenslagen der Eltern konnten gegenseitiges Vertrauen aufgebaut, intensive Elternkontakte ermöglicht und Arbeitszufriedenheit im Umgang mit Eltern erhöht werden.

„Oder wir haben zwei Jahre schon darüber gesprochen einen Vater-Kind-Nachmittag zu machen, aber jetzt haben wir es umgesetzt, also solche Dinge." (IT2-16)

„Also ganz zentral auch dieses Bewusstsein, also ... wie gehen wir auf die Kinder ein, ... welche Rolle spielt die Familie bisher? Fachlich und theoretisch wissen wir alle Bescheid und sind wir im Team eigentlich auf einem gleichen Stand und wissen wie es richtig geht, aber von der Umsetzung her, da hat es an vielen Punkten einfach noch gefehlt. Und da sind wir an sehr vielen Prozessen dran: Dass wir die Familien nochmal anders mit einbeziehen, bewusster einbeziehen, mit dem Blick,... inwieweit ist das auch Inklusion? Das ist ein ganz anderes Bewusstsein. ... Oder auch wie man auf Kinder reagiert, ... im Teamgespräch, wenn wir Kinder gemeinsam reflektieren, ... dass das einfach für die Familie und das Kind eine Hilfestellung ist. Also, da hat sich gedanklich sehr viel verändert, was in der Umsetzung dann auch eher zum Tragen kommt, als es vorher war." (LI2-1)

Der Index bestärkt darin, statt zusätzliche Aufgaben zu kreieren, bereits bestehende Herausforderungen mit Hilfe der Indikatoren zu bearbeiten. Dies erleben die Kindertageseinrichtungen als bedeutend für die praktische Umsetzung. Ob sich eine Einrichtung beispielsweise gerade stark verändert und vergrößert und sie die Eingewöhnung sowie Einarbeitung der neuen Fachkräfte in den Blick nehmen möchte, ob sie ihre Raumgestaltung überdenken möchte oder ob sie die Verortung der Kindertageseinrichtung in der Nachbarschaft klären möchte der Index ermöglicht individuell passende Ansatzpunkte. Da der Index jedoch nicht für alle Themen explizit formulierte Fragen bietet, empfiehlt sich eine suchende Haltung, um passende Indikatoren und Fragen aufzuspüren.

5 Vor dem Hintergrund der vielfältigen Herausforderungen und Veränderungen in der Frühpädagogik sind zusätzliche Projekte in der Praxis wenig erwünscht. Der Index bietet einen Referenzrahmen für eine inklusive Ausrichtung, in dem andere Konzepte, Herangehensweisen bzw. Methoden wie Lerngeschichten, Sprachförderung etc. eingebunden werden können. Das entlastet die Praxis und schafft Synergieeffekte.

Kindertageseinrichtungen erleben eine Vielzahl an Konzepten und Projekten, die ihnen nicht selten von Trägern oder durch Landesprogramme zur Umsetzung übertragen werden, wie z.b. Ganztagsbetreuung, Umsetzung des Rechtsanspruchs für unter 3-Jährige, zweistufige Einschulungsuntersuchung, Bildungspläne der Länder, Sprachförderung.

„Ich sehe es gar nicht so als Extra-Thema, sondern ich sehe es als Rahmen, da wird das andere eingebettet, da werden die Bildungs- und Lerngeschichten eingebettet, da wird das Sprachprojekt eingebettet, da ist die Ergotherapie eigebettet. Aber das ist für mich der Rahmen, ganz klar: Vielfalt, und kein Kind wird irgendwie ausgegrenzt, sondern alle Kinder sind wertvoll, jedes Kind hat das Recht, sich bestmöglich zu entwickeln. Und das ist dann der Rahmen, in dem alles, die ganze pädagogische Arbeit abläuft." (IT1-17)

Gerade Neues und Zusätzliches unter einem inklusionsorientierten Blickwinkel mit dem Index zu beleuchten hilft, sich nicht in vielen unterschiedlichen Ansätzen zu verlieren, sondern einen gemeinsamen Nenner zu finden und scheinbaren Widersprüchen und divergierenden Anforderungen eine gemeinsame Rahmung und Zielsetzung zu verleihen.

6 Der Index zielt darauf, das ‚Zwei-Gruppengebäude‘ von ‚normal‘ und ‚behindert‘ zu überwinden und gemeinsames Spielen, Lernen und Partizipation für jedes Kind in seiner je individuellen Situation zum Ausgangspunkt pädagogischer Arbeit zu nehmen.

Durch die durchgängige Frage nach Vielfalt, Partizipation und Barrieren für gemeinsames Spielen und Lernen in allen Bereichen werden alle Benachteiligungsformen in den Blick genommen und dadurch eine Sensibilisierung für Teilhabebarrieren für alle Kinder in Kindertageseinrichtungen und ihrem Umfeld entwickelt. Damit wird Inklusion aus der Begrenzung auf ‚Behinderung‘ gelöst. Die Fragen auf jedes einzelne Kind zu beziehen, weitet den Blick.

Beispielhaft werden die Vielfaltsperspektive und kindzentrierte Orientierung an folgendem Ausschnitt aus einer Gruppendiskussion mit dem Index-Team einer Kindertageseinrichtung deutlich:

> *„Und dass es im Alltag gelebt wird, also dass alle Kinder partizipieren können im Alltag." (IT1-1)*

> *„Inklusion heißt auch ein achtsames Umgehen miteinander. ... Dass jede*r sich mit seinen Möglichkeiten einbringt." (IT1-1)*

> *„Für mich bedeutet Inklusion auch, dass man etwas gemeinsam macht, dass man auch lernt, Rücksicht auf den anderen zu nehmen, und dass jede*r auch das Recht hat, am gemeinsamen Werk mitzuarbeiten und dass man dann auch die Gedanken, die Meinungen, das Können von jedem Einzelnen akzeptiert." (IT1-1)*

7 **Das Arbeiten mit dem Index regt dazu an, eine andere Perspektive einzunehmen. Es ermöglicht auch eine positive Wertschätzung für das, was an guten Ansätzen in der Einrichtung schon da ist, und hilft, vorhandene Grenzen zu überwinden.**

Die positive Wertschätzung dessen, was hinsichtlich einer Inklusionsorientierung an Potenzialen, Konzepten und Praktiken vorhanden ist und ggf. gut gelingt, kann vor allem mit dem Blick und der Position von außen, einer externen Prozessbegleitung und -moderation unterstützt werden. Diese Wertschätzung positiver Ansätze empfiehlt sich als Ansatzpunkt, um Motivation zu nutzen und Sicherheit in das eigene Handeln sowie Vertrauen in die eigenen Ressourcen zu setzen. Auf dieser Grundlage wächst die Bereitschaft, mit Hilfe des Index gewohnte Abläufe zu hinterfragen und neue Blickwinkel einzunehmen.

> *„Also das ist ganz zentral was IQUAnet mit unserem Haus gemacht hat. ... dass uns im Team deutlich geworden ist, was bereits in unserem Haus läuft, was uns so im Alltag überhaupt nicht mehr auffällt ... der Ansatz war bei uns immer, inklusiv zu arbeiten, aber jetzt ... hat sich das massiv verstärkt, ... dass es bei uns keine Grenzen gibt und dass wir wirklich versuchen jeden willkommen zu heißen. ...Also ich denke, der Index hilft durch die vielen Fragestellungen, dass man sich eine Thematik besser erschließen kann ...auch mal von einem anderen Blickwinkel, ...der zwingt einen, dass man auch mal über Eck denkt." (LI 1-2)*

8 Der Index kann helfen, die Kooperationsbeziehungen im Sozialraum zu strukturieren und schafft eine Basis für gelingende Vernetzung. Gleichzeitig hilft der Index-Prozess, auch zu lernen, Grenzen zu setzen und Standpunkte zu vertreten, vor allem in Situationen, in denen zusätzliche Unterstützung notwendig wird.

Auch in Bezug auf die Vernetzung der Kindertageseinrichtungen mit verschiedenen Akteur*innen des Sozialraums, z.b. Einrichtungen der Jugendhilfe, Elternberatungsstellen, Vereine wie den Kinderschutzbund oder auch Einzelpersonen wie beispielsweise Vorlesepaten mit der Kindertagesstätte in Kontakt zu bringen, kann der Index hilfreich und dialogfördernd sein, um im gegenseitigen Austausch ein Kennenlernen der jeweiligen Arbeitsstrukturen und Zugangswege zu ermöglichen und neue Ideen der Zusammenarbeit zu finden. Die Fragen des Index ermöglichen einen gemeinsamen Bezugsrahmen, zu dem die verschiedenen Beteiligten aus ihrer Position heraus ihren jeweiligen Beitrag finden und formulieren können. Hierauf aufbauend lassen sich gemeinsame Positionen und Konsense erarbeiten. Gleichzeitig wird in der Praxis deutlich, dass gute Kooperationsstrukturen vieles ermöglichen, aber auch Zeit und Ressourcen benötigen.

„Eine Sternstunde, fand ich, war so die Vernetzung … wo ich einfach merke, das funktioniert jetzt und das ist eine Kommunikation und ein Arbeiten auf gleicher Ebene und zum Wohle des Kindes oder der Familie, also das war für mich etwas, wo ich sage, das ist für mich eine Sternstunde gewesen." (IT1-10)

„Die Zusammenarbeit mit den vielfältigen Kooperationspartnern, die wir haben, bedingt ja auch, dass immer wieder in die Arbeit neue berechtigte Gedanken und auch Forderungen einfließen, die wiederum Auswirkungen auf unsere tägliche Arbeit haben. Man möchte ja die berechtigten Ansichten oder Hilfsmechanismen der anderen auch umsetzen …. Und von daher hat sich das Arbeitsspektrum verändert, hat sich ausgedehnt und ist in vielen Bereichen intensiver geworden. … Da braucht es halt bei manchen Kindern oder bei manchen Familien ein bisschen mehr. … und das ist auch das was wir leisten möchten, aber mit der ganz normalen Besetzung kommt man da an die Grenzen." (LI1-2/5f)

9 Die Arbeit mit dem Index und die nachhaltige Umsetzung von entwickelten Lösungsansätzen benötigen Prozessbegleitung und Moderation von außen, um die Prozesse der Inklusionsorientierung in Gang zu halten, sie nicht durch die alltäglichen Herausforderungen aus dem Blick zu verlieren und kleine Schritte systematisch und kontinuierlich entwickeln zu können.

Prozessbegleitung – z.B. in Form von Inhouse-Begleitungen in regelmäßigen Abständen – hilft, in der Komplexität der Ansatzpunkte und Themen eine eigene Struktur zu finden, die Möglichkeiten des Teams und die Kompetenzen der Mitarbeiter*innen zu nutzen. Sie schützt damit vor Überforderung oder Unübersichtlichkeit. Beginnend mit Moderation zur Verständigung über ein gemeinsames Verständnis von Inklusion, über die Identifikation erster Themen und Ziele bis hin zur Entwicklung gemeinsamer Leitbilder und der Gestaltung von Aktionsplänen können die Teams durch eine externe Prozessbegleitung unterstützt werden.

„Es braucht auch immer jemanden, der noch ein bisschen mehr Distanz zum Alltag hat, … der immer wieder nachhakt …der relativ objektiv an die Sache herangehen kann, ohne da so Interessen im Rücken zu haben, die er jetzt auch wieder vertreten muss." (IT1-13)

10 Die Bereitschaft des Teams, Gewohntes und Alltagstheorien zu hinterfragen, den Alltag zu reflektieren sowie ein eigenes Interesse an qualitativer Weiterentwicklung erweisen sich als hilfreich für eine erfolgreiche, inklusive Prozessbegleitung.

Die Bereitschaft, sich als Team zu hinterfragen, bedeutet, pädagogische Fragen ernst zu nehmen, sich offen auszutauschen und sich gegenseitig zu ermutigen, gegebenenfalls Veränderungen zu wagen. Sieht sich ein Team als Lernende Organisation, so kann es sich auf den Weg machen – ohne Angst haben zu müssen, den Boden zu verlieren.
Vor diesem Hintergrund ist es sinnvoll , den Blick im Prozess auf die gemeinsamen Ziele, die eigene Zufriedenheit in der Arbeit, die eigenen Gestaltungsmöglichkeiten zu legen, um einen Öffnungsprozess in Gang zu setzen. Dabei hat sich auch eine regelmäßige ergänzende Reflexionsrunde mit der Leitungskraft als entwicklungsförderlich für die Inklusionsorientierung erwiesen.

„Und ich denke auch, dass jede*r hier seine eigenen Kompetenzen mit einbringt, …
dass jede*r im Team … mitzieht." „Also für mich ist es wirklich so dieses Mitein-
ander … und, dass hier im Team jede*r eben die Bereitschaft mitgebracht hat und
dass es jede*m wichtig ist, wirklich zu sagen: Okay, wir leben Vielfalt und grenzen
niemanden aus." (IT1-17)
„Und klar, man muss das schon auch lernen …, dass man auch mit einer gewissen
Offenheit umgeht und dass man auch mal nachfragt." (IT1-18)

Zusammenfassend

Externe Prozessbegleitung und Moderation erweisen sich sowohl bei der Einführung des Index, als auch in den mit dem Index angestoßenen Entwicklungs-
und Umsetzungsprozessen als Gelingensfaktor. Ebenso lässt sich festhalten, dass
besonders dort Prozesse der Inklusionsorientierung mit Hilfe des Index nachhaltig
angestoßen werden können, wo gemeinsame Verantwortung und gegenseitiges
Vertrauen die Basis inklusionsorientierter Prozesse bilden. Gemeinsame Verantwortung setzt einen Willen der jeweiligen Beteiligten voraus, selbst tätig zu werden und eigene Aktivitäten im Rahmen des eigenen Verantwortungsbereichs zu
entwickeln, anstatt die Verantwortung auf andere zu delegieren, deren Zustän-
digkeitsbereich sich des eigenen Einflusses, der eigenen „Verfügungs- und Steue-
rungsmacht" entzieht (vgl. HINTE & TREESS 2011, 46).

„Und auch ein anderer Blick … man findet auch eine Lösung für ein Problem, auch
wenn man denkt, das geht nie im Leben, aber es geht immer, wenn man es möchte."
(IT2-17)

„Und irgendwo, finde ich, sind wir alle insgesamt auch ein Stück weit professioneller
geworden." (IT1-11)

Dies erfordert Vertrauen in sich und die eigenen Möglichkeiten, Vertrauen im
Team, Vertrauen in die Kinder und Familien, Vertrauen in den Träger und die
Kommune, dass diese ihre Verantwortung in ihren Kompetenzbereichen ebenso
wahrnehmen. Vertrauen also, dass Inklusion ein unumkehrbarer Prozess ist, den
mitzugestalten nicht nur spannend ist, sondern sich auch positiv auf die eigene
Arbeitszufriedenheit und Professionalität auswirken kann.

„Also ich finde, was die Kinder und die Familien einem da auch zurückgeben …
wenn man merkt, was bewirkt das, wenn man so das Ergebnis sieht. … Also die
Wertschätzung, die man dem Gegenüber gibt, die bekommt man einfach auch zu-
rück." (LI2-19)

Literatur

Booth, Tony, Ainscow, Mel & Kingston, Denise (2006): Index für Inklusion (Tageseinrichtungen für Kinder). Lernen, Partizipation und Spiel in der inklusiven Kindertageseinrichtung. Frankfurt am Main: GEW. Online unter: http://www.eenet.org.uk/resources/docs/Index%20EY%20Ger man2.pdf.

Buber, Martin (1973): Das Dialogische Prinzip. Heidelberg: Schneider

Hinte, Wolfgang & Treess, Helga (²2011): Sozialraumorientierung in der Jugendhilfe. Theoretische Grundlagen, Handlungsprinzipien und Praxisbeispiele kooperativ-integrativen Pädagogik. Weinheim/München: Juventa

Jerg, Jo, Schumann, Werner & Thalheim, Stephan (Hrsg.) (2003): Von Anfang an! Qualifizierung zur InklusionsassistentIn in Kindertageseinrichtungen. Reutlingen: Diakonie

Jerg, Jo, Schumann, Werner & Thalheim, Stephan (Hrsg.) (2006): Vielfalt und Unterschiedlichkeit im Bildungsdiskurs. Reutlingen: Diakonie

Jerg, Jo, Schumann, Werner & Thalheim, Stephan (Hrsg.) (2011): Vielfalt entdecken. Erfahrungen mit dem Index für Inklusion in Kindertagesstätten und Gemeinde. Reutlingen: Diakonie

Jerg, Jo, Schumann, Werner & Thalheim, Stephan (Hrsg.) (2014): Vielfalt gemeinsam gestalten. Inklusion in Kindertageseinrichtungen und Kommunen. Erfahrungen und Erkenntnisse aus dem Projekt IQUAnet. Reutlingen: Diakonie

Jerg, Jo & Thalheim, Stephan (2012): Inklusive Entwicklungen in Kindertageseinrichtungen gestalten. Projekt IQUAnet. In: Tacheles Magazin, Nr.49 (09/2012), 11-19

Thalheim, Stephan, Jerg, Jo & Schumann, Werner (Hrsg.) (2008): Inklusion im Kindergarten. Qualität durch Qualifikation. Reutlingen: Diakonie

3 Erfahrungen – Schwerpunkt Grundschule

Christina Lang-Winter und Mark Winter

Schul- und Inklusionsentwicklung an der Kettelerschule Bonn

1 Donnerstag Mittag, 13.15 Uhr im September: 1. Treffen der Inklusionsgruppe des Schuljahres in der Kettelerschule

Der Stuhlkreis im Spieleraum, einem Differenzierungs- und Therapieraum, etwa halb so groß wie ein Klassenzimmer, füllt sich. Auf einem großen Tisch an der Wand neben der Tür bietet sich das aufgebaute Büffet mit Getränken und Leckereien an. Beteiligte aller Gruppen und Gremien, die an der Kettelerschule leben und lernen, besetzen die Stühle in gewohnter Manier: Da ist zunächst der Inklusionsbeauftragte, der zu den vier Treffen gleichmäßig über das Schuljahr verteilt einlädt und die Sitzungen selbst moderiert, nachbearbeitet, alle Dokumentationen aktualisiert und bei den Arbeitsgemeinschaften regelmäßig den Stand abfragt. Die Einladungen wenden sich an die drei Schülersprecher*innen, die aus dem Kinderparlament und damit zuvor von den Klassenräten gewählt wurden, die beiden Elternteile, die sich in die Inklusionsgruppe haben wählen lassen, den Hausmeister sowie Vertreter*innen aller pädagogischen Berufsgruppen, die an der Schule arbeiten. Grund- und Sonderschullehrer*innen lassen sich über die Lehrerkonferenz im zweijährigen Wechsel wählen, die Erzieher*innen über die Erzieherdienstbesprechung; die Schulleitung, die Koordination des Offenen Ganztags sowie die Schulsozialpädagogin sind gesetzte Mitglieder. Eine kritische Freundin begleitet die Inklusionsrunden, sie war früher als Schulrätin für die Schule zuständig und kommt mit pädagogischem wie Verwaltungs-Knowhow dazu, unterstützt, fragt und berät. Die teilnehmenden Personen erleben eine inklusive, offene Runde, Gäste sind erwünscht. Die Atmosphäre ist fröhlich geladen, wir wissen: Arbeit wartet auf uns, aber gemeinsam haben wir schon so viel erreicht und wollen so weitermachen!

1.1 Einstieg in die Treffen

Jede Inklusionssitzung wird mit einer warmherzigen Begrüßung und einem Überblick über den Ablauf des dreistündigen Nachmittagstermins eröffnet und lädt alle Beteiligte, vorneweg die Kinder, ein, die Sitzungen aktiv mitzugestalten. Der Arbeitsablauf ist zu Beginn des Schuljahres wie gewohnt: Die Arbeitsgemeinschaften informieren reihum als wichtiges Einstiegsthema über den Stand der eigenen Aufgaben und erfahren Interesse, Bereicherung und Vernetzung der Runde. Dieser wichtige Austausch nimmt berechtigterweise einen zeitintensiven Raum ein und stellt laufende Projekte in den Mittelpunkt der Aufmerksamkeit. Alle Informationen sind in einer tabellarischen Übersicht zusammengefasst, die allen Teilnehmer*innen vorliegt. Sie werden durch vorangegangene Abfragen und den Bericht in der Inklusionsrunde aktualisiert und anschließend wiederum allen Beteiligten in der Schule transparent und einladend zugänglich gemacht. Wer sich mit einem Thema identifiziert, ist herzlich willkommen, uns zu bereichern.

1.2 Arbeit mit dem Index

Nach dem Einstieg mit den vielen Informationen findet meist Arbeit mit dem Index für Inklusion statt. Aus Erfahrung wissen wir, dass wir durch dieses Instrument immer über genau die Themen ins Gespräch kommen, die für uns und die Entwicklung unserer Schule wichtig sind. Nach der Vorstellung der ausgewählten Frage (Möglichkeiten der Auswahl unter 2.1.1) stellen die Kinder die Arbeitsgruppen zusammen. Alle versorgen sich mit Verpflegung für den nächsten Auftrag und verteilen sich auf die umliegenden kleinen Räume, die genutzt werden können, um in Ruhe ins intensive Gespräch zu kommen.

In den Gruppen herrscht eine angenehme Atmosphäre. Im Austausch miteinander besprechen wir das Thema bzw. die Frage, die wir mitgenommen haben. Jede*r äußert sich spontan mit den eigenen Gedanken, bevor wir auf die einzelnen Unterpunkte zu sprechen kommen und ins Detail gehen. In diesen Gesprächen findet wiederum ein wertvoller Austausch statt, Meinungen werden gehört und ernst genommen, zuallererst die der Kinder. Sie liefern in einigen Fragestellungen wertvolle Hinweise, und Eltern sind immer wieder beeindruckt, mit welch hohen Fähigkeiten unsere Kinder ihre Arbeit tun: wie sie mit den Erwachsenen diskutieren, aufmerksam zuhören und ihre eigene Meinung vertreten. Gemeinsam wird in diesem Prozess auf Karten notiert, was die Gruppe an Ergebnissen zusammenträgt. Im Mittelpunkt aller Gespräche steht immer die Lösungssuche für den funktionierenden Alltag in großer, bereichernder Vielfalt. Hier herrscht – anders als im laufenden Tagesalltag – kein Zeitdruck. Kreativ sind wir im ruhigen Austausch miteinander.

Im Plenum werden die Karten abschließend mit ihren Ideen zusammengetragen, sortiert und laufenden oder neuen Aufgabenfeldern zugewiesen. Jede Gruppe trägt vor, kommentiert und erlebt neue Ergebnisse wie Bekanntes aus der eigenen Gruppenarbeit. Mit dem vorliegenden Resultat wird nun gemeinsam besprochen, welche Vorgehensweise wir wählen, um Verbesserungen anzustreben. Vereinbarte Arbeitsgruppen und -vorhaben werden durch die Inklusionsgruppenmitglieder multiplikativ in die schulischen Gremien gebracht. Es entstehen Transparenz für alle interessierten Schulmitglieder, ein verbindlicher Rahmen, der vor allem durch die festgelegten Verantwortlichkeiten geschaffen wird sowie die Möglichkeit zur Mitarbeit aller Kinder und Erwachsener. In der nächsten Inklusionssitzung gibt es dann vielleicht schon Fortschritte, Erfolge, Anfänge oder auch Schwierigkeiten, vielleicht Probleme zu berichten. Entweder dürfen wir uns dann gemeinsam daran erfreuen, etwas geschaffen oder verbessert zu haben oder wir helfen einander und suchen nach Unterstützungsmöglichkeiten.

Wir verlassen die Sitzung also mit neuen Aufgaben, mit dem guten Gefühl, gemeinsam an unseren Herausforderungen zu handeln und immer wieder Lösungen zu finden, vor allem aber, in drei Monaten wieder zusammenzukommen und Unterstützung zu erfahren, wenn wir sie brauchen.

2 Rahmen und Struktur der Arbeit mit dem Index für Inklusion an der Kettelerschule

Die Inklusive Schule ist ein Haus voller Veränderungen… Es gibt viele Aussagen, die die inklusive Schule beschreibt. Die Schulgemeinde, die dem sicheren Wandel unterliegt, braucht Verlässlichkeit und Konstanz. Langfristig kann Schulentwicklung gut betrieben werden, wenn Bedingungen vorgegeben sind und Sicherheit bieten.

Die Satzung der Inklusionsgruppe an der Kettelerschule regelt Strukturen und gibt einen festen Rahmen vor, der durch einen Personenwechsel nicht leicht geändert werden kann, sondern feste Konstante in der Arbeit bleibt. Sie wurde 2012 nach langer Arbeit verabschiedet und besteht unverändert. Sie bietet nicht nur der Gruppenzusammensetzung Halt und Kontinuität trotz stetigen Wechsels der

Mitglieder[1], sie setzt terminliche Vorgaben[2] und gibt auch inhaltlich vor, dass es wiederkehrende Themen gibt. Auch zur Beschlussfähigkeit der Inklusionsgruppe konstatiert sie die Vereinbarung. Letzte Entscheidungsmacht bleibt immer die Schulkonferenz.

Hauptverantwortlich für Moderation und inhaltliche Vorbereitung erklärt die Satzung den Inklusionsbeauftragten. Weitere Teammitglieder unterstützen ihn nach Absprache themenbezogen.

Inklusive Arbeitsgemeinschaften und Verantwortlichkeiten

AGs	Wer?	Bemerkungen
Spielzeugausleihe	Die Verantwortlichkeit wird über das Erzieherteam neu geregelt. Der personale Engpass erschwert dies zur Zeit. Lösung: KiPa?	Der neue Spielzeugraum ist eingerichtet und die Fahrzeuge werden fortlaufend von der Reparatur-AG repariert. Linien für ein Basketballfeld und eine neue Straße für die Fahrzeuge werden gewünscht. Im Kinderparlament soll nach Lösungen gesucht werden, wie die Kinder die Spielzeugausleihe betreuen können.
Sauberkeit und Ordnung „Toilettensituation und Frühjahrsputz"	Frau Kambeck-Schürmann /Frau Luppertz	Die verlässliche Erledigung von Diensten (Toilettensheriff und Hofdienst) soll in den Klassenräten und im Kinderparlament nochmals thematisiert werden. Die Aufsichten werden um verstärkte Kontrollen gebeten. Frau van de Gey informiert mit dem aktuellen Vertretungsplan immer über aktuelle Termine und schließt die Dienste mit ein. Am letzten Tag der Projektwoche soll geputzt werden!
Spielzeugbestellung	Herr Winter/Diab	Die Kinder werden an der Spielzeugbestellung beteiligt. Im Kinderparlament soll ein Austausch über die Bestellungen, gutes Spielzeug, Fehlbestellungen u.ä. regelmäßig stattfinden. Für Außenspielzeug stehen 150€ zur Verfügung, für die gezielt nachbestellt wird. Jede LF erhält zudem 100€.
Mehrsprachige Beschriftungen	Frau Lang/Frau Hennig	Nach der Bereitstellung einer Übersicht möchten sich einige Freiwillige aus der Inklusionsgruppe an Übersetzungen versuchen oder die nötigen Dinge übersetzen lassen (siehe Protokoll). Frau Hennig sammelt mit Kindern die fehlenden Raumbezeichnungen und leitet sie zwecks Übersetzung weiter.
Freizeitgestaltung	Frau Moritz/Lisa	Die Freizeitgestaltung wird in der Inklusionsgruppe diskutiert. Frau Moritz berichtet, dass an einem OGS-Konzept gearbeitet wird, welches zeitnah in der Inklusionsgruppe vorgestellt werden könnte. Frau Stein verschriftlicht das veränderte Konzept der Gruppenstunde. Linien für ein Basketball-Feld und neue Straßenlinien werden angelegt (van de Gey, Stein).
„Mitarbeitergesundheit"	Frau Moritz / Frau Kambeck-Schürmann/Lisa /Diab	Es gibt eine Umfrage des Lehrerrats zum Thema „Lehrergesundheit" und eine Supervision für das OGS-Team. Befragung zur Lehrergesundheit wird entwickelt (Lehrerrat).
Ruhezone Innenhof	Herr Winter/ Herr Dierlich/ Planungsgruppe „Innenhof"	Ideen wurden über KiPa und die Planungsgruppe gesammelt und veröffentlicht. Mit der Planungsgruppe soll zwecks Sponsorensuche ein Konzept mit Fotos und Kindertexten erstellt werden. Lisa und Jenny schreiben einen Brief an die Sparkasse, um eine Bank zu „beantragen". Pflanzenspenden könnten über einen Elternbrief eingeholt werden. Die Werk-AG baut voraussichtliche eine Sitzbank. Die Leos möchten mit Frau Hennig die Scheiben gestalten.
Übersetzung des Inklusionsflyers	Frau Lang	Der Flyer ist überarbeitet und wird an Frau Stein zur Übersetzung gesendet.
...	...	...

Wer möchte gerne mitarbeiten? Bitte zum Thema eintragen!

Abb. 1: Übersicht einiger Arbeitsgemeinschaften

---

1 Jährlich zu Schuljahresbeginn setzt sich die Gruppe neu zusammen, allerdings bleibt immer mindestens ein Mitglied einer Gemeinschaft erhalten, sodass Kontinuität gegeben ist.
2 Die Inklusionsgruppe der Kettelerschule tagt entsprechend der Satzung einmal pro Quartal. Ein Zeitrahmen von drei Stunden ist vorgegeben.

In jedem Jahr wird durch eine Fragebogenaktion eine der Gruppen der Schulgemeinde (Kinder, Eltern und Mitarbeiter*innen) nach ihrem Befinden und zum Blick auf die aktuelle Situation befragt. Die Ergebnisse, jeweils zunächst in der Inklusionsgruppe vorgestellt, liefern ebenso wichtige Indikatoren für die weitere Schulentwicklung wie die Ergebnisse aus der Arbeit mit dem Index für Inklusion. Zu jedem Halbjahresbeginn wird außerdem die aktuelle Übersicht aller Arbeitsgemeinschaften mit Verantwortlichen und aktuellem Stand wie unter 1.1 beschrieben, besprochen. Die Gruppe informiert sich in der neuen Zusammensetzung über den Fortschritt, Erfolge und Schwierigkeiten und bringt sich entsprechend der eigenen Stärken und Interessen fortlaufend oder neuerdings ein. Aktualisierte Informationen tragen die Vertreter jeder Gruppe in der Inklusionsrunde anschließend an die eigenen Teams zurück und befragen, wer sich beteiligen wird.

2.1 Die Praktische Arbeit mit dem Index für Inklusion

Vor Sitzungen, in denen die Gruppe den Index für Inklusion als Instrument zur Schulentwicklung nutzt, stellt sich jeweils die Frage nach der Frage. Eine der Index-Fragen wird in den Mittelpunkt gestellt und von allen Inklusionsgruppenmitgliedern besprochen. Welche soll es sein? Welche wird uns am besten auf den Weg führen, der für uns maßgeblich sein soll?
Mit heutiger Erfahrung können wir sicher sagen: Jede Frage kann es sein. Mit jeder Frage kommen wir ins Gespräch über eines der Themen, die uns beschäftigt, die in der Gemeinschaft brodelt und die gesprächswürdig ist.

2.1.1 Auswahlmethoden für Index-Fragen

Verschiedene Verfahren haben wir ausprobiert, um Fragen festzulegen. Zunächst erscheint vielleicht die Variante interessant, dass diejenigen, die die Sitzung vorbereiten, eine Frage aussuchen, indem sie den gesamte Index durchblättern, die Fragen oder die Bereiche genau bedenken und *an der Aktualität des Schulalltages messen.* Mit diesem Verfahren investiert das Vorbereitungsteam einen erheblichen Zeitumfang und kommt zu einem guten Ziel. Die Frage passt zur auf der Hand liegenden Thematik oder wird daran orientiert passend gemacht, denn der Index für Inklusion schließt ja bekanntermaßen ein, dass der Fragenkatalog veränderbar und erweiterbar ist.

Abb.2: Themenauswahl durch Bepunktung

Im Laufe der Zeit erscheint diese Vorgehensweise möglicherweise nicht mehr effektiv und demokratisch. So kann man auch jede Frage groß ausgedruckt aufhängen und die Gruppe durch das Kleben von Punkten entscheiden lassen, welche der Fragen am interessantesten erscheinen mag.

Mit beiden Vorgehensweisen kann das Ziel, den Ist-Stand in der Schule unter die Lupe zu nehmen, leicht erreicht werden.

Auch die Idee, irgendeine beliebige Frage auszusuchen, kann man durchaus einmal praktisch umsetzen: Der Index wird durchgeblättert und mit geschlossenen Augen mit dem Zeigefinger auf eine Frage gezeigt. Gesprochen wird in der Folge über das, was die Gruppe beschäftigt. So kommt man – u.U. trotzdem – mit jedem Oberthema zum Ziel und setzt sich auseinander mit den Baustellen, die noch bearbeitet werden wollen. Jedes dieser und sicher weitere Auswahlverfahren haben eine Berechtigung und können gewählt werden. Falsch kann man hier gar nichts machen.

2.1.2 Umgang mit der Index-Frage

Die gewählte Index-Frage wird der Gruppe vorgestellt (oder wurde durch die Gruppe selbst gewählt) und ggf. folgt noch eine kurze Erklärung bzw. Erinnerung, wie wir zu diesem Thema gelangt sind. Nach dieser kurzen Einführung gelangen wir in eine Gruppenarbeit, während der jeder Gruppe die Indexfrage mit den jeweiligen Unterpunkten oder Teilfragen der Index-Frage sowie Filzstifte und Pappschilder zum Beschriften zur Verfügung stehen.

Nach einer ausreichenden Bearbeitungszeit von 30 bis 45 Minuten kommen die drei bis vier Gruppen wieder zusammen, um ihre Ergebnisse zu präsentieren. Wurden in der Einführung keine Kriterien zum Sortieren vorgegeben, werden nun thematische Überschneidungen zusammengefasst bzw. zusammengehängt und gemeinsam in der Gruppe strukturiert. Auf diese Weise können anschließend die bestehenden Arbeitsgruppen um Aufträge ergänzt werden, Themen können in ein bestimmtes Gremium, z.b. das Kinderparlament, gegeben werden, um dort eine Entscheidung zu treffen oder einen Sachverhalt genauer zu untersuchen oder es werden neue Arbeitsgruppen mit neuen Verantwortlichen gebildet und in die tabellarische Übersicht aufgenommen, je nach Bedarf.

2.1.3 Und nach der Index-Frage?

Wichtig ist jeweils, dass es nicht bei der Besprechung einer Index-Frage bleibt – wenn alle Ergebnisse schriftlich gesammelt vorliegen, gilt es, einen Entschluss zu fassen: Wird das Thema bereits bearbeitet und unterliegt einer Veränderung mit Aussicht auf Erfolg? Beauftragen wir eine bereits bestehende Arbeitsgruppe mit dem neuen Thema? Brauchen wir eine neu zusammenzustellende Gruppe, die das Ziel der Verbesserung verfolgt? Wer hat Lust, sich hieran zu beteiligen? Erst mit der Beauftragung der Bearbeitung einer Thematik und der Festlegung eines Zieles wird die Veränderung im Detail angestrebt und Schulentwicklung weitergetrieben.

2.2 Gremien, in denen wir mit dem Index arbeiten

Der Index für Inklusion ist in verschiedenen Gremien ein bewährtes und geschätztes Instrument, vornweg in der *Inklusionsgruppe*. Er liefert schnelle Ergebnisse, die an der Alltagsrealität orientiert sind. Um einige Themen, die mit dem Index für Inklusion behandelt wurden, zu nennen: der respektvolle Umgang miteinander, die gemeinsame Verantwortung für die Gestaltung der inklusiven Schule, das Gefühl, Eigentümer der Klasse/Schule zu sein.
Die *Kettelerkonferenz* – das Gremium, das sich aus allen Mitarbeiter*innen der Schule zusammensetzt und alle zwei Monate tagt, nutzt den Index ebenfalls regelmäßig. In der großen gemischten Gruppe aller verschiedener Professionen bietet er sich für einen sortierten Austausch an und zeigt auf, welche Themen uns beschäftigen und woran wir weiterarbeiten wollen. Fragen wie ‚Arbeiten die Mitarbeiter zusammen?' oder ‚Die Schulregeln der Kettelerschule regeln den Umgang miteinander.' lassen sich mit einem einfach ‚Ja' oder ‚Nein' beantworten, bringen aber auch die unterschiedlichen Sichtweisen der beteiligten Personen auf den Tisch, die miteinander besprochen werden, indem die Unterfragen beantwortet werden. Hier ist die Schulleitung hauptverantwortlich für Organisation, Rahmen und Inhalt.

Die Schulregeln der Kettelerschule regeln den Umgang miteinander.

- Kennen alle Kinder/Eltern/MitarbeiterInnen die Schulregeln?
- Beachten die Schulregeln die an der Schule vorhandene Vielfalt?
- Halten sich die Kinder/Eltern/MitarbeiterInnen an die Schulregeln?
- Werden die Schulregeln von allen Mitarbeiter/innen eingefordert?
- Werden Verstöße gegen die Schulregeln von allen wahrgenommen und behandelt?
- Welche Konsequenzen haben Regelverletzungen?
- Wann werden Regelzettel/die Insel eingesetzt?

- Kennen alle Kinder/Eltern/MitarbeiterInnen die Schulregeln?
- Beachten die Schulregeln die an der Schule vorhandene Vielfalt?
- Halten sich die Kinder/Eltern/MitarbeiterInnen an die Schulregeln?
- Werden die Schulregeln von allen Mitarbeiter/innen eingefordert?
- Werden Verstöße gegen die Schulregeln von allen wahrgenommen und behandelt?
- Welche Konsequenzen haben Regelverletzungen?
- Wann werden Regelzettel/die Insel eingesetzt?

Abb. 3: Fragen zu den Schulregeln der Kettelerschule

Gleichermaßen gilt dies für die *Lehrerkonferenz* und die *Erzieherdienstbesprechung*. Als Beispiel lässt sich hier die Frage nach der gemeinsamen Philosophie der Inklusion nennen (vgl. BOBAN & HINZ 2003, 61).

Angeregt durch die Erwachsenen und die an der Inklusionsgruppe teilnehmenden Kinder ist auch das *Kinderparlament,* das sich aus allen Klassensprecher*innen sowie dem Inklusionsbeauftragten, der Schulleitung und Koordination für den Offenen Ganztag zusammensetzt, inzwischen in die Arbeit mit dem Index eingestiegen und hat sich, von Kindern moderiert, beispielweise mit dem Thema Mobbing und Gewalt auseinandergesetzt.

2.3 Öffentlichkeitsarbeit und aktive Teilhabe der Schulgemeinde

Um Eltern über Inklusion zu informieren und zur Beteiligung an der Schule anzuregen, boten wir einen Themenelternabend als Informationsveranstaltung an. In den Folgejahren wird bis dato auf den Klassenpflegschaftsabenden, also den Elternabenden der einzelnen Klassen, zum Thema informiert und die Möglichkeit, sich in die Inklusionsgruppe wählen zu lassen, beworben. Ein Flyer unterstützt dies auch auf Schulfesten sowie zur Einschulung. Dieser liegt in inzwischen vier Sprachen (türkisch, arabisch, englisch und französisch) vor.

Über das Kinderparlament wurde in den Klassenräten ein Inklusionswettbewerb ausgerufen. Um das Thema Inklusion möglichst gut zu erklären, zu veranschaulichen oder darzustellen, wurde in allen Lernfamilien bzw. jahrgangsübergreifenden Klassen ausführlich gesprochen. Die Ergebnisse des Wettbewerbs wurden in einer Präsentation im Kinderparlament vorgestellt und von den gewählten Klassensprecher*innen bewertet.

Durch die Arbeit in der Inklusionsgruppe und mit dem Index für Inklusion sind mehrere Arbeitsabläufe und Formen der Dokumentation an der Kettelerschule etabliert: Im jährlichen Wechsel gibt es Fragebogenaktionen, in denen die Kinder, die Eltern und die Mitarbeiter*innen an der Schule befragt werden. So geben wechselweise alle drei Jahre alle wichtigen Personen der Schulgemeinde ein Feedback ab und regen damit aktiv Schulentwicklung an. Die Fragebögen werden von Arbeitsgruppen vorbereitet. Die Ergebnisse der Befragungen werden in allen schulischen Gremien vorgestellt und der Schulöffentlichkeit präsentiert. In der Inklusionsgruppe geht es nach der Präsentation darum, Arbeitsschwerpunkte zu sichten, Arbeitsgemeinschaften zu vereinbaren, Verantwortlichkeiten zu schaffen und die Vorhaben wiederum in die verschiedenen schulischen Gremien zu tragen. Neben dem informellen Charakter spielt die Frage nach tatkräftiger Unterstützung und aktiver Mitwirkung bei der praktischen Umsetzung eine wichtige Rolle. Die Fragebögen stellen jedes Jahr einen festen Tagesordnungspunkt in einer Inklusionssitzung dar.

Zum Start des Schuljahres, wenn neue Mitglieder in der Inklusionsgruppe begrüßt werden, werden alle Mitglieder auf den aktuellen Stand gebracht und erhalten die Möglichkeit, Verantwortung zu übernehmen, indem sie sich für eine Arbeitsgruppe melden und so die Lücken füllen, die ausscheidende Inklusionsmitglieder hinterlassen haben. Die inklusive Arbeit kann so im Wechsel von verschiedenen Personen kontinuierlich getragen werden und schafft, neben der Umsetzung vieler praktischer Vorhaben, Identifikation mit der Schule und generell mit einer inklusiven Überzeugung.

Nach einer Inklusionssitzung ist im nächsten Kinderparlament der Tagesordnungspunkt „Bericht aus der Inklusionsgruppe" Pflicht, wird von den gewählten Kindern vorgetragen und von den Erwachsenen bei Bedarf unterstützt.

3 Bedeutung des Index für Inklusion für uns und unsere Arbeit in der Kettelerschule

2007 traf uns der Index für Inklusion kurz nach Beginn des Prozesses der Schulentwicklung. Wir standen vor einem großen Berg Arbeit und ahnten seine gewaltige Höhe (vgl. LANG-WINTER & WINTER 2014). Die Kettelerschule hatte einen sehr schlechten Ruf, sowohl im Stadtteil als auch in der Stadt über die Anmeldegrenzen hinaus. Viele Probleme beschäftigten uns täglich, vornweg die Gewalt der Schüler*innen untereinander, mit der wir völlig ohne die Beteiligung der Eltern in der Schule einsam standen. Die Organisation der Schule musste unter die Lupe genommen werden, aber auch der Unterricht selbst. Die Stadt Bonn forderte die Umsetzung des offenen Ganztags, obwohl bestehende Horte gute Arbeit leisteten. Die Herausforderungen waren entsprechend unüberschaubar.

Der Index für Inklusion half und hilft uns, gezielt Themen und Bereiche in Angriff zu nehmen, an denen die Schulgemeinde beteiligt war. Partizipatorisch erarbeiteten wir uns Schritt für Schritt einen Erfolg nach dem anderen und stellten geleistete Arbeit für uns selbst als motivierende Stärkung zur Schau. Mit jeder Frage, die positive Entwicklung aufzeigte, wurde deutlich, was wir schon leisten, aber auch wie wir unsere Arbeit und unseren Umgang miteinander verbessern können. So stellten wir die Klassenorganisation um: Aus zehn jahrgangsgebundenen Klassen machten wir acht jahrgangsübergreifende Lernfamilien, die mit allen Kindern den Ganztag verbringen. Systemisch veränderten wir unseren Unterricht in offene atmosphärische Lernangebotssituationen, in denen jede*r lernen kann. Wir steigerten Kooperationsmethoden und -möglichkeiten und verbesserten das Schulklima maßgeblich, nein, wir drehten es um. Wir lernten, Vielfalt als Bereicherung zu sehen, und mit der Entwicklung des Teams und der Schule entwickelte sich jede*r einzelne in unserem Haus und ebenso ihre/seine eigene Überzeugung. Wir näherten uns dem Stadtteil und den Eltern an und erarbeiteten uns mit Muße und unserer Stärke eine Kooperation mit den Eltern, die selbst zum allergrößten Teil schlechte Schulerfahrungen gemacht hatten. Wir rückten und wuchsen zusammen, stellten gemeinsame Schulregeln auf und vereinbarten Rituale und Verfahrensabläufe, die Strukturen zur Sicherheit des Einzelnen hervorbrachten. Wir sprechen stolz von einem eng kooperierenden Kollegium, das wöchentliche Kommunikationsstrukturen und zeitaufwändige Treffen miteinander meistert. Die Liste kann fortgesetzt werden. So ist der zu erklimmende Berg deutlich kleiner, unser Gefühl besser und die Arbeit lohnenswerter.

Die Frage, ob dies auch ohne die Nutzung des Index möglich gewesen wäre, muss man eindeutig mit ‚Ja‘ beantworten. Dann kommt das ganz dicke *Aber*: Der Index hat es uns erleichtert, uns konzentriert, und wir würden und werden wieder und wieder mit ihm arbeiten und uns durch seinen Einsatz leiten lassen.

Literatur

BOBAN, Ines & HINZ, Andreas (Hrsg.) (2003): Index für Inklusion. Lernen und Teilhabe in der Schule der Vielfalt entwickeln. Halle: Martin-Luther-Universität. Online unter: http://www.eenet.org.uk/resources/docs/Index%20German.pdf

LANG-WINTER, Christina & WINTER, Mark (2014): Partizipative Schulentwicklung mit dem Index für Inklusion. In: PETERS, Susanne & WIDMER-ROCKSTROH, Ulla (Hrsg.): Gemeinsam unterwegs zur inklusiven Schule. Beiträge zur Reform der Grundschule Bd.138. Frankfurt am Main: Grundschulverband, 177-185

Philine Schubert und Johanna Germer

Erfahrungen mit dem Index für Inklusion in der Kinderschule Bremen

Eine inklusive Schule werden – das bedeutet, in einen zeitlich unbegrenzten Prozess einzutreten, in dem es immer wieder gilt, Rahmenbedingungen neu zu schaffen, zu optimieren und Widerstände zu beseitigen – so ein zentraler Gedanke im Schulkonzept der Kinderschule Bremen. Wie dies konkret aussehen kann und welche Rolle dabei Impulse aus dem Index für Inklusion spielen, wird im Folgenden aufgezeigt.

1 Die Kinderschule in Bremen

Die Kinderschule ist eine Modellgrundschule in Bremen und seit 1993 staatlich anerkannt. Mittlerweile besuchen 100 Kinder unsere Schule. Etwa 10% von ihnen haben einen festgestellten sonderpädagogischen Förderbedarf. Dabei gehen wir davon aus, dass alle Kinder unsere Schule besuchen können, unabhängig von dem, was sie behindert. Das Konzept der Kinderschule ist reformpädagogisch orientiert und wird mit konstruktivistischen Ideen ergänzt, die das Lernen als einen selbstgesteuerten Prozess beschreiben. „Kooperation und Teamarbeit bilden die Grundpfeiler des Konzepts der Kinderschule. Wir begreifen diese als Voraussetzung und Entwicklungsaufgabe zugleich. Die Arbeit und unser Verständnis als Team ist Grundlage, tief verwurzelt in der Organisationsstruktur der Kinderschule und wesentlich für das Gelingen der Individualisierung, ganzheitlichen Förderung und Lernbegleitung. Im gemeinsamen Unterricht treffen Fachleute mit unterschiedlichen Qualifikationen, beruflichen und persönlichen Erfahrungen und aus unterschiedlichen Lebenswelten und -situationen aufeinander" (PAPKE 2010, 26).

Schulzeit verstehen wir nicht nur als Lernzeit, sondern auch als lebendiges Miteinander – ein Lernen und Leben am ganzen Tag. Kulturtechniken, Angebote, Essen, Pausen, gemeinsame Feiern, Ausflüge und nicht zuletzt die jährliche Schulfahrt finden gemeinsam statt und werden von allen Pädagog*innen begleitet.

Unsere Lerngruppen sind jahrgangsübergreifend eingerichtet (1/2 und 3/4). Es gibt eine altershomogene Eingangsgruppe der Fünfjährigen, die ein langsames Hineinwachsen in die offenen Strukturen der Kinderschule ermöglicht und in der viel Zeit für die Entwicklung ,vorschulischer Kompetenzen' und ein entwicklungsgerechtes, frühes Lernen den Schwerpunkt bildet. Die Tagesstruktur der Gruppen gleicht sich: Phasen der Freiarbeit in einer vorbereiteten Umgebung (nach Montessori) stehen im strukturierten Wechsel mit Inhalten, die ein Lernen am gemeinsamen Gegenstand ermöglichen (vgl. Feuser 1989). Die didaktische Vielfalt der allgemeinen Pädagogik ermöglicht „allen alles" zu lernen und schließt die zieldifferent zu fördernden Schüler*innen im gemeinsamen Unterricht ebenso mit ein wie Schüler*innen, die als hochbegabt gelten. Die Kinder wählen die Materialien, mit denen sie arbeiten – ihrem aktuellen Entwicklungsstand entsprechend – nach ihrem Interesse aus, werden dabei durch die Pädagog*innen begleitet und herausgefordert. Dabei bildet die Angebotsstruktur das Herzstück der Arbeit an der Kinderschule. „Eine Lernkultur der Potenzialentfaltung gelingt dort, wo Kinder nicht mehr belehrt, sondern als selbstbestimmte Gestalter ihres Lernweges und als kreative Entdecker ihrer vielseitigen Fähigkeiten und Potenziale ernst genommen werden" (Rasfeld, Hüther & Breidenbach 2011, o.S.). In den Angeboten finden sich die Inhalte der Fächer Kunst, Musik, Sachunterricht, Werken, Ethik und Sport wieder. Die Erwachsenen machen den Kindern Angebote. Die Kinder suchen sich ihre Angebote, alters- und gruppenübergreifend aus und werden in ihrer Wahl dabei hinsichtlich der Vielfalt und Herausforderungsbereiche beraten. Wenn sich aus der Anwahl der Kinder ein Unterstützungsbedarf ergibt, wird das Angebot durch eine Doppelbesetzung verstärkt. Jedes Kind hat so einen individuellen Stundenplan (vgl. Abb. 1). Während der Angebote ist eine Altersmischung von fünf bis elf Jahren möglich. Ein Lernen von- und miteinander wird so gelebte Realität.

Die Kinderschule wurde schon immer von Kindern mit sehr unterschiedlichen Voraussetzungen besucht. Die Erweiterung des Konzepts zu einer Schule mit inklusiver Pädagogik stellte also keine grundlegende Veränderung des Konzeptes dar, sondern war eine konsequente Weiterentwicklung der bisherigen Arbeit (vgl. Papke 2010). „Im Sommer 2006 entwickelte sich aufgrund des Aufnahmeantrages eines sehr kranken und körperbehinderten Kindes eine intensive Diskussion um die grundsätzliche Integration von behinderten Kindern in unsere Schule. Das Team hielt es nur dann für sinnvoll, der Aufnahme dieses Kindes zuzustimmen, wenn wir grundsätzlich der Möglichkeit einer Integration auch für mehrere Kinder zustimmen und ein entsprechendes Konzept dafür erarbeiten" (Papke 2010, 22).

Stundenplan ab November 2014

Zeit	Montag	Dienstag	Mittwoch	Donnerstag	Freitag
8.00 – 8.30	Frühdienst im Betreuungsraum / Kleingruppenarbeit				
8.30– 10.15	Stammgruppe	Stammgruppe	Stammgruppe	Stammgruppe	Stammgruppe
10.15 - 10.50	Pause				
10.50	Besprechung mit allen Kindern MO-MI-FR, Singen				
11.00 – 12.15/12.45	Turnen O E/B Band U Regenbogen rot I/T Kaligraphie A Werken W/Ta Maskenbau P/ C Handarbeiten Mo/M	Basteln O A/P Turnen r/g E Textilwerkstatt/Filzen J Spiele Mt ? Quartier "Von Kopf bis Fuß" C / Ig Metallwerkstatt I / T Band U	Liederclub O J / B Graffiti A Atelier C Ballspiele E/Ig Film (gr) M / Ta Forscherkids K Ackern u.Rackern Mo/ T	Regenbogen und Draußentag O r/g Kinderprojekte Schwimmen3 Englisch3+4 Sport 4	Leseclub J Musikspiele U Technik Mt / M Regenbogen gelb Mo/Ig Werken T / W ErdhüterInnen I Theater P / B O = Wahl des Angebotes!
Vorbereitung	Jana, Inga An (Sch)	Marc, Marco, Wilfried An (Sch)	Uwe, Petra, Ina, W Büro, Ph(U)	Edith, Phil (U), Mt	Detlef,Claudia,Philine, Andrea, Tanja
Begleitung	S	S	S, An		S
12.15 - 13.00	Mittagessen: 12.10 Uhr; Violette Projekte ab 12.40 (Klingeln!)				
13.00- 13.30	Pause				
13.30 - 14.30	Arbeit in den Stammgruppen				
14.30 - 16.00	Spätdienst im Betreuungsraum				

Legende: Andrea, Andre, Beate, Claudia, Edith, Ina, Inga, Jana, Kerstin, Marc, Marco, Martina, Petra, Philine, Susanne,Tanja, Torben, Uwe, Wilfried o = orange Gruppe

Abb. 1: Tagesplan der Kinderschule

Die wesentliche Grundlage für diesen Prozess bildete die Arbeit mit dem Index für Inklusion (vgl. BOBAN & HINZ 2003) und damit auch eine Auseinandersetzung mit inneren Bildern, Vorstellungen – auch Ängsten und Befürchtungen – in Bezug auf die Vielfalt und zu erwartende größere Heterogenität in unseren Lerngruppen und dem schulischen Alltag. Im Rahmen der Entwicklung der Schulen im Reformprozess wurde dann im Schuljahr 2009 einem gemeinsamen Lernen von nicht behinderten und behinderten Kindern (ohne Schwerpunktbildung und eine Festlegung auf Förderbereiche) an der Kinderschule zugestimmt und durch die Bildungsbehörde der Auftrag zur Umsetzung erteilt. Dabei begreifen wir den Prozess hin zu einer Schule für ALLE weiterhin als ein tastendes Versuchen, als einen Weg, der immer wieder neue Abzweige offenbart oder auch einmal in Sackgassen endet. Wir haben eine engagierte Elternschaft, die uns auch in schwierigen Zeiten tatkräftig in dieser Entwicklung unterstützt und auch mal auf Stagnationen hinweist. Ohne sie wäre diese Entwicklung nicht möglich.

2 Erfahrungen mit dem Index an der Kinderschule in Bremen

2009 haben wir im Rahmen schulinterner Fortbildung und pädagogischer Tage begonnen, uns mit dem Index auseinanderzusetzen. Fortbildungsangebote durch unsere Sonderpädagogin zum Thema „Inklusion und inklusive Didaktik" waren eine erste Möglichkeit für die Auseinandersetzung mit den im Index beschriebenen „Schlüsselkonzepten" (vgl. Boban & Hinz 2003, 9-14), also der Entwicklung einer gemeinsamen Haltung und Sprache an unserer Schule. Welche inneren Bilder entstehen, welche Ängste und Befürchtungen haben wir, aber auch welche Chancen und Möglichkeiten? Bedeutend für den Entwicklungsprozess war es, uns Raum zu geben für diese Fragen. Fred Ziebarth, langjähriger Sonderpädagoge an der Fläming-Grundschule in Berlin, beschreibt diesen Prozess als „die Hereinnahme des Unvollkommenen" und führt aus: „Eine Gesellschaft, die geprägt ist von Werten wie Perfektion, Schönheit, Jugendlichkeit, Leistung, Wachstum etc., versucht in der Regel diejenigen Aspekte zu verdrängen, die mit den gegenteiligen Adjektiven verbunden sind. Vermieden wird also eine Auseinandersetzung um die Akzeptanz von Abweichungen, insbesondere, wenn sie mit Schwäche oder Hilfsbedürftigkeit assoziiert sind. Dazu gehören Behinderungen, Pflegebedürftigkeit, Krankheit und Tod. Schließt man in einem inklusiven Verständnis von Institution diese Aspekte ausdrücklich in das alltägliche Leben ein, d.h. schließt man Menschen, die diese Aspekte repräsentieren, nicht aus der Gemeinschaft aus, so bedeutet das eine notwendige Auseinandersetzung mit diesen bisher verdrängten Eigenschaften auf der Ebene aller Beteiligten. Das macht vielen Menschen zunächst einmal Angst (und hierin liegt ein wesentlicher Grund für das Bedürfnis nach Selektion). Wenn man sich jedoch auf diese ungewohnten Auseinandersetzungen einlässt, können sie zu Reifungsprozessen und zu heilsamen Entwicklungen führen" (Ziebarth 2010, o.S.). Rückblickend war es für uns in diesem Anfangsprozess bedeutsam, offen ins Gespräch zu gehen, denn „Inklusion beginnt bei der Wahrnehmung von Unterschieden zwischen SchülerInnen" (Boban & Hinz 2003, 11), aber ebenso mit der Wahrnehmung der Unterschiede der Pädagog*innen und ihrer Erfahrungs- und Erlebenswelt.

3 Die Schulsituation beleuchten

Im Plenum eines pädagogischen Tages aller Mitarbeiter*innen sammelten wir in Form eines Brainstormings Stichpunkte zu vorbereiteten Indikatoren aus den Bereichen des Index. Dabei wurden sowohl Entwicklungsbereiche deutlich, als auch bereits vorhandene Systeme, Kompetenzen und Ressourcen. In einem zweiten Schritt wurden diese Stichpunkte gewichtet und daraus erste Handlungsschritte für unsere Schule entwickelt.

Ganz zentral für uns war die Erkenntnis, dass die Zuweisung einer Assistenz-kraft, als ‚ständige Begleitung' eines Kindes Nachteile mit sich bringen kann und die Entwicklung eher behindert als fördert. Oft waren es Kinder gewohnt, sehr nah begleitet zu werden und im Fokus der Aufmerksamkeit Erwachsener zu stehen. In dieser engen und fokussierenden Bindung neigten einige Kinder dazu, die Verantwortung für ihre Handlungen und Tätigkeiten abzugeben. Gleichzeitig schien der geschaffene Schonraum wenig Herausforderung und Erfolgserlebnisse zu bieten – ein watteweicher Gummiraum, in dem ganz viel ermöglicht wird, eigenes Handeln, Meistern und Erleben jedoch erschwert schien. Außerdem wurde die Behinderung einiger Schüler*innen, von Anderen (Eltern, Besucher*innen, Mitschüler*innen) erst durch die Zuordnung einer Assistenz sichtbar. Durch diese Etikettierung verschlossen sich Möglichkeitsräume wie selbständiges Versuchen, z.B. bereits durch eine nun voreingenommene Ansprache, veränderte Anforderungen und Verabredungen. Wir konnten beobachten, dass Erwachsene wie Kinder in schwierigen Situationen mit ‚begleiteten Schüler*innen' dazu neigten, nicht mit dem jeweiligen Kind, sondern mit der Assistenz bzw. der Sonderpädagogin über das Kind zu sprechen. Die Assistenzkraft stand zwar oft als Mittler*in und Unterstützer*in, viel häufiger jedoch als Barriere zwischen dem zu begleitenden Kind und der realen Herausforderung. Dies konnte zu Isolation und erlernter Hilflosigkeit führen und gipfelte nicht selten in Verhaltensschwierigkeiten. Natürlich soll und muss die notwendige Unterstützung geleistet werden; bei uns gilt nun jedoch der Grundsatz: Unterstützung, soviel wie nötig und so wenig wie möglich! Wir eröffnen jedem*r Schulanfänger*in einen ‚Entwöhnungszeitraum' von begleitender Assistenz. Eine solche ‚Entwöhnungsphase' eröffnet den Kindern einen neuen Möglichkeitsraum, in dem sie ihre Kompetenzen erproben und zeigen können. Das führt oft zu einer Phase der Verunsicherung, in der es darum geht, diesen Raum neu zu füllen. Es scheint einfacher, wenn immer jemand Vorschläge macht, zu vermitteln hilft und zum Spielen bereit steht. Durch den Wegfall oder die Reduktion dieser Sicherheit entsteht nicht selten eine Krise, in der alle verfügbaren Muster zur Rückversicherung hervorgeholt werden – auch Verhaltensstrategien, die das Eingreifen eines Erwachsenen nötig machen und manchmal viel Geduld kosten. Wir geben Sicherheit in einer solchen Situation, stärken jedoch beharrlich das Zutrauen in die immanente Kompetenz des jeweiligen Kindes oder organisieren ein Buddy-System durch Mitschüler*innen. Wir Erwachsenen wechseln uns in der Zuständigkeit für Assistenzleistungen innerhalb der Gruppenteams ab. Die Assistenzen werden also, wie pädagogische Mitarbeiter*innen, als zusätzliche Ressource im Schulalltag für alle Kinder eingesetzt. Die Lehrkräfte übernehmen im Gegenzug begleitende, pflegerische und unterstützende Maßnahmen im Schulalltag und bilden sich entsprechend fort, wenn es z.B. um die Versorgung eines Kindes mit Diabetes geht.

Auch die zum Schuljahr 2009/2010 eingestellte Sonderpädagogin widmet sich nicht nur der Förderung von Kindern mit einem sonderpädagogischen Förderbedarf. Sie ist Klassenlehrerin im Team der ganz Kleinen. Weil sie den Schulanfang begleitet, kennt sie alle Kinder der Schule und kann sich ein Bild von deren Lernentwicklung machen. Sie steht zur gezielten fachlichen Beratung von Lehrkräften, Eltern und Kindern zur Verfügung, hilft bei Fragen zur entwicklungsgerechten Unterstützung, bei der Entwicklung entsprechender Arbeitsmaterialien, erstellt Gutachten und moderiert die Förderplanung im Team. Gemeinsam entwickeln wir ein schulinternes, der Heterogenität unserer Schüler*innen entsprechendes, materialunterlegtes Curriculum, in dem die jahrgangsbezogenen Bildungsstandards durch individualisierte Lernwege abgelöst werden. Die Sonderpädagogik wird (zunehmend) durch eine Allgemeine Pädagogik (vgl. FEUSER 1989) abgelöst, in der die Kompetenzen aller Mitarbeiter*innen allen Kindern zur Verfügung stehen, unabhängig davon, ob und was sie behindert.

4 Kontinuität in der Arbeit mit dem Index als Schulentwicklungsinstrument

Auf Basis des Index für Inklusion begleitet eine Arbeitsgruppe, bestehend aus Eltern, Lehrkräften und pädagogischen Mitarbeiter*innen, Fragestellungen der Schulentwicklung und stellt damit ein wichtiges Element der Umsetzung von Partizipation in inklusiven Bildungsprozessen dar. So entstand aus dieser Arbeitsgruppe das Konzept der „Weiterentwicklung der Kinderschule zu einer Schule mit inklusiver Pädagogik" (vgl. PAPKE, SCHUBERT & WÜHRMANN 2009). Die Arbeitsgruppe tagt seit 2009 regelmäßig alle sechs bis acht Wochen und ist zu einem begleitenden Motor der Schulentwicklung geworden. Ein Schwerpunkt war und ist es dabei, die „inklusiven Kulturen" des schulischen Alltags zu fokussieren und nach Entwicklungsmöglichkeiten zu suchen. Wir dachten zu Beginn des Prozesses noch, dass es uns vor allem darum gehen würde, inklusive Strukturen zu etablieren und inklusive Praktiken zu entwickeln – passend, praktisch und geeignet für den konkreten pädagogischen Alltag. Schließlich starteten Kinder, Eltern und Pädagog*innen mit großer Offenheit in den Prozess. Mittlerweile ist uns klar geworden, dass es im Inklusionsprozess vor allem um ein grundlegendes Wertegerüst geht und das Schaffen von Rahmenbedingungen für inklusive Strukturen Zeit braucht. Die Auseinandersetzung mit den eigenen Bildern, Erfahrungen, Ängsten und Befürchtungen bedarf Offenheit und Vertrauen. Neben Gesprächen und inhaltlicher Arbeit innerhalb der AG entwickelten wir uns zu einem Aktionsbündnis, das Inklusion als Thema für alle im Schulalltag deutlich macht. Einige Aktionen werden im Folgenden vorgestellt.

5 Meilenstein Tagung „vielfalt leben: inklusion"

Im November 2009 organisierten wir gemeinsam mit unseren Schüler*innen einen Beitrag auf der Tagung „vielfalt leben: inklusion", die vom Martinsclub Bremen e.V. organisiert wurde. Hier bauten wir aus Umzugskartons eine Mauer, deren einzelne Mauersteine mit hinderlichen Bedingungen für die Teilhabe beschriftet wurden. Diese entwickelten wir in einem Vorbereitungstreffen mit Eltern und Schüler*innen unserer Schule. Neben Begriffen wie ‚Vorurteile', ‚behindert werden' oder ‚Rassismus', fanden die Schüler*innen Barrieren im ‚Alleinsein', ‚für dumm gehalten Werden' oder in der ‚Angst, die Aufgaben nicht zu schaffen'. Für die Eltern war es bedeutend, Barrieren des ‚Außenseiters', der ‚Aussonderung' und des ‚Kämpfens für die Belange des Kindes' einzureißen, denn genau das erfolgte in einer wiederkehrenden Performanz auf dieser Tagung. Jeweils im Anschluss konnten die beteiligten Gruppen (Schüler*innen, Eltern, Team) von den Tagungsbesuchern aufgesucht werden. So entstanden sehr interessante Gespräche. Wir waren jedoch vor allem von unseren Schüler*innen beeindruckt, die einen so deutlichen Zugang zu den eigenen Gefühlen bewiesen und Beschämungen deutlich beschreiben konnten. Nachhaltig für unsere Unterrichtsentwicklung war die Aussage eines Schülers, der beschrieb, wie peinlich es ihm sei, wenn alle Kinder in seiner Lerngruppe eine Aufgabe bekommen und er eine ganz andere. Wie klein und dumm er sich dann fühle und dass dann gar nichts mehr funktioniere. Für uns bedeutete diese Aussage einen Auftrag. Der Auftrag hieß, den Unterricht so weiter zu entwickeln, dass solche nicht beabsichtigten Beschämungen möglichst nicht mehr vorkommen.

6 Meilenstein „Inklusionstag"

Inklusion war Thema an unserer Schule, ist jedoch ein sperriger Begriff, der nicht nur für Grundschüler*innen gefüllt und erklärt werden muss, damit er eben nicht nur als modische Erweiterung der Integration verstanden wird. AG und Team planten einen Projekttag, der den Begriff und vor allem die ihn erklärende Haltung für die Schüler*innen fassbarer machen sollte. Alle Kinder durchliefen vorbereitete Stationen: So konnten sie in der Turnhalle erproben, wie es gelingt, Hindernisse zu überwinden, wenn die Augen verbunden, die Gelenke versteift sind oder eine Körperhälfte nicht zu benutzen ist. Für die meisten Kinder war dies eine beeindruckende Erfahrung, für einige eine gute Möglichkeit, das eigene Erleben zu teilen. In einem großen Kunstprojekt haben wir, wie Ursus WEHRLI (2002) in seinem Buch „Kunst aufräumen", Kinder, Kuscheltiere und Material nach verschiedenen Kriterien ‚aufgeräumt' und versucht, dabei die Aspekte Gleichheit, Verschiedenheit und Vielfalt erfahrbar zu machen. Die entstandenen Bilder schmücken unsere Schule und machen deutlich, dass es gelingt, nach verschiedenen Ordnungskriterien zu sortieren. Es entstehen aber immer Schnittmengen und kein Kind kann nur durch ein Ordnungskriterium beschrieben werden. Alle Kinder sind gleich, gucken wir durch eine bestimmte Linse. Legen wir bestimmte kriteriengeleitete Filter auf, bilden sich Verschiedenheit und Vielfalt ab. Ein gebastelter Fernseher wurde zur medialen Bühne für den eigenen Lernweg. Die Kinder konnten im Fernsehen über ihre Erfahrungen berichten. Eine Moderatorin stellte Fragen danach, wie, wo oder wann gerne gelernt wird und welche persönlichen Lerninteressen bestehen, welche Ängste oder Befürchtungen die Kinder, in Bezug auf das eigene Lernen haben oder was sie dafür benötigen, um gut Lernen zu können.

In einem Kinderkino liefen Filme, die Inklusion mit einfachen Worten oder Vergleichen erklärten (vgl. u.a. WDR, MSJG, „Herr Wehrli räumt auf", „Inklusion einfach erklärt", „Der Vertretungslehrer"), gerade die Bildsprache war für viele Kinder eindrücklich und sie konnten eigene Erfahrungen ansprechen und reflektieren. Im Leseclub wurden Vielfalt abbildende Bücher vorgestellt und es wurde mit ihnen gearbeitet.

7 Inklusion als Thema beim Bundestreffen Freier Alternativschulen – Netzwerk stärkt

Die Kinderschule ist Mitglied im Bundesverband Freier Alternativschulen. Das Bundestreffen Freier Alternativschulen findet jährlich an wechselnden Standorten zu Schwerpunktthemen statt – 2012 mit 250 Gästen aus dem gesamten Bundesgebiet an unserer Schule zum Thema: „Alles inklusive? Unsere Vision ist Inklusion. …freie Alternativschulen auf dem Weg". Die Ausgangsfragen waren ‚Alles inklusive?' – Klingt irgendwie nach günstigem Gesamtpaket und nicht nach Qualität, oder?. Und: ‚Wie sieht die Praxis inklusiver Pädagogik aus? Welche Qualitätsmerkmale beschreiben eine ‚gelungene' Inklusion? Welche Stolpersteine begegnen uns auf dem Weg zu einer inklusiven Pädagogik?'

An zwei Tagen boten externe Expert*innen sowie solche aus der Elternschaft und dem Team über 30 Veranstaltungen zum Thema an. Dabei war das Angebot breit gefächert und wurde wissenschaftlichen und praktischen Interessen gerecht. Eine Auseinandersetzung zu folgenden Fragen und Themen war im Angebot:

- „Wie können wir einen inklusiven Unterricht verwirklichen?" (Christel Manske),
- „Psychotherapeutische Strukturen als notwendige Unterstützung inklusiver Schulen" (Fred Ziebarth),
- „Vom Reichtum inklusiven Unterrichts" (Simone Seitz, Katja Scheidt),

- „Ein Platz in der Schule – doch kein Platz auf der Welt? Inklusion in Zeiten vorgeburtlicher Selektion" (Silja Samerski),
- „Schwule und Lesben – (k)ein Thema an freien Schulen" (Ina Möller, Marco Schäfer-Munsch),
- „Pädagogik der Vielfalt/gendersensible Pädagogik in der Grundschule" (Kadidja Rohmann, Anne Mechels) oder
- „Inklusive Lernräume – Architektur des gemeinsamen Lebens und Lernens" (Antje Waterholter).

In den praxisorientierten Workshops ging es u.a. um
- „Entwicklungsbegleitung und Integration" (Eva Köhn, Philine Schubert),
- „Streitschlichten mit Phantasie in der inklusiven Schule" (Susanne Blüthgen) oder
- „inklusives Theater" (Petra Höflinger).

Die Gespräche an diesen Tagen gipfelten in der Ergänzung der Grundsätze Freier Alternativschule um den Grundsatz: „Freie Alternativschulen sind inklusive Lern- und Lebensorte. Kinder, Jugendliche und Erwachsene haben hier das gleiche Recht auf Selbstbestimmung und Schutz. Die Bedürfnisse aller Beteiligten werden gleichermaßen geachtet" (BFAS 2012, o.S.). Dieser Grundsatz gilt seitdem für alle Freien Alternativschulen im Bundesgebiet.

8 Inklusion als Möglichkeitsraum für Freundschaftsentwicklung

Das Thema ,Freundschaft' war immer wiederkehrendes Gespräch in der AG Inklusion der Schule und verdeutlichte den Handlungsbedarf. Die Erfahrungen von Eltern behinderter Kinder zeigten, dass der Aufbau von Freundschaften erschwert ist – manchmal, weil sich einiges auf die Behinderung fokussiert und sich der Möglichkeitsraum dadurch reduziert. So schienen manche Eltern verunsichert, ein Kind, das als behindert gilt, unbegleitet als Spielpartner*in einzuladen. Von der schmerzlichen und isolierenden Erfahrung wurde berichtet, dass andere Kinder in ihrer Entwicklung am eigenen Kind vorbeiziehen und sich Freundschaften trennen, weil sich die Spielinteressen verändern, aber auch vom exkludierenden Nachmittagsprogramm, bei dem im Extremfall die einen zum Leistungssport, die anderen zum Trommeln in der Integrationseinrichtung gehen. Ein tastendes Versuchen und kreatives Anregen ist seither Thema in der AG und im schulischen Alltag, ohne eine wirkliche Lösung gefunden zu haben. Konsens war es, dass Verabredungen und Einladungen nicht auf der Grundlage von Mitleid erfolgen sollten, gleichwohl wollten wir in unserer Elternschaft dafür appellieren, doch bestimmte Kinder nicht zu vergessen und individuell zu prüfen, ob Verabredungsmöglichkeiten bestehen und wie Brücken dafür gebaut werden können.

Als konkrete Arbeit mit Kindern, die sich übrig geblieben, nicht eingeladen oder ausgeladen fühlen, erproben wir die Idee der Zukunftsplanung (vgl. Doose 2011). Sie scheint eine gute Möglichkeit für einige Kinder zu sein, begleitet durch einen Unterstützer*innenkreis, Träume, Wünsche, Vorstellungen und Ziele zu formulieren und die eigenen Schritte auf dem Weg dorthin zu visualisieren und anzugehen. Manchmal waren gar nicht andere Kinder oder Eltern die Auslöser für isolierende Situationen, sondern schwierige Verhaltensweisen, die ja nicht manifest, sondern veränderbar waren. Selbstbestimmte Handlungsschritte ermöglichten Teilhabe ermöglichten und waren effektiver als gutes Zureden. Hierbei wurde sehr deutlich, dass die Grundlage für gelingende Beziehung die Kenntnis voneinander ist – von den jeweiligen Persönlichkeiten. Wie die Vorstellungen von- und übereinander erweitert werden könnten, beschäftigte uns in der AG. Was macht die Menschen an unserer Schule aus? Womit beschäftigen sie sich gern? Was können sie gar nicht leiden? Was sind ihre Leidenschaften? Eltern und Teammitglieder stellen sich in unserer Schulzeitung KIK vor. Für die Kinder wollten wir ein alltäglicheres Format finden. Was erst als wechselnde Ausstellung geplant war, findet sich nun in einem wiederkehrenden Projekt auf der Stundentafel in unserer Angebotsstruktur wieder.

9 Das Projekt „Ich, ich, ich"

Bei dem Projekt „Ich, ich, ich" geht es um das Kennenlernen und Bewusstmachen der individuellen Persönlichkeit. Es richtet sich an alle Kinder, profitiert und lebt von Individualität und unterschiedlichen Voraussetzungen.
Die Inhalte des Projekts orientieren sich an unterschiedlichen Themenschwerpunkten. Hierzu gehörten im ersten Durchlauf u.a. die Auseinandersetzung mit eigenen Vorlieben und Abneigungen, dem Kennenlernen und Formulieren individueller Stärken und Schwächen sowie die Erforschung des eigenen Namens. Darüber hinaus fand eine intensive Auseinandersetzung mit der eigenen Familie statt. Durch Gespräche und die Erstellung eines Familienstammbaums wurde deutlich, wie unterschiedlich Familien zusammengesetzt sein können. Und auch die Frage „Wer will ich sein?" stellte einen Schwerpunkt dar. Hier wurden die verschiedensten Zukunftsperspektiven, Berufswünsche und Lebensentwürfe miteinander geteilt und/oder in einem frei gestalteten Brief an die eigene Person verewigt. Neben den inhaltlichen Vertiefungen stellen insbesondere die vielfältige Materialauswahl und die Ermöglichung unterschiedlicher Zugänge zu den Themenschwerpunkten ein Herzstück dieses Angebots dar. So kann die Auseinandersetzung mit eigenen Stärken und Schwächen bzw. Vorlieben und Abneigungen beispielsweise anstelle von Texten auch durch Bilder veranschaulicht werden. Im Sinne des allegorischen

Selbstporträts von Arcimboldo/Maria Lassnik (vgl. BEREZOVSKAIA 2004/2005) lassen Zeitungsausschnitte, Fotos etc. Rückschlüsse auf die Persönlichkeit zu. Die Umsetzung zeigte, dass jedes Kind entweder intuitiv oder bewusst suchend für sich passende Bilder wählte und auf einem Blatt platzierte. Einige griffen auf eine Porträtvorlage zurück und ordneten die Bilder passend an, andere wollten frei vorgehen – auch ein Ausdruck der Persönlichkeit. Methodisch unterstützt wurde das Angebot durch Spiele mit der Gruppe. Als besonders zugänglich für die Teilnehmenden erwies sich das ‚Leidenschaftsspiel‘, bei dem eine Person in der Mitte äußerte, was er oder sie mag bzw. nicht mag. Die anderen Menschen zeigten durch ihre körperliche Entfernung zu dieser Person, wie sehr sie diese Leidenschaft teilen. Je nach Themenschwerpunkt kann dieses Spiel auch modifiziert werden. Neben den themenbezogenen Spielen gab es noch weitere ritualisierte und somit feststehende Elemente. Hierzu gehörten die ‚Launentafel‘ bzw. die ‚Launenkärtchen‘. Hier haben alle Teilnehmenden die Möglichkeit mitzuteilen (verbal, zeichnerisch oder durch Auswählen eines Emoticons), wie die heutige Stimmung ist und was infolgedessen zu beachten ist (z.B. „Ich bin müde und brauche deshalb ein bisschen Ruhe"). Schließlich ist am Unterrichtsende eine kurze Feedbackrunde vorgesehen: Was war gut? Was hätte besser laufen können? Was wünsche ich mir für die nächste Woche? Das Projekt knüpft somit direkt an den Bedürfnissen der Teilnehmenden an und bleibt dadurch dynamisch. Es wächst und entwickelt sich stetig weiter, immer in Abhängigkeit von den Vorstellungen und Voraussetzungen der Teilnehmenden, macht ein intensives Kennenlernen ebenso möglich wie eine angemessene Präsentation vor der Schulgemeinschaft.

10 Der Nordstern Index für Inklusion – viel ist ‚da‘ und viel bleibt zu tun

Seit wir Kinder an der Schule haben, die auf Sprache unterstützende Gebärden angewiesen sind, bietet eine Kollegin Gebärdensprache (DGS) für alle interessierten Kinder an, weil Gebärden vor allem dann Sinn machen, wenn sie Kommunikation ermöglichen. Für einige Kinder ist es bereits selbstverständlich geworden, begleitende Gebärden einzusetzen. Lieder und Gedichte werden für alle Kinder begleitend gebärdet, und auf Ausflügen machen wir uns manchmal einen Spaß daraus, uns in der Straßenbahn mit Gebärden zu unterhalten. So stören wir die Mitfahrenden nicht und erfreuen uns an verwunderten Reaktionen, wie: „Sind die Kinder alle taubstumm?"

Als großen Erfolg begreifen wir, dass unsere Schüler*innen nun gemeinsam eine weiterführende Schule anwählen können[3], auch wenn sie als geistig behindert gelten. Wir haben als Team an einer Fortbildung zu „neuer Autorität und professioneller Präsenz" (Omer & v. Schlippe 2013) teilgenommen, um einen guten Umgang mit schwierigem Verhalten zu finden. Zwei Teammitglieder lassen sich als Eltern-coachs ausbilden. Wir bieten in Abständen wechselnd ein Inklusions-Kino für Kinder und Erwachsene an und informieren auf jedem Elternabend mit neuen Eltern darüber, was für unsere Schule Inklusion bedeutet.

Das alles zeigt: Seit dem Beginn der Entwicklung zu einer inklusiven Schule hat sich viel bewegt. Der Index fungierte dabei als eine Art ‚Nordstern', um im Sprach-gebrauch der Zukunftsplanung zu bleiben (vgl. Hinz 2014). Trotzdem bleibt viel zu tun. Würde man einige Eltern unserer Schule fragen, was Inklusion bedeutet, würden sie sagen: „Hier lernen auch behinderte Kinder." Es gibt aber immer mehr Eltern, die wissen, dass Inklusion die Vielfalt aller berücksichtigt, der Heterogeni-tät und Individualität gerecht zu werden versucht und dass unsere Schule durch die inklusive Entwicklung noch besser geworden ist. Viele von ihnen ermuntern uns Pädagog*innen nicht nur dazu, diesen Weg kontinuierlich weiter zu gehen, wir haben auch ihre volle Unterstützung.

Literatur

Berezovskaia, Natalia (2004/2005): Allegorisches Selbstporträt nach Arcimboldo. Oder: Wie lernt ein Lehrer eine neue Klasse kennen? Online unter: http://www.lpg.musin.de/kusem/konz/berezov/berezo.htm

Boban, Ines & Hinz, Andreas (Hrsg.) (2003): Index für Inklusion. Lernen und Teilhabe in Schulen der Vielfalt entwickeln. Martin-Luther-Universität Halle-Wittenberg. Auch online unter: http://www.eenet.org.uk/resources/docs/Index%20German.pdf

BFAS (Bundesverband der Freien Alternativschulen) (2012): Grundsätze Freier Alternativschu-len. Online unter: http://www.freiealternativschulen.de/attachments/article/63/Grunds%C3%A4tze%20Freier%20Alternativschulen%202011%20erg%C3%A4nzt%202012.pdf

Doose, Stefan (2011): I want my dream. Persönliche Zukunftsplanung – Neue Perspektiven und Methoden einer personenzentrierten Planung mit Menschen mit Behinderungen. Online unter: http://persoenlichezukunftsplanung.de/download/I_want_my_dream_2011.pdf

Feuser, Georg (1989): Allgemeine integrative Pädagogik und entwicklungslogische Didaktik. Behin-dertenpädagogik 28 , 4-59. Auch online unter: http://bidok.uibk.ac.at/library/feuser-didaktik.html

3 In Bremen dürfen die Eltern für den Übergang in die Sekundarstufe I drei Wunschschulen angeben und diese Anwahl gewichten. Je nach Kapazität bekommen die Kinder dann einen Platz an einer dieser drei Schulen. Auch Eltern von Kindern mit einem sonderpädagogischen Förderbedarf dürfen Wünsche äußern. Hier entscheidet die Senatorin für Bildung auf der Grundlage von Kapazitäten und weist einen Platz zu. Für Kinder mit einem sonderpädagogischen Förderbedarf im Bereich der geistigen Entwicklung waren das bisher die ehemaligen Kooperationsstandorte der Förderzentren für den Bereich geistige Entwicklung.

Hinz, Andreas (2014): Inklusion als ‚Nordstern' und Perspektiven für den Alltag. Überlegungen zu Anliegen, Umformungen und Notwendigkeiten schulischer Inklusion. In: Peters, Susanne & Widmer-Rockstroh, Ulla (Hrsg.): Gemeinsam unterwegs zur inklusiven Schule. Beiträge zur Reform der Grundschule Bd. 138. Frankfurt am Main. Grundschulverband, 18-31

Kunsthochschule für Medien Köln & Verein mittendrin e.V. (2009): Der Vertretungslehrer: drei Kinospots für „Eine Schule für Alle."! Regie: Lyoudmila Milanova. Online unter: http://www. youtube.com/watch?v=rRCuL8zAlt4

MSJG (Montag Stiftung Jugend und Gesellschaft) (2010): Inklusion einfach erklärt. Online unter: http://www.montag-stiftungen.de/jugend-und-gesellschaft/projekte-jugend-gesellschaft/ projektbereich-inklusion/inklusion-vor-ort2/film-inklusion.html

Omer, Haim & Schlippe, Arist von (2013): Autorität durch Beziehung. Die Praxis des gewaltlosen Widerstands in der Erziehung. Vandenhoeck & Ruprecht

Papke, Detlef (2010): Konzept der Kinderschule Bremen. Online unter: http://www.kischu.de/wp-content/uploads/2010/11/Schulprogramm1110web.pdf

Papke, Detlef, Schubert, Philine & Wührmann, Kerstin(2009): Weiterentwicklung des Konzepts der Kinderschule zu einer Schule mit inklusiver Pädagogik. Online unter: http://www.kischu.de/ wp-content/uploads/2010/08/Konzept-inkl-P%C3%A4dagog.doc.pdf, wird z.Zt. aktualisiert

Rasfeld, Margret, Hüther, Gerald & Breidenbach, Stephan (2011): Initiative Schule im Aufbruch GmbH. Lernen Wissen zu erwerben. Online unter: http://blog.schule-im-aufbruch.de/kompass/ kapitel-2/

WDR (Westdeutscher Rundfunk) (2011): Herr Wehrli räumt auf. Redaktion „Sendung mit der Maus" Köln: Westdeutscher Rundfunk. Online unter: http://www.wdrmaus.de/lachgeschichten/ geschichten/herr_wehrli_raeumt_auf_seurat.php5

Wehrli, Ursus (2002): Kunst aufräumen. Zürich: Kein & Aber

Ziebarth, Fred (2010): Gelingensbedingungen für eine inklusive Pädagogik. Sonderpädagogik in Berlin, Nr. 2, 5-9 Auch online unter: http://www.flaeming-grundschule.de/archiv/veroeffentlichungen

Anke Grafe

Mit dem Index für Inklusion ein Leitbild entwickeln – erste Schritte zur inklusiven Schule in Buchholz

1 Wege entstehen beim Gehen – von der Kooperation zur Inklusion

Im Schuljahr 1998/99 begann die Kooperation der Heideschule, einer Grund- und Hauptschule, mit der Schule An Boerns Soll, eine Förderschule mit dem Schwerpunkt Geistige Entwicklung. Beide Schulen liegen in Buchholz, einem Ort in der Lüneburger Heide, im Norden Niedersachsens. Eine besondere Rolle spielten dabei Eltern, die – trotz erheblichen Engagements – ihre Kinder in keiner Integrationsklasse im Landkreis Harburg unterbringen konnten. Diese Eltern wollten nicht auf die Möglichkeit des gemeinsamen Lernens ihrer Kinder mit Kindern der Regelschule verzichten. Aus dem anfänglich ein Mal in der Woche gemeinsam stattfindenden Musikunterricht in den Räumen der Förderschule entwickelte sich eine enge Kooperation zwischen der Grund- und Hauptschule und der Förderschule. Nach und nach öffnete die Heideschule ihr Gebäude für diese Kooperationsklassen. Die Klassenräume der kooperierenden Klassen lagen sich gegenüber, ein Kooperationskonzept wurde geschrieben und Jahr für Jahr wurde die Idee des gemeinsamen Unterrichts auf weitere Fächer erweitert. Mit jedem Schuljahr erhöhte sich die Akzeptanz der Kooperation auch bei den Kolleg*innen beider Schulen, die zunächst mit Skepsis beobachteten, was in den Kooperationsklassen passierte.

2 System allgemeine und Förderschule – Paradoxien in der Zusammenarbeit und erste Ideen

Bei der Zusammenarbeit wurde zunächst nach dem kleinsten gemeinsamen Nenner gesucht – welche Fächer sich besonders eignen und welche Unterrichtsmethoden die Kinder gemeinsam ansprechen. Schnell wurde deutlich, dass es den Kindern gegenüber nur schwer zu vermitteln war, dass wir eine Gemeinschaft darstellen, wenn wir nur ab und zu den Klassenraum und den Unterricht miteinander teilten. Wir versuchten daher den gemeinsamen Unterricht auf möglichst viele Fächer und mindestens zwei Stunden täglich auszudehnen, ausgenommen davon waren zunächst die Fächer Deutsch und Mathematik. Die Befürchtungen seitens der Grundschullehrerin waren, dass die Schüler*innen in diesen Fächern durch die Kinder mit Förderbedarf beim Lernen gehindert und die Konzentration auf die Inhalte zu stark gestört wird. Zudem fehlten Ideen und Konzepte für eine Didaktik und Methodik des gemeinsamen Lernens bei unterschiedlichen Lernentwicklungsstufen, eine Leistungsbewertung, die an der Lernentwicklung des Kindes gemessen wird und nicht im gegenseitigen Vergleich sowie eine Struktur, die den unterschiedlichem Lerntempo und Lernanlässen gerecht wird. Während z.B. jeder Lernerfolg der Kinder der Förderschule gefeiert wurde und ihr Verbleib in der Klasse auch bei kleinsten Lernschritten nicht in Frage gestellt wurde, mussten die Kinder der Grundschule mit der Paradoxie leben, dass nur bestimmte, von der Schule vorgegebene Leistungen als Erfolg verbucht wurden und das Nichterreichen festgelegter Lernschritte zum Sitzenbleiben oder gar zum Wechsel an eine Förderschule führte.

Parallel dazu stellten wir auch fest, dass die Kinder der Grundschule auch ohne festgestellten sonderpädagogischen Förderbedarf Bedürfnisse nach einer altersangemessenen und ihren verschiedenen Lernwegen Rechnung tragenden Pädagogik hatten und haben. Die Vielfalt der Lebensbedingungen und damit verbundenen Lernausgangslagen, Brüche in den Biografien und der zunehmende Interessenkonflikt zwischen Freizeit- und Medienangeboten einerseits und schulischen Anforderungen andererseits stellten und stellen eine immer größere Herausforderung innerhalb und außerhalb des Unterrichts dar. Aus der Annahme, es gäbe eine Pädagogik der verschiedenen Schularten, entwickelte sich im Rahmen des gemeinsamen Unterrichts mehr und mehr das Verständnis von einer „Unteilbarkeit" pädagogischer Prinzipien. Deutlich wurde, dass es im Prozess des Lernens für jedes Kind zu jeder Zeit ebenso Phasen der Klarheit und Selbsttätigkeit gibt, wie es Phasen des Widerstands, des Unverständnisses und der Irritation gibt. Kurz, für jedes Kind kann sich in jeder Klasse zu jeder Zeit eine schwierige Lernsituation ergeben, auf die Lehrer*innen reagieren müssen. Gespräche im Lehrerzimmer bestätigten diese Beobachtung. Im Lehrerzimmer der Heideschule begegneten sich Lehrer*innen der Grund-, Haupt und Förderschule. Die Gespräche über schwierige Schüler*innen bzw. Schwierigkeiten im Unterricht glichen sich, unabhängig vom Schultyp und der Klassenstufe. Forderte das nicht dazu heraus, dass alle Lehrer*innen ihre Erfahrungen und Kompetenzen bündeln? War es nicht für alle notwendig, Wissen und Strategien im Umgang mit schwierigen Lernsituationen zu erwerben, unabhängig davon, ob sie Grund-, Haupt- oder Förderschullehrer*in sind? Hinzu kam, dass Überlegungen der Stadt, eine Hauptschule wegen mangelnder Schüler*innenzahlen zu schließen, den Hauptschulzweig der Heideschule betrafen. Eine Neuorientierung der Schule stand also ohnehin bevor.

Auf diesem Hintergrund wendete ich mich mit der Idee an den Schulleiter der Heideschule, die Vielfalt der Schule als Anlass zu nehmen und sich mit dem Thema Inklusion auseinanderzusetzen, um sich den Herausforderungen gemeinsam zu stellen und Kulturen, Strukturen und Praktiken zu entwickeln, die den Schüler*innen der Schule gerecht werden. Wäre es möglich, die Schule als inklusive Schule mit dem Index für Inklusion zu entwickeln? Der Index für Inklusion überzeugte mich als Instrument für die schulische Weiterentwicklung. Die darin zusammen gestellten Fragen und Indikatoren ließen für mich mehr als alle anderen Schul(qualitäts)entwicklungsprogramme die Richtung auch unserer Fragen und Anforderungen erkennen. Hier waren alle Schüler*innen, Mitarbeiter*innen und Eltern angesprochen.

Die Schulleiter beider Schulen nahmen diesen Impuls sofort auf, der Schulentwicklung eine inklusive Ausrichtung zu geben. Noch bevor Deutschland die UN-Behindertenrechtskonvention unterzeichnete, entschlossen sich beide Schulleiter, das Thema Inklusion an die Kollegien, Schüler*innen und Elternschaft heranzutragen, mit dem Ziel, diese für eine gemeinsame inklusive Entwicklung beider Schulen zu gewinnen.

3 Vom Impuls zu den ersten Schritten

Am Montag, dem 07.07.2007, fand in der Heideschule eine Fortbildung mit dem Titel „Inklusion – eine Antwort auf die Herausforderung einer Schule der Vielfalt" statt, an der auch Kolleg*innen der Schule An Boerns Soll teilnahmen. Eingeladen war Ines Boban von der Universität in Halle. Ziel der Veranstaltung war es, die Kolleg*innen mit dem Thema Inklusion vertraut zu machen, sie zu informieren und zu begeistern, um sie auf einen Weg der inklusiven Entwicklung beider Schulen mitzunehmen. Die von Ines Boban transportierte Begeisterung und die fachlich überzeugenden Argumente ihres Vortrags hinterließen die erhoffte Wirkung. In beiden Schulen wurde auf der Gesamtkonferenz die Umsetzung der Inklusion beschlossen. Eine Arbeitsgruppe Inklusion/Rhythmisierung wurde ins Leben gerufen, die sich viele Fragen stellte: Was heißt das konkret: Wir werden inklusive Schule? Wie fangen wir an? Wie können wir erfolgreich diesen Weg entwickeln? Selbstverständlich brauchten wir fachliche Begleitung. Wir wollten den Schulentwicklungsprozess mit dem Index für Inklusion durchführen. Wer konnte uns dabei helfen? Zunächst unterstützte uns Hans Wocken von der Universität Hamburg bei den ersten Schritten. Seiner Empfehlung folgend schauten sich zwei Kolleginnen der Heideschule und vier Kolleginnen der Schule An Boerns Soll inklusive Schulen in New Brunswick, Canada, an. Unterstützt von Gordon Porter, ehemaliger Schulinspektor und Direktor von Inclusive Education, Canada, machten wir dort die Erfahrung, dass zu einer guten inklusiven Schulentwicklung mehr als nur die Schule selbst gehört. Es kam auf die Zusammenarbeit und Unterstützung aller an Schule Beteiligten an, vom Hausmeister bis zur Nachbarschaft. Und er überzeugte uns davon, einfach anzufangen, Beispiele zu schaffen (vgl. PORTER 2009).

Am 11. Mai 2009 führten die Kollegien beider Schulen eine Veranstaltung durch, die den Titel „Aufbau von inklusiven Strukturen" trug und zu der Vertreter der Stadt und des Landkreises als Schulträger ebenso eingeladen waren wie Eltern, Schülervertreter*innen und die Schulleiterin der benachbarten Förderschule mit dem Schwerpunkt Lernen. Hans WOCKEN verabschiedete sich aus der Begleitung der Schulentwicklung mit einem Referat. Die weitere Begleitung des Schulentwicklungsprozesses übernahm Matthias ASCHERN, ein Schulentwicklungsberater der Landesschulbehörde, der sich bereit erklärte, unserem Prozess den Index für Inklusion (BOBAN & HINZ 2003) als Instrument zugrunde zu legen, obwohl damit in der Behörde nicht gearbeitet wurde. Damit hatten wir genau das, was wir brauchten: Prozessbegleitung durch einen erfahrenen Berater der Schulbehörde, mit dem Instrument unserer Wahl über einen vereinbarten Zeitraum von zwei Jahren. Wir waren damit die ersten Schulen im Landkreis und darüber hinaus, die mit dem Index für Inklusion im Rahmen der Schulentwicklung arbeiteten und dabei eine eindeutig inklusive Ausrichtung wählten, zu einer Zeit, als die Inklusion im Schulgesetz noch nicht verankert war. Wir alle betraten Neuland. Keiner von uns hatte Erfahrung mit dem Index als Instrument der Schulentwicklung.

In der Vierjahresplanung der Heideschule, beginnend für das Schuljahr 2010/11, taucht Inklusion erstmals als formuliertes Vorhaben auf: „Alle Schüler*innen unseres Einzugsbereichs besuchen unsere Schule – grundsätzlich keine Zuweisung mehr an Förderschulen".[4]

Im Februar 2010 fand eine gemeinsame 1½ tägige Auftaktveranstaltung beider Schulen unter dem Thema „Lernen und Teilhabe in der Schule der Vielfalt entwickeln" statt. Die Veranstaltung wurde vom Index-Team gemeinsam mit den Schulentwicklungsberater*innen, Matthias ASCHERN und Sybille WINTER, geplant, vorbereitet und durchgeführt. Zu dem Index-Team gehörten Mitarbeiter*innen und Eltern sowie die Schulleiter und der Schulentwicklungsberater. Das Team bildete sich, nachdem klar war, dass es einen gemeinsamen Entwicklungsprozess geben sollte. Die schwierige Aufgabe bestand darin, die Kommunikation über die Grenzen der beiden Schulen hinweg auf ein gemeinsames Ziel hin zu führen. Wegen der daraus entstandenen Komplexität verzichtete das Team auf die Schüler*innen als Mitglieder. Das Ziel der Veranstaltung wurde wie folgt formuliert: „Die Teilnehmer*innen kennen Schlüsselkonzepte inklusi-

---

4 Alle hier genannten Inhalte und Ergebnisse sind den Dokumenten der Schulentwicklung der Heideschule bzw. der Schule An Boerns Soll entnommen.

ver Schulentwicklung und Beispiele guter Praxis. Sie identifizieren Bedingungen des Gelingens inklusiver Arbeit, beleuchten Stärken und Entwicklungschancen der eigenen Schulsituation und gewichten Indikatoren des Index für Inklusion." Der Tag startete mit einem sehr anschaulichen und somit hochmotivierenden Vortrag von Fred ZIEBARTH, pädagogischer Berater der Fläming-Grundschule in Berlin und somit Referent aus der Praxis (vgl. ZIEBARTH o.J.). Ihm gelang es, den Blick der Teilnehmer*innen an diesem Tag für die Idee des gemeinsamen Lernens zu öffnen und den Begriff „Inklusion" mit der eigenen Praxis zu verbinden. Schließlich waren jetzt sowohl alle Kolleg*innen anwesend, als auch Eltern- und Schülervertreter*innen. Für viele war der Begriff „Inklusion" neu, so wie es absolut neu war, dass Grund-, Haupt- und Förderschullehrer*innen gemeinsam über Schulentwicklung nachdenken. Der Index für Inklusion wurde zwar allen im Vorfeld zur Verfügung gestellt, aber das garantierte nicht einen gemeinsamen Kenntnisstand über seinen Inhalt.

Die Schlüsselkonzepte inklusiver Entwicklung (vgl. BOBAN & HINZ 2003, 9ff) wurden den Teilnehmer*innen in einer Präsentation vorgestellt. Eine Annäherung an eine gemeinsame Sprache, gar ein gemeinsames Verständnis von Inklusion, ließ sich aber unserer Ansicht nach am besten durch die konkrete gemeinsame Arbeit mit den Inhalten des Index erreichen. Die Dimensionen, Bereiche und Indikatoren des Index für Inklusion wurden als Kartenmaterial zur Verfügung gestellt. Für die Arbeit zu den einzelnen Bereichen und ihren Indikatoren bildeten sich 12 Gruppen zu je zehn Teilnehmer*innen. Jeder Gruppe stand ein extra Raum zur Verfügung. Um diese Qualität der Arbeit zu gewährleisten, fand die Tagung in einem Tagungshotel statt. In jeder Gruppe wurde mit der Methode des strukturierten Kreisgespräches gearbeitet (vgl. JUNGHANS & FEINDT 2007). Die Teilnehmer*innen identifizierten mit Hilfe der Indikatoren bereits gelungene Beispiele für die konkrete Umsetzung in der Praxis („Das ist bei uns vorhanden. Hier erlebe ich uns als inklusiv.") sowie darüber hinaus Indikatoren, für die sie Entwicklungspotentiale sehen („Das kann ich noch nicht erkennen." „Hier erlebe ich uns noch als weniger ‚inklusiv'."). Dabei stand ihnen der Index zur Verfügung, um sich über die Fragen zu den Indikatoren die inklusive Semantik des Indikators zu verdeutlichen. So fanden sie über die Fragen Beispiele in der eigenen Praxis, die ihnen erlaubten, einzelne Fragen mit „Ja" zu beantworten. Diese positive Erkenntnis bereits gelebter inklusiver Werte in der Praxis hatte einen starken Effekt der Wertschätzung, der in der gesamten Arbeitsatmosphäre und auch im abschließenden Feedback der Veranstaltung deutlich wurde. Leider wurden diese Beispiele nicht dokumentiert und können an dieser Stelle nicht verfügbar gemacht werden. Für den Schulentwicklungsprozess sind sie jedoch eine wichtige Ressource. Der Einstieg in die Arbeit mit dem Index fand also über die Indikatoren und weniger über eine ausgewählte Frage des Index statt. Innerhalb der Gruppen wurde eine

Gewichtung der Indikatoren vorgenommen, die für alle gleichermaßen wertvoll waren und die alle gleichermaßen für die Weiterarbeit priorisierten (vgl. Abb. 1).

A1 Gemeinschaft bilden
  1. Jede(r) fühlt sich willkommen.
  2. Die SchülerInnen helfen einander.
  3. Die MitarbeiterInnen arbeiten zusammen.
  5. MitarbeiterInnen und Eltern gehen partnerschaftlich miteinander um.

A2 Inklusive Werte verankern
  1. An alle SchülerInnen werden hohe Erwartungen gestellt.
  2. MitarbeiterInnen, SchülerInnen, Eltern und Mitglieder schulischer Gremien haben eine gemeinsame Philosophie der Inklusion.
  3. Alle SchülerInnen werden in gleicher Weise wertgeschätzt.
  5. Die MitarbeiterInnen versuchen, Hindernisse für das Lernen und die Teilhabe in allen Bereichen der Schule zu beseitigen.

B1 Eine Schule für alle entwickeln
  1. Der Umgang mit MitarbeiterInnen in der Schule ist gerecht.
  3. Die Schule nimmt alle SchülerInnen ihrer Umgebung auf.
  6. Die Schule organisiert Lerngruppen so, dass alle SchülerInnen wertgeschätzt werden.

B2 Unterstützung für Vielfalt organisieren
  1. Alle Formen der Unterstützung werden koordiniert.
  2. Fortbildungsangebote helfen den MitarbeiterInnen, auf die Vielfalt der SchülerInnen einzugehen.
  4. Dem Gleichstellungsgebot wird durch den Abbau von Hindernissen für das Lernen und die Teilhabe aller SchülerInnen entsprochen.
  6. Unterstützungssysteme bei psychischen und Verhaltensproblemen werden mit denen bei Lernproblemen und mit der inhaltlichen Planung koordiniert.
  9. Mobbing und Gewalt werden abgebaut.

C1 Lernarrangements organisieren
  2. Der Unterricht stärkt die Teilhabe aller SchülerInnen.
  3. Der Unterricht entwickelt ein positives Verständnis von Unterschieden.
  4. Die SchülerInnen sind Subjekte ihres eigenen Lernens.
  6. Bewertung erfolgt für alle SchülerInnen in leistungsförderlicher Form.
  8. Die LehrerInnen planen, unterrichten und reflektieren im Team.

C2 Ressourcen mobilisieren
  1. Die Unterschiedlichkeit der SchülerInnen wird als Chance für das Lehren und Lernen genutzt.
  3. Das Kollegium entwickelt Ressourcen, um das Lernen und die Teilhabe zu unterstützen.
  5. Die Schulressourcen werden gerecht verteilt, um Inklusion zu verwirklichen.

Abb. 1: Priorisierte Indikatoren des Index für Inklusion beim Einstieg (aus BOBAN & HINZ 2003)

Im September 2010 wurde in der Heideschule mit den oben erarbeiteten Gewichtungen weiter gearbeitet. Das Ziel, die Entwicklungsschwerpunkte herauszuarbeiten, wurde jetzt von beiden Schulen getrennt verfolgt, aber unter gleicher Moderation und unter Verwendung des Index. Dabei kam es noch einmal zu einer Einigung auf einen, von den Teilnehmer*innen besonders hoch gewichteten Indikator pro Bereich (z.B. C 2, Abb.2), mit dem weiter gearbeitet wurde. Jetzt wurden noch einmal gezielt die Fragen herangezogen, die dem Indikator im Index zugeordnet sind. Die Teilnehmer*innen wurden aufgefordert, zunächst für sich selbst Stichpunkte zu formulieren, die in einem eigenen Leitsatz Berücksichtigung finden sollten. Zunächst in Vierer-, anschließend in Achtergruppen tauschten sie sich aus und einigten sich auf einen gemeinsamen Leitsatz, der von allen Gruppenmitgliedern mitgetragen wurde. Daraus wurden dann die Leitsätze für das inklusive Leitbild der Schule formuliert:

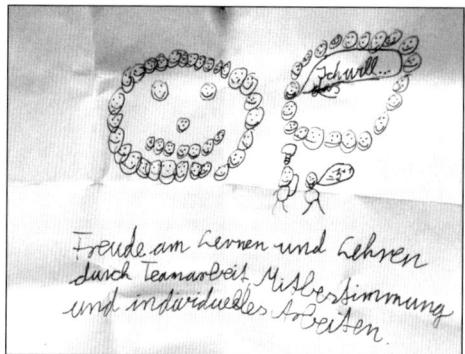

Abb. 2: Arbeitsergebnisse der Heideschule

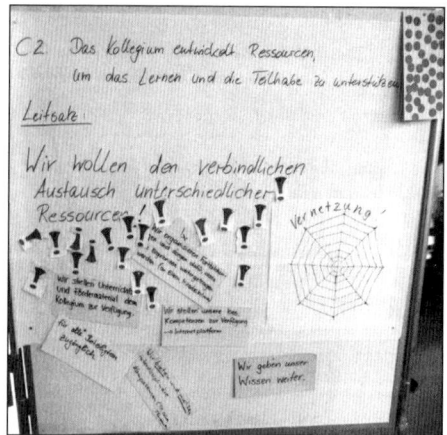

Abb. 3: Arbeitsergebnisse der Schule An Boerns Soll

Grundsätze der Heideschule	Grundsätze der Schule An Boerns Soll
Miteinander und voneinander Lernen selbstständig – kooperativ – leistungsfähig	
<ul><li>Wir haben Freude am Lernen und Lehren durch Teamarbeit, Mitbestimmung und individuelles Arbeiten.</li><li>Unsere Schule wünscht sich Vielfalt und würdigt jeden Einzelnen mit seinen Stärken und Schwächen.</li><li>Jedes Kind kann anderen helfen, Verantwortung übernehmen und das gemeinsame Lernen bereichern.</li><li>Gemeinsam unterstützen wir die Einzigartigkeit jedes Kindes.</li></ul>	<ul><li>Unser Umgang miteinander basiert auf Respekt, Wertschätzung und Gewaltfreiheit. Wir sehen Vielfalt positiv.</li><li>Wir nutzen individuelle Lernwege, um Stärken und Talente zu fördern und Teilhabe zu ermöglichen.</li><li>Wir legen Wert auf den verbindlichen Austausch aller Kenntnisse und Nutzung unterschiedlicher Ressourcen, Hilfsmittel und Lernmittel.</li><li>Alle Berufsgruppen arbeiten respektvoll und vertrauensvoll als Team zusammen.</li></ul>

Abb. 4: Leitsätze der beiden Schulen

4 Ergebnis

Die Leitsätze beider Schulen sind das Ergebnis einer sehr konsequenten und qualitativ hochwertigen Zusammenarbeit der Schule, ihrer Mitarbeiter*innen, Eltern und Schüler*innen. Die Unterstützung durch einen Schulentwicklungsberater war dabei unerlässlich. Wir haben davon profitiert, dass sich alle Beteiligten auf die Arbeit mit dem Index für Inklusion als gemeinsames Instrument geeinigt haben. Dadurch konnten vorhandene Ressourcen und Sichtweisen, die inklusive Werte tragen und lebendig machen, als Schwerpunkte der Zusammenarbeit identifiziert und erste gemeinsame Ziele formuliert werden. Seitdem hat es nachhaltige Veränderungen in der Kultur, Struktur und den Praktiken der Heideschule gegeben: Jahrgangsmischung, Klassenrat und schulübergreifende thematische Elternabende in Zusammenarbeit mit der Stadtjugendpflege sind nur einige Beispiele. Unterrichtsplanung und -durchführung im Team ist selbstverständlicher Bestandteil der Unterrichtsentwicklung. Die Heideschule ist mittlerweile Hospitationsschule, in die Kolleg*innen kommen können, um Unterricht in Jahrgangsmischung zu sehen. Sowohl Student*innen von der Leuphana Universität Lüneburg als auch Schüler*innen der Berufsbildenden Schulen Buchholz haben das Beispiel der Heideschule für filmische Beiträge zum Thema „Inklusion" für ihre Facharbeiten genutzt. Die Heideschule hat sich auf den Weg zur inklusiven Schule gemacht.

Die Förderschule mit dem Schwerpunkt Geistige Entwicklung hat durch das Gesetz zur Inklusion Bestandsschutz. Die Schule An Boerns Soll befindet sich in einer steten Positionsbestimmung zwischen den sich daraus ergebenden Widersprüchen, Ansprüchen und Zusprüchen. Einerseits unterstützt sie die Inklusion mit umfassenden Lehrerstunden in verschiedenen Schulstandorten des Landkreises und in den Kooperationsklassen, die allein in Buchholz mehrere Klassen in der Grundschule wie auch in der IGS umfassen. Andererseits muss sie für die Schüler*innen, die nicht inklusiv beschult werden, weiter die Förderschule mit der erwarteten sonderpädagogischen Arbeit aufrecht erhalten.

Die Anforderungen, die durch die gesetzliche Einführung der Inklusion an die Schule gestellt werden, fordern uns einerseits auf, die eigene Schulentwicklungsarbeit daran auszurichten. Andererseits haben wir, wie beschrieben, schon einmal die Initiative ergriffen, eigene Wege zu gehen, unsere Arbeit kritisch zu reflektieren und Neues zu entwickeln. Der Index für Inklusion ist das Instrument, das uns wie ein Wegweiser mit den für die Inklusion leitenden Werten vertraut machte und der uns auch jetzt zur Weiterarbeit auf dem Weg zur inklusiven Schule Maßstab sein kann. Die kontinuierliche Arbeit mit den Fragen des Index macht uns sensibel für jede Form von Diskriminierung, Ausgrenzung und Stigmatisierung. Sie macht uns zu Fragenden statt Wissenden und sie fordert uns auf, uns zu qualifizieren statt immer mehr zu optimieren. Die Fragen des Index für Inklusion bringen uns in den Dialog mit uns selbst, den Inhalten unserer Arbeit und den Werten (statt: dem Bewerten) in unserer Institution und der Gesellschaft, in der wir leben bzw. leben wollen (vgl. MSJG 2011, 25f).

Literatur

BOBAN, Ines & HINZ, Andreas (Hrsg.) (2003): Der Index für Inklusion. Lernen und Teilhabe in Schulen der Vielfalt entwickeln. Halle (Saale): Martin-Luther-Universität. Online unter: http://www.eenet.org.uk/resources/docs/Index%20German.pdf

PORTER, Gordon (2009): Schafft rechtzeitig Beispiele! Man muss eine Bewegung herbei führen In: STÄHLING, REINHARD & WENDERS, Barbara (Hrsg.): Ungehorsam im Schuldienst. Der praktische Weg zu einer Schule für alle. Baltmannsweiler: Schneider Hohengehren, 212-216

JUNGHANS, Carola & FEINDT, Andreas (2007): Lernen über den eigenen Unterricht zu reden. Das strukturierte Kreisgespräch. Friedrich Jahresheft. XXV. Seelze: Friedrich, 4-7

MSJG (MONTAG STIFTUNG JUGEND UND GESELLSCHAFT) (Hrsg.) (2011): Inklusion vor Ort. Kommunaler Index für Inklusion – ein Praxishandbuche. Berlin: Deutscher Verein für öffentliche und private Fürsorge

ZIEBARTH, Fred (o.J.): Inklusion. Online unter: http://www.fred-ziebarth.de/inklusion

Raymund Elfring und Georg Hermanns

Pädagogik der Vielfalt als Entwicklungschance – auf dem Weg zum Gemeinsamen Lernen in Stolberg

Als städtische Förderschule im Verbund möchte die Förderschule Talstraße sonderpädagogisch geförderte Kinder und Jugendliche in Stolberg auf ihrem Weg in eine inklusive Schullandschaft vor Ort unterstützen. Die bisherigen Entwicklungsschritte hin zu einer inklusiv ausgerichteten Bildungseinrichtung, bei der in der Förderschule Kompetenzen erarbeitet wurden, die auch im Gemeinsamen Lernen ihre wichtige Rolle spielen, haben sowohl innerschulische Entwicklungen wie auch Initiativen und Vereinbarungen in der Bildungsregion Stolberg zur Folge gehabt.

Der regelmäßige Austausch im Rahmen der Grundschulleiterkonferenz und der schulübergreifende sonderpädagogische Personaleinsatz (z.B. im Gemeinsamen Unterricht) führten im Rahmen der Inklusionsentwicklung schnell zu dem gemeinsamen Wunsch, die Grundschulzeit für Primarschüler als inklusiven Weg zu planen, zu begleiten und auf der Grundlage des Index für Inklusion entsprechende Möglichkeiten zu eröffnen, wie im Folgenden beschrieben wird.

1 Pädagogik der Vielfalt als Entwicklungschance – Schritte zur Inklusion

2009 wurde mit der Montag Stiftung Jugend und Gesellschaft Bonn zu diesem Themenkreis eine zweijährige Kooperationsvereinbarung abgeschlossen mit der Zielsetzung, die Teilhabe aller Kinder und Jugendlichen am Lernen in ihren jeweiligen Stolberger Schulen zu steigern. Diese Schulentwicklungsprozesse unterstützend, strebten wir eine Stärkung und Erweiterung der sonderpädagogischen Kompetenzen für Grundschullehrer*innen und Förderschullehrer*innen beim gemeinsamen Lernen mit folgenden Entwicklungsvorhaben an: Kompetenzerweiterung in Sachen Beratung allgemein, Entwicklung im Sinne eines inklusiven Schulkonzepts, Beratungskompetenz insbesondere für einen gemeinsamen Unterricht und Ebnen eines Wegs mit Aufgabenstellungen eines Kompetenzzentrums.

Unser Verständnis einer Pädagogik der Vielfalt ist, das Prinzip der Wertschätzung von Diversität in Bildung und Erziehung zu leben und im Schulentwicklungsprozess zu vertiefen. Vielfalt ist eine Gegebenheit, die die Normalität darstellt, und somit plädieren wir für die Entwicklung einer Schule, die die Bildungs- und Erziehungsbedürfnisse aller Schüler*innen zu befriedigen hat. Pädagogik der Vielfalt beruft sich auf die Menschenrechte und fordert, dass Schule den Bedürfnissen der Gesamtheit ihrer Schüler*innen entspricht. Die Regionale Bildungsinitiative Inklusion Stolberg möchte eine Schulregion konzipieren, in der kein Kind ausgesondert wird, weil es den Anforderungen einer bestimmten Schule nicht entsprechen kann. Uns ist bewusst, dass dabei die personalen Entwicklungen der Lehrer*innen und auch die Ressourcen der jeweiligen Träger einer angemessenen Unterstützung bedürfen.

Wir orientieren uns dabei an Inklusion als „allgemeinpädagogische[n] Ansatz, der auf der Basis von Bürgerrechten argumentiert, sich gegen jede gesellschaftliche Marginalisierung wendet und somit allen Menschen das gleiche volle Recht auf individuelle Entwicklung und soziale Teilhabe ungeachtet ihrer persönlichen Unterstützungsbedürfnisse zugesichert sehen will. Für den Bildungsbereich bedeutet dies einen uneingeschränkten Zugang und die unbedingte Zugehörigkeit zu allgemeinen Kindergärten und Schulen des sozialen Umfeldes, die vor der Aufgabe stehen, den individuellen Bedürfnissen aller zu entsprechen – und damit wird dem Verständnis der Inklusion entsprechend jeder Mensch als selbstverständliches Mitglied der Gemeinschaft anerkannt" (HINZ 2006, 97).

2 Öffnung des laufenden Entwicklungsprozesses der Förderschule für alle Grundschulen der Region Stolberg mit dem Index

Im Oktober 2011 erfolgte auf Initiative der Städtischen Förderschule Stolberg und unter Mitwirkung der Schulleiterkonferenz der Grundschulen die Einladung an Grundschullehrer*innen und Sonderpädagog*innen zu einer Fortbildung. Ziel war es, eine Vernetzungsebene zu öffnen, auf der die sehr unterschiedlichen Ansprüche und Erfahrungen im inklusiven Prozess ausgetauscht werden können. Aus neun Grundschulen der Stadt Stolberg und der Förderschule waren Lehrer*innen anwesend und haben zu folgenden Aspekten gearbeitet:

- den momentanen Stand der Schulen beim inklusiven Entwicklungsprozess bestimmen,
- Wünsche zum Fortschreiten der Bildungsinitiative äußern,
- nächste (gemeinsame) Schritte klären + verbindlich festlegen und
- einen Termin absprechen.

Diese Arbeit basierte auf der einleitenden Frage aus dem Index für Inklusion (vgl. BOBAN & HINZ 2003, 53): Inwiefern fühlen sich Schüler*innen, Eltern, Lehrer*innen, Mitarbeiter*innen und schulische Gremien als gemeinsame Besitzer*innen der Schule?
Der Index für Inklusion wurde zu diesem Zeitpunkt vor allem genutzt, um die Dimensionen und Bereiche des Index in der Gruppe zu klären. Zwei halbtägige Veranstaltungen für die Schulen begannen mit den beiden folgenden Indikatoren aus dem Index (vgl. BOBAN & HINZ 2003):
• Die Unterschiedlichkeit der Schüler*innen wird als Chance für das Lehren und Lernen genutzt (C 2.1).
• Die Ressourcen im Umfeld der Schule sind bekannt und werden genutzt (C 2.4).
In einer Folgeveranstaltung im November 2011 wurden in der Förderschule Stolberg die Entscheidungsgrundlagen für einen gemeinsamen inklusiven Schulentwicklungsprozess in der Region Stolberg geschaffen.

3 Regionale Bildungsinitiative Stolberg

Die dargestellten Entwicklungsschritte führten am 27. Januar 2012 zu einer Kooperationsvereinbarung zwischen allen Stolberger Grundschulen, der Stadt Stolberg als Schulträger, der Montag Stiftung Jugend und Gesellschaft Bonn als Prozessbegleiterin und der städtischen Förderschule Stolberg.
Der Einstieg in die Bildungsinitiative erfolgte aus dem Bewusstsein, die Möglichkeit aktiv wahrzunehmen, mitgestaltend inklusive Arbeit in den Stolberger Schulen umzusetzen. Dies soll bei Akzeptanz der Verschiedenheit der Schulen durch das verbindende Element der Regionalkonferenz geschehen. Die Einzelschule hat durch die Initiative die Möglichkeit, eine Begleitung hinsichtlich ihrer individuellen Schulentwicklung in Anspruch zu nehmen. Grundsätzlich verleiht die regionale Vereinbarung dem inklusiven Anliegen in Stolberg eine Stimme.
Begleitet durch die Montag Stiftung, arbeiteten alle Stolberger Grundschulen in den beiden Jahren 2012 und 2013 im Sinne der Projektziele zusammen und entwickelten den Inklusionsauftrag in der Bildungsregion Stolberg weiter. Darüber wurde auch in der regionalen Presse berichtet:

Aachener Zeitung (az-web.de) 27.01.2012, 17:04
Stolberg. Günter Jansen, Schulleiter der Grundschule Prämienstraße und Spre-
cher der Stolberger Grundschulen, hat gemeinsam mit Doris Rößeler für die
Förderschule Talstraße und Willi Seyffarth, Leiter des Jugendamts, die regionale
Bildungsinitiative vertraglich besiegelt.

Finanziell unterstützt und gefördert wird das Projekt durch die Montag Stiftung
Jugend und Gesellschaft, für die Raymund Elfring nach Stolberg reiste.

Aus der Präambel:
„Ziel des Projektes ist, die Teilhabe und Chancengerechtigkeit aller Kinder und
Jugendlichen in ihren Schulen zu steigern. Es geht darum, Bedingungen für
Lernen zu entwickeln, die Herkunft, Interessen, Erfahrungen, Fähigkeiten und
Wissen aller Kinder und Jugendlichen für ihr bedeutungsvolles Lernen wahr-
nehmen und anerkennen".

Um diese Entwicklung auf den unterschiedlichen Verantwortungsebenen anstoßen und begleiten zu können, wurden mehrere sich ergänzende Austausch-Platt-
formen geschaffen, die sich sowohl mit dem Index für Inklusion auseinandersetz-
ten, als auch die praktischen Umsetzungsmöglichkeiten vor Ort berücksichtigt
haben.
Der Austausch zu grundlegenden Bedingungsfaktoren für ein erfolgreiches gemeinsames Lernen wurde verknüpft mit den in dieser Zeit veröffentlichten Gesetzesän-
derungen im Rahmen des 9. Schulrechtsänderungsgesetzes (vgl. Landesregierung
NRW 2013). Hierbei ging es darum, die auf die Grundschulen zukommenden
neuen Aufgaben zu begleiten, die Kompetenzen der Förderschullehrer*innen zu
nutzen und die Schulentwicklung mit dem Index für Inklusion als Werkzeug zu
begleiten. Sowohl auf Ebene der Schulleiter*innen als auch auf Ebene der entstandenen Steuergruppe wurden die Dimensionen ‚Kultur/Haltung', ‚Schulstruk-
turentwicklung' und ‚schulische Praxis' mit Indexfragen untersucht. Im Weiteren
folgt dazu eine Darstellung der inhaltlichen und methodischen Vorgehensweise.

a) Austausch/Vereinbarungen im Rahmen der Regionalkonferenz der Schulleiter*innen

Die Schulleiter*innen aller Stolberger Schulen mit Primarbereich, zehn Grundschulen und zwei Förderschulen, haben sich in regelmäßigen Abständen getroffen
und unter der Moderation von Herrn Elfring und Frau Fehr von der Montag
Stiftung zu aktuell nachgefragten Themenstellungen gearbeitet:
• Zielklärung und Zielsetzung: Netzwerkbildung, Fortbildung, Modelle kennenlernen, gemeinsame Veranstaltungen

- Index-Aspekt: Inklusive Strukturen schaffen
- Mitglieder aus dem Kollegium gewinnen für die Einrichtung einer Steuergruppe
- Gemeinsame Projekte zwischen Grund- und Förderschule absprechen
- Notwendige Ressourcen auf dem Weg zum Gemeinsamen Lernen
- Arbeit zum Oberthema „Stolberg als Chance"

b) Austausch/Vereinbarungen im Rahmen der Steuergruppe

Jede Schule richtete eine Steuergruppe ein bzw. beauftragte ein bis zwei Personen, die sich speziell dem inklusiven Schulentwicklungsprozess widmen. Diese Personen kommen im Rahmen der Steuergruppentreffen zusammen. Deren Themenschwerpunkte und Fragestellungen waren vor allem folgende, über die im Anschluss die Konferenz der Schulleiter*innen informiert wurde:

- Informationsaustausch zwischen den Schulen (z.B. zum Thema Förderpläne, Zieldifferenz, Elterninformation)
- Gestaltung der Rolle von Multiplikator*innen
- Erörterung und Vertretung von Standpunkten gegenüber Dritten
- Überlegungen zu notwendigen Ressourcen
- Absprachen und Austausch über Modelle und Materialien

c) Austausch im Rahmen der Gesamtkonferenz

In diesem Rahmen wurden Treffen organisiert, zu denen auch Vertreter*innen des Schulträgers und der Lokal- bzw. Landespolitik eingeladen waren. Hierbei ist vor allem das Treffen am 01.03.2013 hervorzuheben, bei dem sich der Dezernent der Schulverwaltung, der Vorsitzende des Schulausschusses, sowie die beiden SPD- und CDU-Vertreter Stolbergs im Landtag den Fragen und Ansichten einer Runde von Schulleiter*innen stellten, die sich zuvor auf grundsätzliche Schritte auf dem Weg zur inklusiven Schulentwicklung geeinigt hatten, so dass die Vertreter*innen der Bildungspolitik und Bildungsverwaltung viele wertvolle Hinweise auf notwendige Inklusionsbedingungen mitnehmen konnten. Dabei wurden sowohl Chancen als auch bestehende Barrieren angesprochen.

Für die Initiative ist klar geworden, dass der Index für Inklusion mit seinen ausgearbeiteten Materialien einen Fundus darstellt, aus dem die Schulen schöpfen können, die sich als ‚Schule für alle Kinder', als inklusive Schulen verstehen, wenn sie vor der verordneten oder selbst gestellten Aufgabe der Schulentwicklung dorthin stehen. So muss nicht jede Schule das Rad der Schulentwicklung wieder völlig neu erfinden. Der Index macht Vorschläge, er ist eine Systematik, die dabei hilft, nächste – und zwar angemessen große oder kleine, verkraftbare, realistische – Schritte in der Entwicklung zu gehen. Dabei ist weniger mehr, und das übernächste Schuljahr kommt mit ziemlicher Sicherheit.

4 Weitere Entwicklung

Nachdem sich das Ende des verabredeten Zeitraums der Unterstützung bei der inklusiven Schulentwicklung abzeichnete, stellt sich wegen des hohen Interesses die Frage, wie der Begleitprozess weiter gestaltet werden kann. Für die im Folgenden dargestellten Inhalte und Ziele war ausschlaggebend, dass die Montag Stiftung Jugend und Gesellschaft für ein weiteres Jahr die Moderation für den inklusiven Begleitprozess zur Verfügung zusagte.

Angestoßen durch den guten Austausch auf Grundschul-Ebene haben fünf Stolberger Sekundarschulen den Kreis vergrößert: eine Gesamtschule, eine Sekundarschule, eine Realschule, eine Hauptschule und eine Förderschule Sprache. Die Öffnung für den Sekundarbereich ab Schuljahr 2014/15 wird als natürliche Weiterentwicklung und Kontinuität in einem Prozess gesehen, bei dem an erreichte Erfolge – wie zum Beispiel die nun sehr gute Zusammenarbeit und teilweise Vernetzung der Grundschulen der Stadt Stolberg – angeknüpft werden kann. In Vorgesprächen und den ersten Sitzungen in 2014 sind die folgenden Schwerpunkte der Schulentwicklungsarbeit abgesprochen worden:

• Begleitung von Übergängen KiGa-Primarstufe-Sek I
• vorhandenes Potential unterschiedlicher Schulformen erkennen und nutzbar machen,
• Unterstützung beim täglichen Bedarf durch Weiterarbeit mit dem Index für Inklusion,
• additive Einbindung von Fortbildung aus dem Kompetenzteam (z.B. zu Gesprächsführung oder herausforderndem Verhalten) sowie
• Anfrage beim Bildungsbüro der StädteRegion bzgl. eines Moderationsprozesses zur Entwicklung eines kommunalen Handlungskonzeptes für Schulen und den Schulträger zur Umsetzung inklusiver Schulstrukturen in der Stadt Stolberg.

Der Initiative war schnell klar, dass der Index die notwendigen Indikatoren und Fragen beinhaltet, die eine ‚alle Kinder und Jugendliche willkommen heißende‘ Bildungseinrichtung ausmachen und eine strukturierte Begleitung des Entwicklungsprozesses ermöglichen. Den Index für Inklusion nutzt sie somit mit seinen zahlreichen Hinweisen für eine systematische Schulentwicklung und Anregungen zur Reflexion und Selbstevaluation in verschiedenen Methoden. Die Initiative geht davon aus, dass inklusive Veränderungsprozesse alle am Bildungsprozess Beteiligte in den Blick nehmen müssen: Schüler*innen, Pädagog*innen, Mitarbeiter*innen, die Kultur der Bildungseinrichtungen, die Inhalte, auch die Gebäude. Dies wird nicht immer von allen Beteiligten so gesehen und es kostet Kraft, einen kontinuierlichen Entwicklungsprozess zu entwerfen und ihn dann auch zu gehen.

Konkret arbeiteten die Teilnehmer*innen bei einem Treffen mit der Methode der Stationenarbeit an fünf Themen. Anknüpfend an jeweils einen Indikator des Index für Inklusion und einige seiner modifizierten Fragen bekamen die Gruppen jeweils den gleichen Auftrag, dessen Ergebnisse auf einem Poster dokumentiert wurden:

• Untersuchen Sie die aktuelle Situation an Ihren Schulen anhand der Index-Fragen zu diesem Indikator!
• Woran erkennen Sie/an welchen Kriterien machen Sie es fest, dass der o.g. Indikator erfolgreich umgesetzt wird?
• Entwerfen Sie mit Ihrer Gruppe anhand der Index-Fragen einen ersten Plan für Ihre inklusive Schulentwicklungsarbeit!

Thema 1, Übergänge zwischen den Schulen, gründet sich auf Dimension B des Index: „Inklusive Strukturen etablieren", insbesondere auf Indikator: „Allen neuen SchülerInnen wird geholfen, sich in der Schule einzugewöhnen" (B 1.5; Boban & Hinz 2003, 70). Als Gesprächsimpuls dienen u.a. folgende modifizierte Fragen dieses Indikators:

• Was wird unternommen, Schüler*innen mit der Schule vertraut zu machen?
• Wie gelingt es, wichtige Informationen über Schüler*innen aus der abgebenden in die aufnehmende Schule zu übermitteln?

Die Ergebnisse wurden auf einem Plakat festgehalten (vgl. Abb. 1).

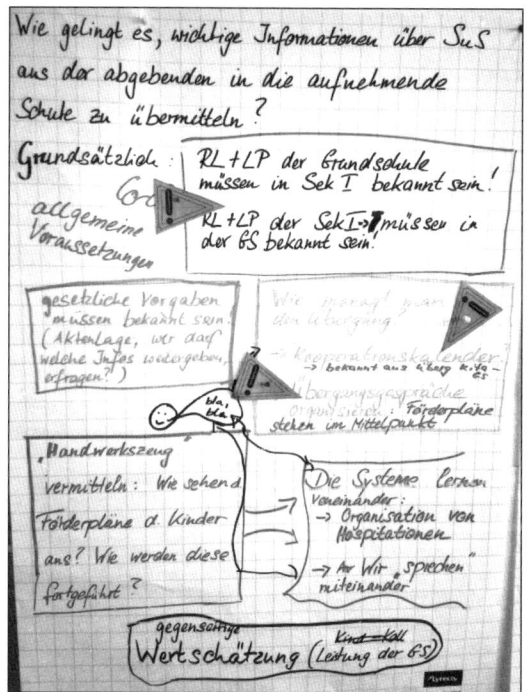

Abb. 1: Ergebnisse zum Thema Übergänge zwischen den Schulen

Beim zweiten Thema geht es darum, Kommunikationsstrukturen zwischen den Schulen zu entwickeln. Dazu wird Dimension B „Inklusive Strukturen etablieren" herangezogen, insbesondere der folgende Indikator: „Alle Formen der Unterstützung werden koordiniert" (B 2.1; Boban & Hinz 2003, 72). Hierbei dienten u.a. dessen modifizierte Fragen als Gesprächsimpulse:

• Welche Kommunikationsstrukturen sind etabliert, die auf verbesserte Fähigkeiten zielen, der Vielfalt zu entsprechen?
• Inwieweit hat Kommunikation und Koordination einen hohen Stellenwert zwischen den Schulen?

Auch hier werden die Ergebnisse auf einem Plakat visualisiert (vgl. Abb. 2).

Abb. 2: Ergebnisse zum Thema Kommunikationsstrukturen

Das dritte Thema befasst sich mit der Willkommenskultur, dabei bieten die Dimension A „Inklusive Kulturen schaffen" und insbesondere der Indikator „Jede(r) fühlt sich willkommen" (A 1.1; BOBAN & HINZ 2003, 53) einen gedanklichen Anker. Auch hier regen einige modifizierte Fragen das gemeinsame Nachdenken an:

• Wird in der Öffentlichkeitsarbeit der Schule deutlich, dass es ihr Grundprinzip ist, auf die Vielfalt der Schüler*innen und die Hintergründe einzugehen?

• Fühlen sich Schüler*innen, Eltern, Mitarbeiter*innen und Mitglieder der schulischen Gremien als gemeinsame Besitzer*innen der Schule?

Auch hier werden die Ergebnisse auf einem Poster dokumentiert (vgl. Abb. 3).

Abb. 3: Ergebnisse zum Thema Willkommenskultur

Das vierte Thema bezieht sich auf die Unterrichtsentwicklung; dafür bietet Dimension A „Inklusive Kulturen schaffen" eine hilfreiche Basis, insbesondere der Indikator: „An alle SchülerInnen werden hohe Erwartungen gestellt" (A 2.1; BOBAN & HINZ 2003, 60). Hier finden die folgenden modifizierten Fragen des Indikators Verwendung:

• Wie werden alle Schüler*innen darin bestärkt, sich hohe Ziele für das eigene Lernen zu setzen?
• Wodurch bekommen alle Schüler*innen das Gefühl, dass sie eine Schule besuchen, in der es möglich ist, die je individuell besten Leistungen zu bringen?

Die Ergebnisse finden sich auf zwei Postern (vgl. Abb. 4).

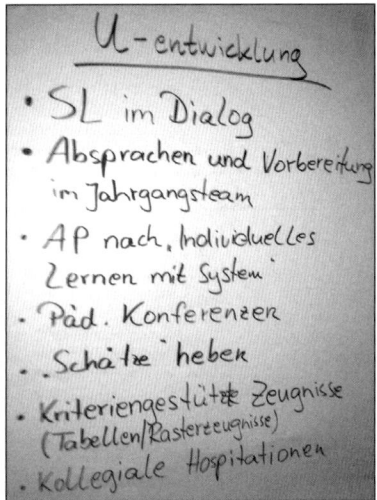 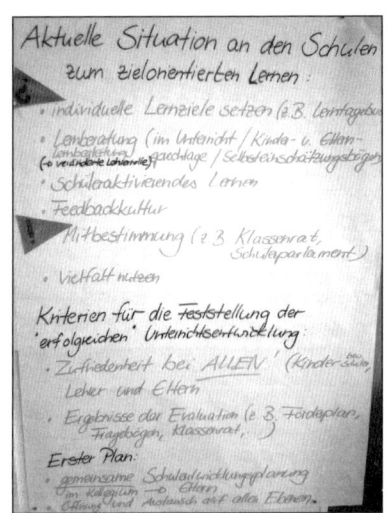

Abb. 4: Ergebnisse zum Thema Unterrichtsentwicklung

Thema 5 betrifft die Teamentwicklung, hierbei bietet Dimension C „Inklusive Praktiken entwickeln" eine sinnvolle Basis, insbesondere der Indikator „Die LehrerInnen planen, unterrichten und reflektieren im Team" (C 1.8; BOBAN & HINZ 2003, 88). Anregend sind dabei modifizierte Fragen dieses Indikators:

• Inwiefern tragen die im Team unterrichtenden Lehrer*innen die Verantwortung, gemeinsam dafür zu sorgen, dass alle Schüler*innen am Unterricht teilhaben können?
• Wird Team-Teaching als Möglichkeit dazu genutzt, gemeinsam zu reflektieren und das Lernen der Schüler*innen zu begleiten?

Die Ergebnisse werden auf einem Poster dokumentiert (vgl. Abb. 5).

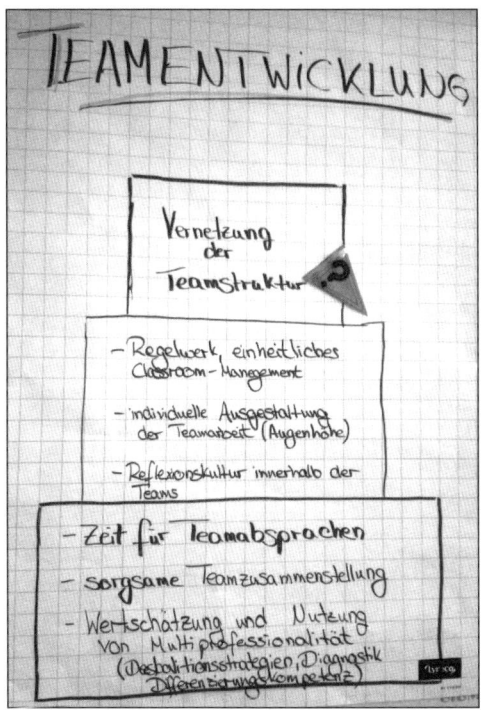

Abb. 5: Ergebnisse zum Thema Teamentwicklung

Die Zwischenergebnisse dieser gemischten Arbeitsgruppen mit Mitgliedern aus verschiedenen Schulen sind die Grundlage für die weiteren Entwicklungsschritte, die die Schulleiter*innen und die Steuergruppen in den übergreifenden Sitzungen und auch in der einzelnen Schule bei Pädagogischen Tagen, Elternratssitzungen und Konferenzen angehen.

5 Fazit

Die gesellschaftliche Entwicklung von Inklusion vor Ort ist allen Beteiligten ein großes Anliegen. Durch eine Erweiterung und Fortführung der Begleitung durch die Montag Stiftung auf der Basis des Index für Inklusion als Selbstevaluations- und Inspirationsmaterial besteht die Chance, Teilhabe und Chancengerechtigkeit aller Stolberger Kinder und Jugendlichen in ihren Schulen kontinuierlich zu steigern und gemeinsame Ziele und gegenseitige Erwartungen aus den Indikatoren und Fragen abzuleiten und auf die regionale Situation bezogen zu formulieren.

Literatur

BOBAN, Ines & HINZ, Andreas (Hrsg.) (2003): Der Index für Inklusion. Lernen und Teilhabe in Schulen der Vielfalt entwickeln. Halle (Saale): Martin-Luther-Universität. Online unter: http://www.eenet.org.uk/resources/docs/Index%20German.pdf

HINZ, Andreas (2006): Inklusion. In: ANTOR, Georg & BLEIDICK, Ulrich (Hrsg.): Handlexikon der Behindertenpädagogik. Schlüsselbegriffe aus Theorie und Praxis. Stuttgart: Kohlhammer, 97-99

LANDESREGIERUNG NRW (2013): Schulgesetz 2014 NRW (incl. 9. Schulrechtsänderungsgesetz), Stand: Nov. 2013. Online unter: http://www.tresselt.de/download/SchG2014.pdf

Dörte Fandrey, Britta Funda, Petra Gutsche,
Corinna Havenstein und Christiane Winter-Witschurke

Der Index für Inklusion in Schulen, Schulbegleitung und Fortbildung in Schulen im Pilotprojekt „Inklusive Grundschule" in Brandenburg

Im Schuljahr 2012/13 startete das Pilotprojekt „Inklusive Grundschule" (PinG), an dem über 80 Schulen in öffentlicher und freier Trägerschaft teilnehmen. „Für fünf Prozent der Gesamtschülerzahl einer Pilotschule stehen zusätzlich 3,5 Lehrerwochenstunden je Schülerin oder Schüler als Basisausstattung bereit... Diese zusätzlichen Lehrerstunden werden lernprozessbegleitend für Kinder mit Auffälligkeiten im Lernen, im Verhalten oder in der Sprache zur Verfügung gestellt. ... Für besondere Problemlagen stehen den staatlichen Schulämtern zusätzliche Lehrerwochenstunden als Pool zur Verfügung. Sie können – nach Bedarf – an konkrete Schulen gegeben werden. Für Schüler*innen mit anderen sonderpädagogischen Förderschwerpunkten werden individuell zusätzliche Stunden für den gemeinsamen Unterricht zur Verfügung gestellt. Grundlage sind gesonderte Feststellungsverfahren" (MBJS o.J.a). Die Klassengröße ist aufsteigend ab Jahrgangsstufe 1 auf 23 bzw. maximal 25 Schüler*innen begrenzt. Auf die Feststellung sonderpädagogischen Förderbedarfs in den Bereichen „Lernen", „Sprache" und „Emotional-soziale Entwicklung" kann verzichtet werden, wenn die Eltern damit einverstanden sind. Das Pilotprojekt wird durch ein Forscherteam der Universität Potsdam wissenschaftlich begleitet. Untersucht werden sollen vor allem die Qualität der inklusiven Bildungsarbeit mit den Schüler*innen und die Qualität der Beratung und Fortbildung der Lehrkräfte in Sachen Inklusion (MBJS o.J.b). Im Weiteren wird beschrieben, wie die Arbeit mit dem Index für Inklusion an den Schulen im Pilotprojekt „Inklusive Grundschule" initiiert wurde. Beraterinnen und eine Schulleiterin berichten vom Umgang mit dem Index für Inklusion an einer Grundschule.

1 Perspektive des Landesinstituts für Schule und Medien Berlin-Brandenburg (LISUM)

Für Fortbildung und Beratung stehen den Pilotschulen Berater*innen-Tandems zur Verfügung. Diese wurden vorbereitend und prozessbegleitend am LISUM qualifiziert. Grundlage für die Arbeit der Tandems bildet ein Fortbildungscurriculum zum Pilotprojekt „Inklusive Grundschule" in Brandenburg, das modular aufgebaut ist (LISUM 2012b). Der Index für Inklusion (vgl. Boban & Hinz 2003) wurde nicht nur als Instrument zur inklusiven Schulentwicklung in das modularisierte Fortbildungscurriculum für Berater*innen zum Pilotprojekt „Inklusive Grundschule" in Brandenburg aufgenommen, sondern bildet mit seinen drei Dimensionen „Inklusive Kulturen schaffen", „Inklusive Strukturen etablieren" und „Inklusive Praktiken entwickeln" teilweise eine Strukturvorlage.

Das Fortbildungscurriculum besteht aus vier Bereichen: einem Modul für die Einzelschule (Modul I), einem grundsätzlichen Angebot zum Thema für Schulgruppen (Modul II), einer Modulkarte mit regionalen Angeboten sowie einem Bereich mit zentralen Angeboten. Die Module I und II gelten als Basisfortbildung und werden in Brandenburg für alle Lehrkräfte des Pilotprojektes „Inklusive Grundschule" empfohlen.

Laut Fortbildungscurriculum soll in der Auftaktveranstaltung der Schulen (Modul I) die Arbeit mit dem „Index für Inklusion" im Mittelpunkt stehen. Zum einen ist das Ziel, mit Hilfe des Index einen weiteren Schritt in Richtung eines gemeinsamen Grundverständnisses zum Thema „Inklusion" zu gehen. Zum anderen sollen die Berater*innen-Tandems den Index als Instrument für die gemeinsame Reflexion der momentanen Situation an den Schulen sowie für die gemeinsame Planung nächster Schritte nutzen.

Um die Berater*innen-Tandems auf die Arbeit mit dem Index vorzubereiten, ist der „Index für Inklusion" seit 2012 kontinuierlich Thema in den Angeboten der Modularen Qualifizierung für Beraterinnen und Berater des LISUM. Waren diese Veranstaltungen zunächst vorrangig für die Berater*innen-Tandems für die PiNG- Schulen, wurden sie schnell auch von Berater*innen mit anderen Aufgabenschwerpunkten besucht. Auch viele LISUM–Mitarbeiter*innen haben mittlerweile teilgenommen.

Neben dem Fortbildungscurriculum steht den Berater*innen-Tandems ein geschützter Internetbereich (BSCW-Server) zur Verfügung. Dieser Bereich enthält eine Sammlung von Anregungen, methodischen Umsetzungsmöglichkeiten sowie konkrete Materialangebote für ihre Arbeit als Berater*innen-Tandems in den PiNG-Schulen. Die Materialangebote wurden teilweise von den Berater*innen-Tandems innerhalb der Qualifizierung erarbeitet. Außerdem stehen den Berater*innen für ihre Arbeit die vom Landesinstitut für Schule und Medien Berlin-Brandenburg herausgegebenen Quick-Guides für Inklusion Teil 1: „Zusammen leben" und Teil 2 „Lehren und Lernen" zur Verfügung (vgl. LISUM 2011, 2012a). Sie basieren auf einer amerikanischen Veröffentlichung. Unter der Leitung von Michael F. GIANGRECO wurden die „Quick-Guides to Inclusion" von verschiedenen Expert*innen auf dem Gebiet der Integration und Inklusion erarbeitet.

Die im Fortbildungscurriculum genannte regionale Modulkarte (vgl. Abb. 1) soll den unterschiedlichen Voraussetzungen und Bedürfnissen von Lehrkräften und Schulteams Rechnung tragen. Die Strukturierung der Angebote erfolgt im Curriculum entsprechend der drei Dimensionen des Index für Inklusion: Inklusive Kulturen schaffen (A), Inklusive Strukturen etablieren (B), Inklusive Praktiken entwickeln (C).

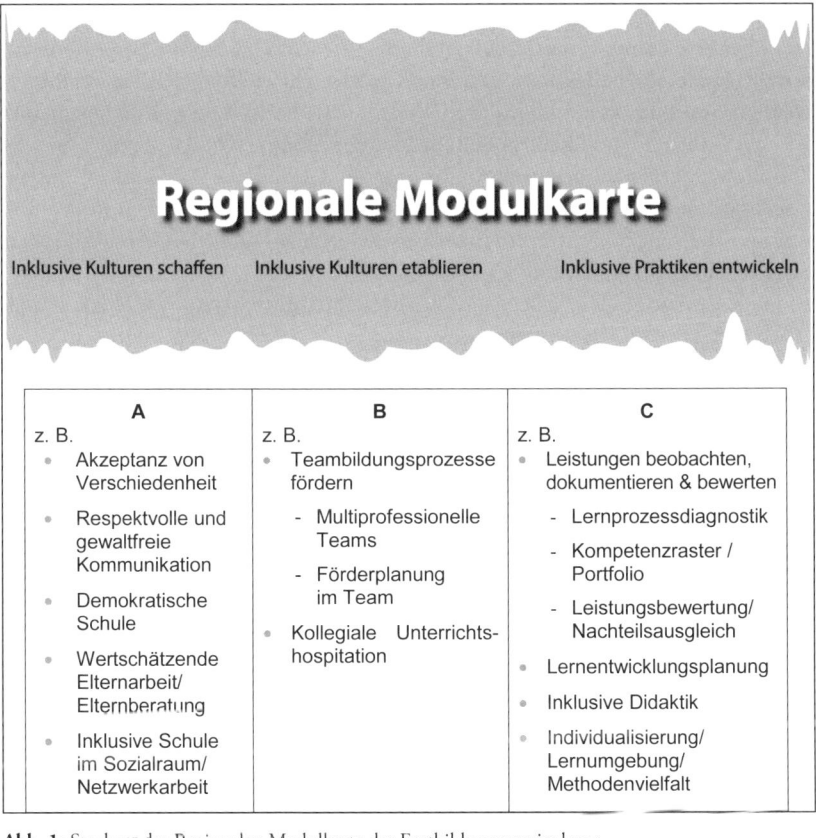

Abb. 1: Struktur der Regionalen Modulkarte des Fortbildungscurriculums

2 Perspektive der Beraterinnen

Im Mai 2013 führte die Schulbegleiterin Petra Gutsche die Auftaktveranstaltung (Modul I) mit allen Kolleginnen und Kollegen des Primarstufenteils des Schulcampus Lehnin Grund- und Oberschule „Heinrich Julius Bruns" durch. Die Lehrkräfte in der Grundschule Lehnin zeigten Unsicherheiten, Berührungsängste und Sorgen zum Thema Inklusion, die in der Veranstaltung überwiegend offen angesprochen wurden: Werde ich den Anforderungen der Inklusion gerecht? Was bedeutet Inklusion für mich, meine Klasse und meine Schule? Wie soll ich gezielt auf behinderte Schülerinnen und Schüler eingehen, wenn ich dafür nicht ausgebildet bin? Muss ich das tun? Wie kann es mir gelingen, leistungsstarken, leistungsschwachen und Schüler*innen mit sonderpädagogischem Förderbedarf in meinem Unterricht gerecht zu werden? Wie soll ich die Schülerleistungen gerecht bewerten ohne Feststellungsverfahren? Wie kann ich auf die Sorgen von Eltern reagieren, die befürchten, dass ihre Kinder nicht mehr ausreichend gefördert werden? Sinkt durch die Inklusion der allgemeine Leistungsdurchschnitt meiner Klasse? Wo kann ich Hilfe und Unterstützung bekommen?

Um diesen Sorgen zu begegnen und Wege zur Lösung der Probleme zu finden, visualisiert sie die drei Dimensionen des Index und erarbeitet mit dem Kollegium, welche Erfahrungen, Konzepte, Angebote, Traditionen und Maßnahmen an ihrer Schule schon vorhanden sind:

- die Organisation des Ganztags und schulischen Aktivitäten, wie Exkursionen, Wandertage und Klassenfahrten;
- die Unterstützung der Kolleg*innen der ITBL bei Nachmittagsaktivitäten;
- die gegenseitige Nutzung von Räumen und Personal;
- der Förderunterricht während der Unterrichtszeit, aber auch die Förderung der Schüler*innen im Nachmittags-Bereich mit gemeinsam abgestimmten Förderplänen und Handlungsmustern;
- einheitliche Vorgehensweisen in der Elternarbeit.

Förderlich in dieser Phase ist die Teilnahme der Mitarbeiter*innen der Integrierten Tagesbetreuung Lehnin (ITBL). Es wäre hilfreich für den Prozess gewesen, wenn auch Kolleg*innen der Sekundarstufe I und Eltern an der Veranstaltung teilgenommen hätten.

Im Ergebnis dieser Erarbeitung zeigte sich eine deutlich spürbare Entspannung, die auch benannt wurde. Anschaulich wurde deutlich, dass die Schule auf dem Weg zur Inklusion nicht beim Punkt 0 startet, sondern bereits gut gerüstet ist. Es wurde deutlich, dass die Akzeptanz aller Schüler*innen in ihrer Einzigartigkeit und der willkommen heißende Umgang mit ihnen einerseits die größte Herausforderung und andererseits die Grundlage für die inklusive Schule sind. Die Umsetzung inklusiver Kulturen, Strukturen und Praktiken beginnt in Kopf und Herz mit der Einstellung, jedem/r Schüler*in dieselbe Chance zu geben.

Der Schulbegleiterin Petra Gutsche war in dieser Fortbildung besonders wichtig, den Lehrkräften Mut zu machen, sie zu ermuntern ihre Erfahrungen zu spiegeln, Fehler zu akzeptieren und regelmäßig Erfolge und auch Misserfolge zu evaluieren. Gemeinsam legten sie einen ersten Entwicklungsschwerpunkt für das Schuljahr fest.

Im Ergebnis dieser Veranstaltung stieg die Motivation der Beteiligten. Die bewusste Auseinandersetzung mit dem Thema mit Hilfe des Index bildete eine gute Grundlage für die weitere Arbeit.

Im August 2013 kamen Britta Funda und Corinna Havenstein als neues Beraterinnen-Tandem an den Schulverbund „Heinrich Julius Bruns Lehnin". Mit Hilfe eines kleinen Arbeitsplans sollte Orientierung und Strukturierung in den weiteren Prozess gebracht werden. Die Schulleitung unterstützte dieses Vorgehen. Der Arbeitsplan orientierte sich am Indexprozess und dem Planungskreislauf von Schulentwicklung (vgl. Abb. 2). Durch die zeitliche Aufschlüsselung der Phasen war die große Aufgabe in überschaubare ‚Häppchen' portioniert und wurde auf mehrere Schultern verteilt. Dadurch verringerte sich die begründete Angst vor Überlastung und Überforderung.

Fortbildungsbedarf erfassen und Fortbildungskatalog erstellen
1. Fortbildungen besuchen
2. Inklusionsteam zusammenstellen (Steuergruppe bzw. Index-Team bilden)
3. Evaluation
4. Arbeit mit dem Index in der Steuergruppe bekannt machen bzw. weiterführen
5. Arbeit mit dem Index in den Teams und daraus Entwicklungsziele ableiten
6. Entwicklungsziele zusammenstellen und in den Kollegien diskutieren (Prioritätenliste)
7. Hauptziel ausmachen und Maßnahmen zur Umsetzung festlegen
8. Stand der Umsetzung der Maßnahmen feststellen
9. Evaluation

Beteiligte: Schulleitung, (Index-Team: Schulleitung Oberschule, Hortleiterin, Schulleitung Grundschule und interessierte Lehrkräfte), Inklusionsbeauftragte der Schule, Beraterinnen

---

Abb. 2: Fahrplan mit Entwicklungsschritten für die Arbeit in den Pilotschulen im Schuljahr 2013/2014

Es fand eine erste Beratung mit dem Schulleiter der Grund- und Oberschule, der Primarstufenleiterin und einer Sonderpädagogin statt. Von der Idee, eine weitere Veranstaltung zum Index für Inklusion durchzuführen, waren die Anwesenden zunächst nicht sehr begeistert. Durch eine Vielzahl von Fortbildungsangeboten und Publikationen war eine gewisse Übersättigung durch Überstrapazieren des Begriffes ‚Index‘ zu verzeichnen.

Die Beraterinnen schlugen allerdings vor, mit der Indexarbeit fortzufahren und zunächst ein Index-Team zu bilden. Mit diesem Team sollte zunächst in einer Veranstaltung mit dem Index gearbeitet werden. Zum Index-Team gehörten der Schulleiter der Schule, die Primarstufenleiterin, zwei Sonderpädagog*innen, zwei Lehrerinnen der Jahrgangsstufe 3/4 und eine Vertreterin der Integrierten Tagesbetreuung Lehnin (ITBL). Bei der Einbeziehung von Eltern sowie Schüler*innen gab es seitens der Beraterinnen Unsicherheiten: Sie wollten zwar das vorhandene Potenzial verdeutlichen, aber auch die ‚Hauptbedenkenträger‘ zu Wort kommen lassen. Daher gab es zunächst ‚Berührungsängste‘ hinsichtlich eines großen Elternauditoriums.

Aus der Beobachtung und der bisherigen Erfahrung der Beraterinnen bei der Arbeit in Fortbildungen erschien eine Eingrenzung und Konzentration in der Arbeit mit dem Index notwendig. Einerseits, um die zeitlichen Ressourcen der Kolleg*innen nicht zu sehr zu belasten und zum anderen, um eine wesentliche Grundlage zu beleuchten. Außerdem konnte so die Arbeit mit dem Index effektiv auch zur Information aufbereitet werden, ohne die ‚Indexübersättigung‘ weiter zu verstärken. Die direkte Überleitung in eine produktive Arbeitsphase wurde so ermöglicht.

Im Zusammenhang mit der speziellen Struktur der Schule (Verbund von Grund- und Oberschule und enge Kooperation mit dem ITBL) erschien die Auseinandersetzung mit der Dimension B: „Inklusive Strukturen“ besonders gewinnbringend. Hiervon wurde wiederum der Bereich B2 „Unterstützung für Vielfalt organisieren“ ausgewählt, da hier nützliche und konkrete Handlungsspielräume angelegt sind. Die Auswahl der Indikatoren wurde dem Index-Team überlassen.

1. Vortrag mit Power Point Präsentation zum Umgang mit dem Index sowie Historie und Aufbau des Dokuments
2. Arbeitsblatt für die Abstimmung über die zu bearbeitenden Indikatoren für je zwei Kolleg*innen
3. Ampelabfrage auf Flipchart (rot = muss sehr dringend bearbeitet werden; gelb = muss weniger dringend bearbeitet werden; grün = zur Zeit nicht zu bearbeiten) sowie über Strichliste Bestimmung der Häufigkeit der verschiedenen Indikatoren
4. Formulierung von klaren Handlungszielen auf Grundlage der Indikatoren, spezifisch, messbar, attraktiv, realistisch und terminierbar formuliert
5. Abstimmung über das wichtigste Ziel der ermittelten Handlungsziele über Klebepunktabfrage
6. Handlungsplan bzw. Arbeitsplan zur Erreichung des Ziels

Abb. 3: Ablauf der Veranstaltung mit dem Index-Team

Am Ende der Veranstaltung konnte ein wesentliches Entwicklungsziel für die Schule herausgestellt werden. Es lautete: „Verbesserung der Zusammenarbeit und der Kommunikation mit den Erzieher/innen des ITBL." Aufgrund der Fragen der Leiterin des ITBL erschloss sich, dass sich hier ein Arbeitsfeld für die Beraterinnen auftat. Daraus ergab sich, dass eine nächste Veranstaltung mit den Erzieher*innen des ITBL durchzuführen war, die wenige Wochen später stattfand.

Wieder konnte beobachtet werden, dass es auch hier Berührungsängste gab hinsichtlich der Entwicklung in Richtung ‚Inklusion'. Wichtige Informationen zum Thema waren unbekannt und Befürchtungen prägten das Denken. Es schien, dass nun Herausforderungen an die Handelnden herangetragen würden, die nicht zu bewältigen wären.

Aufgrund der Arbeit mit dem Index wurde deutlich, dass viele Handlungsweisen, die auf Beachtung/Achtung von Heterogenität zielen, bereits gut in die Arbeit der Erzieher*innen integriert sind und zur alltäglichen Arbeit dazu gehören. Aufgrund der Selbstverständlichkeit im Handeln fehlte auch hier der Blick auf Vorhandenes und Erreichtes. Das Erleben von Erfolg und Anerkennung für die eigene Arbeit führte zur Motivation, sich dem Thema weiter zu nähern. So konnte festgestellt werden, dass die Erzieher*innen offen auf die Kinder in ihrer Vielfalt zugehen und für die verschiedenen sozialen Hintergründe Verständnis haben und im Umgang mit kindlichen Entwicklungsproblemen Wissen und Erfahrungen in die tägliche Arbeit einbringen. Allerdings war der positive Blick nach vorne dadurch verstellt, dass Entwicklungsfortschritte der Kinder häufig nicht genug gewürdigt wurden. Aus der Veranstaltung mit den Erzieher*innen ergaben sich ebenfalls einige Entwicklungsziele wie z.B.

- Informationen über den Förderschwerpunkt emotional-soziale Entwicklung, um im Umgang mit ‚schwierigen Kindern' im Freizeitbereich die Handlungskompetenzen zu erweitern,
- Verbesserung der Vernetzung mit dem Jugendamt und
- Information über die Handlungsspielräume des Jugendamtes.

Ein weiteres Ziel lautete „Verbesserung der Kommunikation und Zusammenarbeit mit den Kollegen der Schule". Hier trafen sich offenbar die Bedürfnisse der Beteiligten, dies wäre ohne die Arbeit mit dem Index nicht so effektiv und klar hervorgetreten und hat möglicherweise einen vorhandenen Konflikt sichtbar gemacht, der nun offensiv gelöst werden konnte.

Letztendlich führt die Arbeit mit dem Index dazu, dass sich eine einheitliche und klare Sprache zum Thema ‚Inklusion' herausbildet. Außerdem wird eine breite Information aller Beteiligten auf den unterschiedlichen Ebenen angeregt. Es ist wichtig, ausreichend Zeit zur Verfügung zu haben, um sich auf die Arbeit mit diesem Schulentwicklungsinstrument einzulassen. Das Hineinlesen in die Inhalte erfordert genaues und mehrfaches Studium des Index, da sich je nach Stand der Entwicklung immer neue Sichtweisen ergeben. Aufgrund der vielfältigen Angebote, die der Index bereithält, ist es möglich, alle an der Schule Beteiligten einzubeziehen. Durch Nutzung des Index für Inklusion für Tageseinrichtungen für Kinder (vgl. BOOTH, AINSCOW & KINGSTON 2006) lässt sich die Formulierung der Fragen so verändern, dass auch jüngere Kinder in diesem Prozess zu Wort kommen können. Was Kinder Erwachsenen voraushaben, ist die unbedingte Ehrlichkeit in der Auseinandersetzung mit den Anforderungen und eine bedingungslose Kritik. Das könnten Erwachsene in dieser Auseinandersetzung lernen. Viel zu schnell ist man bereit zu sagen: „Läuft alles. Gibt keine Probleme!"

Durch die Arbeit mit dem Index in einem längerem Prozess wird den Kolleg*innen deutlich, dass es sich bei Inklusion nicht um das Erfüllen zusätzlicher Aufgaben handelt, sondern um die Beleuchtung des Erreichten, verbunden mit der Weiterentwicklung nach dem Credo ‚es sollen alle berücksichtigt werden'. Auch die eigenen Bedürfnisse der Kolleg*innen spielen dabei eine wichtige Rolle. Beobachtungen an der Schule haben gezeigt, dass dieses Denken nicht von jetzt auf gleich erreicht werden kann. Doch werden Einzelschritte sichtbar. Die eigene Wahrnehmung verändert sich, und im Alltag nimmt man zunehmend Perspektivwechsel vor (z.B.: Wie barrierefrei ist eigentlich unsere Umwelt?). Der Veränderungsprozess ist nicht zeitlich einzugrenzen. Kontinuität in der Arbeit mit dem Index und die Würdigung des bereits Geleisteten (auch ‚von außen') wirkt produktiv und entwicklungsförderlich.

3 Perspektive der Schule

Die Grund- und Oberschule „Heinrich Julius Bruns" in Lehnin hat es sich, seit ihrer Gründung im Jahr 2011, zum Leitziel gemacht, eine Schule für alle Kinder der Region zu sein. An dieser Schule lernen 550 Schülerinnen und Schüler der Jahrgangsstufen 1 bis 10, es unterrichten 45 Lehrer*innen in 25 Klassen. Seit mehr als zehn Jahren werden die Mädchen und Jungen der Jahrgangsstufen 1 und 2 in der Flexiblen Eingangsphase unterrichtet. Die Schule ist eine Ganztagsschule im Grundschulbereich im verlässlichen, in den Jahrgangsstufen 7 und 8 verbindlichen und für die Jahrgangsstufen 9 und 10 im offenen Modell. Kooperationspartner für die Tagesbetreuung der Grundschulkinder ist die Integrierte Tagesbetreuung Lehnin (ITGL) mit neun Erzieherinnen.

Im Grundschulbereich wurde bereits vor der Gründung der Grund- und Oberschule im inklusiven Modellprojekt des Staatlichen Schulamtes Brandenburg an der Havel mitgewirkt. Im Zusammenhang mit der Neubildung der beiden Schulen (Grundschule „Willibald Alexis" und Oberschule „Bettina von Arnim") zu einer Grund- und Oberschule ergaben sich Veränderungen im Leitungsteam. So ist der Schulleiter der Oberschule nun Schulleiter der Grund- und Oberschule, neu ins Kollegium kamen die Stellvertretende Schulleiterin 2012 und die Primarstufenleiterin 2013 (verantwortlich für alle Belange der Primarstufe einschließlich der Arbeit im Pilotprojekt „Inklusive Grundschule").

Aufgrund dieser schulischen Umstrukturierung und der Konsolidierungsphase aller Beteiligten kam die Arbeit mit dem Index für Inklusion – trotz einer Auftaktveranstaltung – zunächst nicht in Gang. Hinzu kam, dass zeitgleich mit Beginn des Projektes die zuständigen Inklusionsberaterinnen der Schule ihre Tätigkeit aufgaben. Im Mai 2013 gelang es dann mit Unterstützung der neuen Inklusionsberaterin, den Index für Inklusion noch einmal den Lehrkräften und Erzieherinnen der Primarstufe sowie interessierten Lehrerinnen der Sekundarstufe I näher zu bringen. Mit Hilfe des Index wurde die Aufmerksamkeit auf das bereits Erreichte gelenkt. Es wurde abgeleitet, welche weiteren Wege eingeschlagen werden können oder an welcher Stelle noch weitergearbeitet werden kann. Mit Beginn des Schuljahres 2013/14 stellten sich wiederum zwei neue Beraterinnen für das Pilotprojekt „Inklusive Grundschule" an der Schule vor. Das sorgte zunächst für Skepsis bei den Beteiligten. Schnell wurde jedoch klar, dass die Schule bei ihnen ein offenes Ohr für deren Fragen und Probleme fand. Außerdem nahmen sie den Faden ihrer Vorgängerin auf. Sie hatten einen konkreten Zeitplan, klare Vorstellungen, was sie als Beraterinnen leisten können und verstanden es sehr gut, ihre Ideen zu vermitteln. Mit ihrer Unterstützung wurde ein Index-Team gegründet. Trotz anfänglicher Vorbehalte einiger Beteiligten erwies sich dieser Schritt als richtungsweisend. Hier gelang es den Beraterinnen sehr gut, den Beteiligten vor Augen zu führen, welche Schwerpunkte sie sich für die nächste Zeit setzen könnten:

Fortbildungskonzept, Möglichkeiten der gegenseitige Hospitation und die Optimierung der Zusammenarbeit zwischen Lehrkräften des Grundschulbereiches und den Erzieherinnen der Integrierten Tagesbetreuung. Für den letztgenannten Schwerpunkt gab es auch eine zusätzliche Fortbildung zum Index für Inklusion für die Erzieherinnen.

Die Schulleitung bewertet die Arbeit mit dem Index für Inklusion als eine Möglichkeit der Qualitätssicherung und -entwicklung von und für Schule. Für eine Grund- und Oberschule sowie Ganztagsschule mit integrierter Tagesbetreuung stellt sich in diesem Zusammenhang jedoch auch die Problematik, dass zum gegenwärtigen Zeitpunkt Inklusion nur in den Grundschulen als Pilotprojekt thematisiert und begleitet wird. Eine Fortführung in die Sekundarstufe ist unbedingt notwendig, dann wäre in einem nächsten Schritt die Arbeit mit dem Index auf den gesamten Campus auszuweiten.

Literatur

BOBAN, Ines & HINZ, Andreas (Hrsg.) (2003): Index für Inklusion. Lernen und Teilhabe in Schule der Vielfalt entwickeln. Halle: Martin-Luther-Universität. Online unter: http://www.eenet.org.uk/resources/docs/Index%20German.pdf

BOOTH, Tony, AINSCOW, Mel & KINGSTON, Denise (2006): Index für Inklusion (Tageseinrichtungen). Lernen, Partizipation und Spiel in der inklusiven Kindertageseinrichtung entwickeln. Frankfurt am Main: GEW. Online unter: http://www.eenet.org.uk/resources/docs/Index%20EY%20German2.pdf

MBJS (MINISTERIUM FÜR BILDUNG, JUGEND UND SPORT) (Hrsg.) (o.J.a): Pilotprojekt Inklusive Grundschule. Online unter: http://www.inklusion-brandenburg.de

MBJS (MINISTERIUM FÜR BILDUNG, JUGEND UND SPORT) (Hrsg.) (o.J.b): Pilotprojekt Inklusive Grundschule – wissenschaftliche Begleitung. Online unter: http://www.inklusion-brandenburg.de/108.html

LISUM (LANDESINSTITUT FÜR SCHULE UND MEDIEN BERLIN-BRANDENBURG) (Hrsg.) (2011): Quick –Guides für Inklusion. Teil 1 nach den „Quick-Guides to Inclusion" von Michael F. Giangreco. Ludwigsfelde: LISUM

LISUM (LANDESINSTITUT FÜR SCHULE UND MEDIEN BERLIN-BRANDENBURG) (Hrsg.) (2012a): Quick –Guides für Inklusion. Teil 2 nach den „Quick-Guides to Inclusion" von Michael F. Giangreco. Ludwigsfelde: LISUM

LISUM (LANDESINSTITUT FÜR SCHULE UND MEDIEN BERLIN-BRANDENBURG) (2012b): Fortbildungscurriculum zum Pilotprojekt „Inklusive Grundschule" in Brandenburg. Online unter: http://www.inklusion-brandenburg.de/fileadmin/daten/_Bilder_und_Dateien/PDFs/Curriculim_des_LISUM.pdf

Irene Gebhardt und Angela Gredler

Der Index für Inklusion als Basis für Vernetzung von Bildungseinrichtungen und die inklusive Entwicklung der Gemeinde

„Wir reden drüber und dann entstehen die Dinge.“

1 Einleitung

Was ist anders als anderswo, wenn ich in Wiener Neudorf aus der Straßenbahn aussteige? – diese Frage wird oft gestellt. Die Antwort: Auf den ersten Blick nichts. Wiener Neudorf ist eine Gemeinde wie viele andere am südlichen Stadtrand von Wien. „Und es ist doch anders!“, erklärt eine Kollegin, die kürzlich in den Ort gezogen ist. Dann erzählt sie vom ‚Willkommenssackerl‘, in dem unter den wichtigen Informationen auch der Inklusionsflyer zu finden ist, den vielfältigen Beiträgen zum Thema Inklusion in den Wiener Neudorfer Nachrichten, der Vielfalt der Besucher*innen bei Veranstaltungen und der Selbstverständlichkeit, mit der alle willkommen sind. „Man spürt, dass hier Vielfalt gelebt wird.“

Aufbauend auf viele einzelne inklusive Schätze wurde 2006 das Wiener Neudorfer Inklusionsprojekt mit dem Index für Inklusion als gemeinsame Grundlage gestartet. Grundhaltung statt Einzelinitiativen war das Ziel. Was sich in den Jahren verändert hat und welche Rolle der Index für Inklusion mit seinen inspirierenden Fragen dabei spielte und spielt, dazu wurden Menschen aus den Bildungseinrichtungen, der Gemeindepolitik und der Verwaltung befragt. Ihre Sichtweisen und Erfahrungen fließen in den folgenden Beitrag ein.

1.1 Das Wiener Neudorfer Inklusionsprojekt im Überblick

Das Wiener Neudorfer Inklusionsprojekt startete als Schulentwicklungs- und Vernetzungsprojekt der Bildungseinrichtungen gemeinsam mit der Gemeinde als Träger.

‚Inklusion für alle erlebbar machen‘, war eine der Visionen beim Projektstart. Dazu sollten Übergänge gemeinsam entwicklungsunterstützend gestaltet, Ressourcen gebündelt und einrichtungsübergreifend genutzt, die Teilhabe gestärkt sowie eine Kultur des Miteinanders und der Selbstevaluation auf Basis des Index für Inklusion aufgebaut werden. Ein Steuerteam, das Index-Team, mit Vertreter*innen aller Bildungseinrichtungen, der Eltern sowie der Gemeinde bildete sich, um den Prozess zu koordinieren. Es trifft sich bis heute regelmäßig.

Inklusion als wertebasierter, dialogischer Ansatz zur Bildungs- und Gesellschafts-entwicklung (vgl. BOOTH 2008) – dieses Verständnis wurde all die Jahre immer mehr mit Leben gefüllt. Heute ist das Projekt längst auf Gemeindeebene ange-kommen, Vereine, Einrichtungen sowie Bürger*innen Wiener Neudorfs sind in-volviert. Nun sind auch Gemeindepolitik und -verwaltung gefordert, ihre Arbeit an diesem Inklusionsverständnis zu messen. Institutionelle Weiterentwicklung nach inklusiven Werthaltungen kann nicht mehr ausschließlich das Thema der Schule bzw. der Bildungseinrichtungen sein, es bedeutet – Schritt für Schritt – in-klusive Organisationsentwicklung für alle. 2009 wurde das Projekt als Dekaden-projekt der UN-Dekade „Bildung für nachhaltige Entwicklung" ausgezeichnet – eine Anerkennung für das Geleistete und zugleich ein Auftrag für die Zukunft. Während der ersten drei Jahre wurde das Inklusionsprojekt im Rahmen einer for-mativen Evaluation wissenschaftlich begleitet (vgl. BRAUNSTEINER & GERMANY 2009a, 2009b, 2011). In den folgenden Jahren übernahmen Projektpartner*innen in internationalen Projekten und Besucher*innen aus dem In- und Ausland den Blick von außen. Vielseitige Kooperationsbeziehungen schärften darüber hinaus auch den eigenen Blick auf das Projekt.

1.2 Der Index und seine Stellung im Inklusionsprojekt

‚Können sich alle Menschen gleichermaßen willkommen fühlen?' – so lautet die Schlüsselfrage im Projekt. Sie umfasst das ganze Kontinuum an Bemühungen und Erfolgen. Schon die große Befragung der Wissenschaftlichen Begleitung zu Pro-jektbeginn – orientiert an den Indikatoren des Index – zeigte eine sehr hohe Zu-stimmung zum Indikator „Jeder fühlt sich willkommen" (BOBAN & HINZ 2003, 53). Auch Besucher*innen aus dem In- und Ausland heben dieses Willkommen fühlen immer wieder als ein ganz besonderes Merkmal hervor. Willkommen füh-len – das umfasst sehr viel: Ich fühle mich wahrgenommen, akzeptiert wie ich bin, freundlich empfangen, aufgenommen, ernst genommen, zur Teilhabe und Teilnahme, zum Teil sein eingeladen; mir wird Leistung zugetraut, Freude, Ver-trauen und Empathie entgegengebracht und ich bin eingeladen, dies auch für die Gemeinschaft zu entwickeln – im Denken, Handeln und Fühlen. Die Auseinan-dersetzung mit inklusiven Werten und ihrer Umsetzung im Alltag haben gleich zu Projektbeginn geholfen, das weite Feld an Bedeutungen des Willkommenheißens und Willkommenfühlens sichtbar zu machen.
Im Projekt wird mit allen Varianten des Index gearbeitet – dem schulischen Index (BOBAN & HINZ 2003), dem Index für Kindertagesstätten (BOOTH, AINSCOW & KINGSTON 2006) und dem kommunalen Index (MSJG 2011), mitunter auch mit der englischsprachigen Version, der „green edition" (BOOTH & AINSCOW 2011) – je nach Einsatzgebiet und Vorliebe. Am Projektbeginn fand eine intensive Ausein-andersetzung mit verschiedenen Teilen des Index statt, heute steht der Austausch zu den Fragen im Mittelpunkt. Der Dialog bringt viel an vertieftem Verständnis,

was mit Inklusion gemeint ist. ‚Das ist wie eine Tankstelle für mich!', ist immer wieder von Teamteilnehmer*innen zu hören.

Wie im übergreifenden Index-Team, wird auch in der Schule jede Konferenz mit einer Index-Frage begonnen. Zunächst wurde sie durch die Direktorin ausgewählt, mittlerweile sucht sie die gerade mit dem Protokollschreiben beauftragte Kollegin aus. Immer löst die Frage einen angeregten Meinungsaustausch, kleinere oder größere Veränderungen aus. Das Besondere ist dabei, dass diese Veränderungen dann auch von allen gemeinsam vorbereitet und getragen werden. ‚Wir reden darüber und dann entstehen die Dinge.' Damit entwickelte sich die Schule zu *einem* Team; wurden die Fragen anfangs noch belächelt, sind sie mittlerweile allen wichtig. Ähnlich verhält es sich in der Musikschule. Auch hier beginnt jede Konferenz mit einer Frage, die, anschließend auf einem Flipchart platziert, zum allgemeinen Dialog für Schüler*innen und Eltern einlädt. Auf der Gemeinde lässt die für die Projekthomepage Verantwortliche regelmäßig Mitarbeiter*innen Fragen aussuchen, die dann auf der Gemeindehomepage als ‚Frage der Woche' zum Nachdenken und den Austausch mit anderen einladen (vgl. GEBHARDT 2013).

All diese Initiativen helfen, genauer hinzuschauen, hinzuhören, zu hinterfragen, das eigene Spektrum zu erweitern und nach und nach eine inklusive Haltung zu entwickeln. Entwicklungen passieren aus dem Dialog heraus – scheinbar zufällig –, sie betreffen jedoch immer ‚wunde Punkte' im System oder in der Haltung.

Manche Einrichtungen haben den Index ‚nur' im Regal stehen. ‚Die Zeit ist so knapp!', heißt es entschuldigend. Und dennoch: Sogar der Blick auf den Index im Regal wird als Bestärkung erlebt, den eingeschlagenen Weg weiter zu gehen und Barrieren für das Willkommen sein und fühlen gemeinsam Stück für Stück zu beseitigen.

2 Der Index als Basis für Vernetzung der Bildungseinrichtungen

> *„Die Vernetzung auf Wertebasis des Index hat zu einer Qualitätssteigerung in meiner Arbeit geführt und zur gegenseitigen Stärkung."*
> *(eine Kindergartenleiterin)*

Vernetzung und Netzwerkbildung gehören zu den Grundintentionen des Inklusionsprojekts. Sie sind Sprungbrett und Fangnetz zugleich im Rahmen inklusiver Entwicklung. Die Bildung des Index-Teams war der erste Schritt in der Vernetzung, darauf folgten die einrichtungsübergreifenden Arbeitsgruppen zur Gestaltung der Nahtstellen nach inklusiven Werthaltungen sowie diverse Kooperationsbeziehungen innerhalb und außerhalb der Gemeinde. Zum Netzwerk im weiteren Sinne gehören auch all die Besucher*innen, die im Laufe der Jahre den

Weg nach Wiener Neudorf gefunden haben. Sie alle waren und sind als kritische Freund*innen (‚critical friends') Impulsgeber*innen und Bestärker*innen auf dem inklusiven Weg, und da Energien in einem Netzwerk in alle Richtungen fließen, beruht diese Bereicherung erfahrungsgemäß auf Gegenseitigkeit.

2.1 Das Index-Team als Ausgangsort für inklusive Entwicklung

‚Die einzige Konstante im Universum ist Veränderung.' Dieser Spruch – er wird Heraklit von Ephesos zugeschrieben – hat auch für das Index-Team in vielerlei Hinsicht Gültigkeit. Das Index-Team wurde als Steuerteam für den Vernetzungsprozess gegründet. Gleichzeitig wirkte es als Stimulator für die Organisationsentwicklungsprozesse in den einzelnen Einrichtungen – in unterschiedlichem Ausmaß auch in Gemeindepolitik und -verwaltung. Es war und ist Ideenlieferant, Initiator, großenteils auch Organisator und Koordinator von größeren und kleineren Initiativen, Projekten oder Kooperationsbeziehungen wie z.B.:

• von und an den Nahtstellen permanenten und anlassbezogenen, temporären Arbeitsgruppen,
• einrichtungsübergreifenden Seminaren zur gewaltfreien Kommunikation,
• der Fortführung des gemeinsamen Lernens mit dem Resultat des für alle Bürger*innen offenen Hochschullehrgangs für kommunale Bildung in Kooperation mit der Pädagogischen Hochschule Niederösterreich (vgl. PH NÖ 2008),
• dem Generationendialog zur Unterstützung und gegenseitigen Bereicherung in der Arbeit in den Bildungseinrichtungen (vgl. WIENER NEUDORFER INKLUSIONSPROJEKT O. J.),
• der Bläser- und Streicherklassen als Kooperationsprojekt zwischen Schule und Musikschule,
• dem ‚Fest der offenen Töpfe' zum Sichtbarmachen der vielfältigen Wurzeln der Bürger*innen (vgl. GEBHARDT 2013) oder
• der Gründung der ‚Windelrocker' als Treffpunkt für Eltern und ihre Babys zum Austausch und Einholen von Informationen zu relevanten Themen (vgl. WIENER NEUDORFER INKLUSIONSPROJEKT O. J.),
• der Auftaktveranstaltung zur Leitbildentwicklung „Wiener Neudorf 2030" (vgl. MSJG 2011),
• der Nachhaltigkeitskonferenz zum partizipativen Rück- und Ausblick nach drei Jahren Laufzeit sowie weiterer Zukunftskonferenzen im größeren und kleineren Rahmen (vgl. KRUSCHEL & HINZ 2015),
• der Ausrichtung von bzw. Teilnahme an EU-Projekten zur Standortbestimmung, Zukunftsorientierung sowie breiterer Vernetzung, wie dem Comenius-Regio-Projekt mit Bonn zur inklusiven Weiterentwicklung durch miteinander und voneinander Lernen (vgl. WIENER NEUDORFER INKLUSIONSPROJEKT O. J.), dem Comenius-network CODES zur Kooperation von Bildungseinrichtungen

mit Kommunen für nachhaltige Bildung) (vgl. PROJECT CODES 2011-2014) sowie E-Inclusion II, einem transnationalen Projekt im niedersächsischen Rahmenprogramm „Inklusion durch Enkulturation" (vgl. OSTERHOLZ-SCHMARMBECK CAMPUS 2014).

Das Inklusionsprojekt ist bis heute ein Projekt der Basis. Es ‚gehört' den Menschen, die im Ort leben und/oder arbeiten. Aus dieser Tatsache bezieht das Projekt einerseits seine Stärke – alle Menschen sind angesprochen teilzuhaben, niemand ausgeschlossen –, andererseits auch seine Herausforderungen, speziell seit sich das Projekt von den Bildungseinrichtungen auf die gesamte Gemeindeebene ausgeweitet hat.

Mitglieder der ersten Stunde waren Vertreter*innen der Bildungseinrichtungen (vornehmlich Entscheidungsträger*innen), die Elternvereinsobfrau der Schule und der Vizebürgermeister (zugleich Bezirksschulinspektor), der sich im Team durch den Gemeinderat für Bildung vertreten ließ. Sie alle hatten u.a. die Aufgabe, als Sprachrohr von und in ihre Einrichtungen zu wirken und so breite Teilhabe zu ermöglichen. Mit wachsender Sensibilität für den Begriff der Teilhabe wurden auch Eltern aus den Kindergärten und Horten ermutigt, Teammitglieder zu werden. Jede Einrichtung sollte durch eine Pädagog*in und einen Elternteil/ Erziehungsberechtigten vertreten sein. Das Team wuchs. Es waren selten alle Mitglieder in den Sitzungen anwesend, jedoch immer ausreichend viele, um den Prozess in Gang zu halten. Alle Teamarbeit war und ist ehrenamtlich und beruht auf gegenseitigem Vertrauen. Die Kraft und Freude, die von der Zusammenarbeit ausgehen und der Erfolg der gemeinsamen Arbeit sind seit vielen Jahren Motivation, Freizeit dafür zu investieren. Ist das Vertrauen jedoch erschüttert oder gebrochen, zeigt das auch Auswirkungen auf die Bereitschaft zur Mitarbeit im Index-Team. Dies zeigen jüngste Erfahrungen aus missglückter Kommunikation zwischen Gemeindepolitik sowie -verwaltung und Bildungseinrichtungen – eine Baustelle, die es zu bearbeiten gilt.

Eltern scheiden nach einigen Jahren aus, spätestens wenn ihre Kinder die Volksschule verlassen. Manche bleiben als Vereinsvertreter*innen oder Bürger*innen. Als Bürger*innen verlieren sie jedoch ihre Sprachrohrfunktion bzw. ist sie nur sehr beliebig wirksam. Dasselbe gilt für hinzukommende Eltern, die keine Vertretungsfunktion in den Bildungseinrichtungen haben. Seit der Ausweitung auf Gemeindeebene gibt es auch Vertreter*innen der Gemeindeverwaltung sowie der Gemeindepolitik im Team. Manche arbeiten nur punktuell mit, andere verlegten ihr Engagement auf die Mitwirkung in einer der Arbeitsgruppen. Der Zugang zu Inklusion und inklusiven Werthaltungen ist unterschiedlich.

Daraus stellen sich eine Reihe von Fragen: Welche Funktionen hat das derzeitige Index-Team? Als was sieht es sich? Ist es noch ein Steuerteam oder eher so etwas wie eine Plattform für die Organisation inklusiver Initiativen? Welche Funktionen soll es in Zukunft haben? Wie soll das Index-Team im Rahmen der Gemeinde verankert sein? Wie viele Teilnehmer*innen sind sinnvoll für die Organisation des Prozesses? Wer soll berechtigt sein, im Index-Team mitzuarbeiten? Wer nicht? (Achtung: Ausschluss!!!) Wie sieht eine möglichst unbürokratische und doch inklusive Lösung aus? Wie ist zu gewährleisten, dass auch Inklusion drin ist, wo Inklusion drauf steht? Nach acht Jahren Projektdauer stellt sich das Index-Team in einem moderierten Leitbildentwicklungsprozess all diesen Fragen. Wieder wird deutlich, dass Inklusion ein kontinuierlicher Prozess ist, der immer wieder das Innehalten und Reflektieren seiner inklusiven Qualität braucht.

2.2 Die Nahtstellen als Herausforderung für Vernetzung

Die für alle Beteiligten möglichst stressfreie, konstruktive und entwicklungsförderliche Gestaltung von Übergängen ist eine der wichtigsten Aufgaben des Projekts. Nahtstellen gibt es viele – in den persönlichen Biografien der Kinder und der Erwachsenen im direkten Umfeld, am Übergang von einer Bildungseinrichtung in die andere, am Übergang Bildungseinrichtung und Familie, Lernen und Freizeit etc.

‚Können sich alle willkommen fühlen?' ist auch hier wieder die leitende Frage, und die darauf folgende: ‚Was braucht es dazu?' Auf kultureller Ebene braucht es Sensibilität, Offenheit und Vertrauen. Auf struktureller Ebene bedarf es neben eines Forums für Vernetzung, Zeit und Raum auch der Erlaubnis verantwortlicher Stellen, seien es Erziehungsberechtigte oder Vorgesetzte. Auf der Praxisebene ist die Ausarbeitung und Umsetzung von Nahtstellenprojekten gefragt. Grundlage für das Gelingen sämtlicher Vernetzung in den drei Dimensionen des Index war und ist Vertrauen: das Vertrauen, dass trotz Zusammenarbeit jede Einrichtung in ihrem Bereich autonom bleibt, dass die Arbeit jeder Einrichtung (Kindergarten, Schule, Hort) gleich wertgeschätzt wird, dass der Datenschutz sowie die Privatsphäre gewahrt bleiben und dass den Kindern durch die Zusammenarbeit kein Nachteil in Form von ‚koordinierten' Vorurteilen erwächst, sondern der Vorteil einer kontinuierlichen Unterstützung wirksam wird.

An den Nahtstellen Kindergarten und Schule sowie Schule und Hort bildeten sich rasch übergreifende Arbeitsgruppen, teilweise auch mit Beteiligung der Eltern, die bis heute aktiv sind. Produkte sind u.a.

- das Bilderbuchkino und Lesepartnerschaften als gemeinsames, vielfältiges Auseinandersetzen mit Bilderbüchern zum vertraut Werden mit Schule und Schüler*innen sowie ihren (Lese-)Kompetenzen (vgl. Gebhardt 2013),
- Nahtstellengespräche als Angebot für alle Eltern der Schulanfänger*innen,
- gemeinsame pädagogische Konferenzen von Schule und Hort, bei denen neben organisatorischen Belangen auch Unterstützungsmöglichkeiten für einzelne Kinder und ihre Familien besprochen werden und deren Ergebnisse in Round-Table-Gespräche mit den Eltern (und Kindern) einfließen,

• gemeinsames Nutzen von Räumlichkeiten (z.b. beim Mittagstisch für die Ganztagsklassen) und Schulgarten und
• gegenseitige Unterstützung durch zeitliche Flexibilität, z.b. bei der Organisation der an den Unterricht anschließenden Lernateliers (Förderunterricht).

Der Generationendialog – in den Bildungseinrichtungen bestens etabliert – dehnt sein Tätigkeitsfeld nun auch auf die Unterstützung im familiären Umfeld aus (Lernunterstützung für das Kind sowie Unterstützung beim Erlernen der deutschen Sprache auch für die Mutter). Zwischen Bildungseinrichtungen und Vereinen gibt es traditionell eine gute Zusammenarbeit, um Kindern in Unterricht und Freizeit vielseitige Sportmöglichkeiten bieten zu können.

Die Nahtstelle Bildungseinrichtungen und Familie ist derzeit überall Schwerpunktthema. Der wertschätzende Umgang mit Eltern/Erziehungsberechtigten, die Kommunikation auf gleicher Augenhöhe, das Hinterfragen eigener Vermutungen, das aktive Zuhören und das aufmerksam Werden für dahinter liegende Bedürfnisse ist allen Bildungseinrichtungen ein besonderes Anliegen. Das gewonnene Vertrauen ist Nährboden für Offenheit und Teilhabe und kommt so wieder den Kindern zugute.

Eine besonders sensible Nahtstelle ist jene der Bildungseinrichtungen zur Gemeindeverwaltung und -politik. Hier treffen unterschiedliche Führungs- und Kommunikationskulturen aufeinander, die mitunter auch zu Missverständnissen führen.

3 Die inklusive Entwicklung der Gemeinde – Einblick und Ausblick

„Inklusion ist Lifestyle!"

Dieses Motto hat ein junger Horthelfer bei einer der Zukunftskonferenzen für Wiener Neudorf geprägt. Die Gemeinde Wiener Neudorf hat eine lange Tradition in der Unterstützung aller Bildungseinrichtungen zur Umsetzung einer zeitgemäßen, nicht aussondernden Pädagogik. Die über 60 örtlichen Vereine und die vielen Feste und Feiern tragen zu einem regen gesellschaftlichen Leben bei, Gemeinschaft und sozialer Zusammenhalt sind gelebte Werte. Initiativen des Inklusionsprojekts finden immer finanzielle und organisatorische Unterstützung – ob es sich dabei um die Einrichtung eines Hochschullehrgangs handelt oder um ein Fest. 2012 hat der Gemeinderat einstimmig beschlossen, die Gemeindepolitik nach inklusiven Werten auszurichten, so steht es in der Präambel zur Leitbildentwicklung. 80% der Bevölkerung erachtete Inklusion bei einer Umfrage als ‚sehr wichtig' bis ‚wichtig' für die Zukunft im Ort (vgl. SCHAFFNER 2012).

Und doch tun sich Politik wie Verwaltung in der inklusiven Entwicklung ungleich schwerer als die Bildungseinrichtungen. In der Politik fällt es der Opposition schwer, ein von der Gemeindeführung unterstütztes Projekt mitzutragen. Die Positionierungsbemühungen der beiden großen Parteien behindern eine sachliche Kommunikation. Zudem ist die Verwaltung streng hierarchisch gegliedert, Effektivität und Kontrolle sind leitende Werte, die Kommunikation erfolgt top-down. Dieser Führungsstil hat eine lange Tradition, das Zusammenführen mit inklusiven Werthaltungen in einer inklusiven Kultur braucht Zeit.

„Hat das Ziel, eine inklusive Kultur aufzubauen, bei allen einen hohen Stellenwert?" Diese Indexfrage ist eine Schlüsselfrage für die erfolgreiche Fortführung des Inklusionsprojekts. „In der Gemeindeverwaltung ist der Index noch nicht angekommen!", meint die Amtsleiterin im Interview. Aber sie ist überzeugt, dass sich die Stimmung und Grundhaltung, die sich aufgrund der Indexarbeit in den Bildungseinrichtungen entwickelt haben, auch auf die Verwaltung übertragen werden. „Das ist deutlich spürbar und regt an, sich ein Beispiel zu nehmen." Der Bürgermeister beobachtet „vermehrtes Nachdenken und Bewusstmachen von Werthaltungen". Er freut sich über das rege Engagement des monatlich stattfindenden Kinderparlaments und wünscht sich, dass „der Index auf Verwaltungsebene als Grundlage für die Vorbereitungen von Entscheidungen genutzt werden würde".

Der Vizebürgermeister spricht vom „Weg der kleinen Schritte". So finden z.B. die Abteilungsleitersitzungen der Verwaltung jetzt auch in den Außenstellen statt. „Dadurch konnte viel Vertrauen und Verständnis füreinander aufgebaut werden", stellt die Amtsleiterin fest. Fortbildung zur Persönlichkeitsentwicklung und zum Umgang mit Konflikten sowie die partizipative Entwicklung eines Leitfadens für das Agieren innerhalb der Verwaltung und nach außen sollen weitere Schritte ermöglichen. „Es braucht eine Generation für Veränderung", meint der Vizebürgermeister und wird damit Recht haben.

Für die nächste Zukunft ist die Errichtung eines Bildungscampus geplant. Das bestehende Bildungsangebot reicht nur bis zum Ende der vierten Stufe Grundschule und soll um eine inklusive Sekundarstufe erweitert werden. In Zusammenarbeit mit der Wirtschaft sind auch berufsbildende Angebote angedacht. Pädagog*innen, Schüler*innen, Vereine und Bürger*innen sollen in die Planungsarbeiten einbezogen werden, um den Campus zu einem Lern-, Lebens- und Begegnungsraum für den Ort werden zu lassen – ein weiterer Schritt, das Motto des Inklusionsprojekts mit Leben zu füllen.

Literatur

BOBAN, Ines & HINZ, Andreas (Hrsg.) (2003): Der Index für Inklusion. Lernen und Teilhabe in Schulen der Vielfalt entwickeln. Halle (Saale): Martin-Luther-Universität. Online unter: http://www.eenet.org.uk/resources/docs/Index%20German.pdf

BOOTH, Tony (2008): Eine internationale Perspektive auf inklusive Bildung: Werte für alle? In: HINZ, Andreas, KÖRNER, Ingrid & NIEHOFF, Ulrich (Hrsg.) (2008): Von der Integration zur Inklusion: Grundlagen – Perspektiven – Praxis. Marburg: Lebenshilfe, 53-73

BOOTH, Tony & AINSCOW, Mel (2011): Index for Inclusion. Developing learning and participation in schools. Bristol: CSIE

BOOTH, Tony, AINSCOW, Mel & KINGSTON, Denise (2006): Index für Inklusion (Kindertageseinrichtungen für Kinder) – Lernen, Partizipation und Spiel in der inklusiven Kindertageseinrichtung entwickeln. Frankfurt am Main: GEW. Auch online unter: http://www.eenet.org.uk/resources/docs/Index%20FY%20German2.pdf

BRAUNSTEINER, Maria-Luise & GERMANY, Stefan (2009a): Evaluation eines Schulentwicklungs- und Netzwerkbildungsprozesses in Wiener Neudorf (Österreich) von der Integration zur Inklusion. In: BÖRNER, Simone, GLINK, Andrea, JÄPELT, Birgit, SANDERS, Dietke & SASSE, Ada (Hrsg.): Integration im vierten Jahrzehnt. Bilanz und Perspektiven. Bad Heilbrunn: Klinkhardt, 13-16

BRAUNSTEINER, Maria-Luise & GERMANY, Stefan (2009b): Wiener Neudorf – Baden und zurück? Einblicke in ein Schulentwicklungs- und Vernetzungsprojekt. In: JERG, Jo, MERZ-ATALIK, Kerstin, THÜMMLER, Ramona & TIEMANN Heike (Hrsg.): Perspektiven auf Entgrenzung. Erfahrungen und Entwicklungsprozesse im Kontext von Inklusion und Integration. Bad Heilbrunn: Klinkhardt, 149- 156

BRAUNSTEINER, Maria-Luise & GERMANY, Stefan (2011): Wiener Neudorf und United Nations aus dem Blickwinkel des begleitenden ForscherInnenteams – ausgewählte Ergebnisse der Begleitforschung zum Projekt „INKLUSION – Vernetzung der Bildungseinrichtungen der Gemeinde Wiener Neudorf". In: FLIEGER, Petra & SCHÖNWIESE, Volker (Hrsg.): Inklusionsforschung im Lichte der UN-Konvention über die Rechte behinderter Menschen. Bad Heilbrunn: Klinkhardt, 177-196

GEBHARDT, Irene (2013): Inklusion ist Lifestyle. Der Index erobert eine Gemeinde. Ein Praxisbericht. In: Zeitschrift für Inklusion-online.net, 2-2013. Online unter: http://www.inklusion-online.net/index.php/inklusion-online/article/view/14/14 (Stand: 5.12.2014)

KRUSCHEL, Robert & HINZ, Andreas (Hrsg.) (2015): Zukunftsplanung als Schlüsselelement von Inklusion. Bad Heilbrunn: Klinkhardt

MSJG (MONTAG STIFTUNG JUGEND UND GESELLSCHAFT) (2009): Kommunaler Index für Inklusion – Vielfalt erkennen, wertschätzen und nutzen. Dokumentation eines Vorgängerprojektes. Online unter: http://www.montag-stiftungen.de/jugend-und-gesellschaft/projekte-jugend-gesellschaft/projektbereich-inklusion/inklusion-vor-ort2/praxishandbuch-ivo/projekt-ivo1.html (Stand: 5.12.2014)

MSJG (MONTAG STIFTUNG JUGEND UND GESELLSCHAFT) (Hrsg.) (2011): Inklusion vor Ort. Der kommunale Index für Inklusion – ein Praxishandbuch. Berlin: Deutscher Verein für öffentliche und private Fürsorge

WIENER NEUDORFER INKLUSIONSPROJEKT (o.J.) : WWW.WR-NEUDORF.AT/INKLUSION (Stand: 5.12.2014)

OSTERHOLZ-SCHARMBECK CAMPUS (2014): E-INCLUSION II. Online unter: HTTP://WWW.CAMPUS-OHZ.DE/INDEX.PHP/INKLUSION/PROJEKT-E-INCLUSION (Stand: 5.12.2014)

PH NÖ (PÄDAGOGISCHE HOCHSCHULE NIEDERÖSTERREICH) (2008): Hochschullehrgang Kommunale Bildung. Online unter: http:// inklusion.ph-noe.ac.at/index.php?id=272 (Stand: 5.12.2014)

PROJECT CODES (2011-2014): Schools and Communities – Working together on Sustainable Development. Online unter: http://www.comenius-codes.eu (Stand: 5.12.2014)

SCHAFFNER, Christian (2012): Frequenzerhebung. Wiener Neudorf: Unveröffentlichte Studie

Ines Boban

Erfahrungen von Kindern mit inklusiver Schulentwicklung auf der Basis des Index für Inklusion

Abb. 1: Vor dem Start zur Zeitreise zur Traumschule (Foto: Ines Boban)

„Der Traum von einer so guten Schule, in der sich jeder wohl fühlt, der kann Wirklichkeit werden,
– wenn wir unsere eigenen Vorstellungen ernst nehmen und sie in unser Leben hinein bringen,
– wenn alle ihre Vorstellungen von einer guten Schule beschreiben; dann merken wir, dass keiner mit seinen Gedanken allein ist und Schule gut findet und
– wenn wir über das, was uns an der Schule nicht gefällt und was wir gerne ändern wollen" sprechen (BOBAN u.a. 2012b, 3).
Das ist dann der Anfang einer neuen, besseren Schule – und zwar nicht nur im Traum. Ungefähr so haben wir es an den sieben Schulen, die sich vorgenommen haben, (immer bessere) Ganztagsschulen zu werden, begründet, warum wir – angeregt durch den Index für Inklusion – Teams bilden sollten, die aus sehr unter-

schiedlichen Akteur*innen bestehen. An drei Grundschulen und vier Schulen des Sekundarbereichs haben wir es von 2004 bis 2010 im Rahmen des IZBB-Projekts („Investitionsprogramm Zukunft Bildung und Betreuung" der damaligen Bundesregierung) ausprobiert (vgl. BOBAN u.a. 2012a, HINZ u.a. 2013, HANELT 2008). In einer Schule haben zum Beispiel einige ältere Schüler*innen ihre ,guten, sonnigen' und ihre ,nicht so guten, bewölkten' Erfahrungen und schließlich ihre ,sternenklaren Wünsche' zusammengestellt:

Abb. 2: Ideensammlung von Kindern für eine gute Schule (Boban u.a. 2012b, 6)

Kinder haben wichtige eigene Erfahrungen einzubringen: Sie sind es, die ihre Lernzeit in der Schule verbringen, und sie erleben in ihrem Alltag das, was die Erwachsenen für sie geplant haben. Kinder wissen ganz genau, was ihnen in der Schule gefällt und was nicht. Ihre Erfahrung mit der Schule und ihre Gedanken über das, was dort wie ist – das ist genau so ein Expertenwissen wie das Wissen und die Vorstellungen der Erwachsenen (vgl. auch HANELT 2012).

1 Verschiedene Akteur*innen als Expert*innen-Team für Veränderungen

Eigentlich ist es selbstverständlich, dass über eine wichtige Frage möglichst viele Expert*innen zusammen beraten, damit sie die beste Antwort finden können. Für die Verbesserung von Schule ist die Mitarbeit der Kinder also so wichtig wie die Mitarbeit verschiedenster Erwachsener. Die Gedanken und Ideen der Kinder sind von zentraler Bedeutung. Um eine Schule zu planen, die wirklich für alle gut ist, ist es wichtig, die Stimmen der Kinder ebenso anzuhören und wichtig zu nehmen wie die der Erwachsenen. In einem solchen demokratischen Prozess, der Kinder und Erwachsene mit ihren Bedürfnissen, Meinungen und Ideen wertschätzt, kann eine für alle gute Schule entstehen.

Abb. 3: Kinder und Erwachsene bei der Planung der Arbeit mit dem Index (Foto Ines Boban)

In einigen Schulen bilden Erwachsene und Kinder ein Team und treffen sich regelmäßig, um zu vereinbaren, welche Schritte sie unternehmen wollen, damit ihre Schule ‚immer besser' wird. Johann hat in seiner Grundschule eine Zeit lang in diesem Index-Team mitgemacht; er ist 12 Jahre alt, als er sich wie folgt erinnert und äußert:

„Es ist sehr wichtig, eine Schule gemeinsam mit Erwachsenen und Kindern zu planen. … Wenn mehrere Generationen in die Planung einer Schule einbezogen sind, ist das besser: Die Erwachsenen denken mehr über das nach, was man den Kindern beibrin-

gen will oder muss. Die Kinder denken eher darüber nach, was sie selbst lernen wollen. Die Erwachsenen können besser solche Überlegungen wie Geld oder Gesetze mit einbeziehen, bei den Kindern ist es fantasievoller, idealistischer. Das heißt, die Kinder bringen ihre Erfahrungen und Träume ein, und die Erwachsenen kümmern sich um die organisatorischen Dinge."

Es ist also für alle Beteiligten interessant herauszufinden, womit alle besonders zufrieden sind im jeweiligen Schulleben. Und genau so spannend ist es gemeinsam zu überlegen, was wie geändert werden soll und welche ‚Baustellen' die dringendsten sind, also Prioritäten für Veränderungen. Damit das gut funktioniert, ist es wichtig, dass alle zu Wort kommen können, dass jede*r anderen aufmerksam zuhört und offen ist für das, was andere sagen. Hierzu bieten Elemente aus dem Kooperativen Lernen (vgl. BOCHMANN & KRICHMANN 2006, JOHNSON, JOHNSON & HOLUBEK 2005) und aus der Zukunftsplanung (vgl. HINZ & KRUSCHEL 2013, BOBAN & HINZ 2015) Inspirationen für eine Choreographie eines konstruktiven Tanzes, wie der Nordstern zeigt:

Abb. 4: Ein Nordstern mit positiven Ideen für das nächste Schuljahr (Foto Ines Boban)

2 Ergänzungserfahrungen stärken

Das folgende Bild (Abb. 5) zeigt eine kleine Gruppe des Index-Teams bei der Beratung von Entwürfen für die Gestaltung der Flurwände. Gleichzeitig beschäftigen sich andere Mitglieder des Teams mit anderen ‚Baustellen', z.B. wie eine Schulzeitung gemacht werden könnte, wie mit den benachbarten Menschen im Seniorenheim ein gemeinsames ‚Mehrgenerationenhaus' entstehen und wie der neue Speiseraum schöner werden kann:

Abb. 5: Kinder und Erwachsene beim gemeinsamen Planen (Foto: Ines Boban)

Im Index für Inklusion gibt es sehr viele Fragen und also auch Fragebögen für Kinder, Eltern und Pädagog*innen. Sie sind *eine* Möglichkeit, wie die Stimmen aller Beteiligten zur Geltung kommen können. Für den Prozess der Schulentwicklung schlagen wir Verschiedenes vor, z.B. Zeitreisen, Zukunftswerkstätten, Aktionspläne und unterschiedliche Formen von Teamarbeit, um die Ideen aller Beteiligten zu sammeln und zusammenzubringen. Im Index-Team denken Erwachsene und Kinder gemeinsam nach und planen zusammen. Manchmal ist es sinnvoll, wenn die Kinder erst, z.B. in der Klasse oder bei einer Schüler*innenversammlung, nur unter sich nachdenken und miteinander reden, und sich erst dann mit den Erwachsenen zusammensetzen, um ihre Gedanken den anderen zu erklären. Es erweist sich in allen Schulen, dass es eine große Kunst ist, die vielen verschiedenen Bedürfnisse und Ideen zusammenzubringen und dann einen Weg zu finden, was genau und wie genau von wem genau getan wird.

Abb. 6: Gemeinsames Nachdenken im Index-Team – Felipe hat eine Idee (Foto Ines Boban)

Felipe hat in der Grundschulzeit im Index-Team daran mitgewirkt, die Schulsituation, die er schon als gut empfand, noch weiter zu verbessern. Er ist 12 Jahre alt, als er im Rückblick von seinen Erfahrungen spricht:

„Ich habe im Index-Team mitgearbeitet, weil ich in unserer Klasse als Botschafter ausgewählt wurde. Aus jeder Klasse waren zwei Kinder im Index-Team, einige Lehrerinnen, einige Eltern und der Architekt, der für den Ausbau der Schule zuständig war. Unsere Aufgabe war, bei der Planung des neuen Schulgebäudes mitzumachen und unsere Ideen und Vorschläge einzubringen. Diese Arbeit war für mich sehr wichtig. Ich habe das gerne gemacht und bin immer noch daran interessiert. Ich bin auch, als ich schon nicht mehr in der Schule war, zu einigen Treffen gegangen und habe als Ehemaliger mitgemacht."

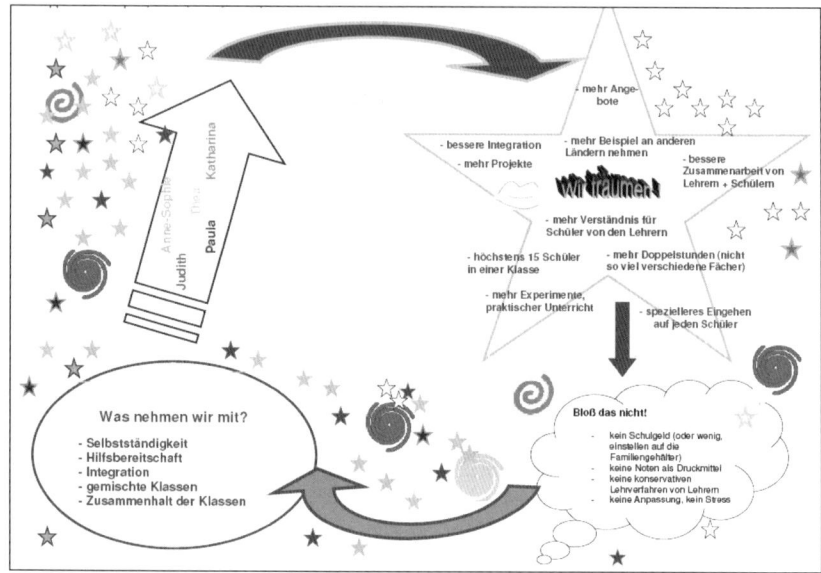

Abb. 7: Ideensammlung von Jugendlichen für die Gründung der Saaleschule in Halle (Unveröff. Skizze)

In einer Schule haben Schüler*innen, die ehemals an der integrativen Grundschule Maria-Montessori lernten und nun im achten, neunten und zehnten Schuljahr sind, über ihre Schulerfahrungen ,früher und jetzt' nachgedacht, um Ideen für die Neugründung einer inklusiven Schule einzubringen. Ihnen sind die folgenden Wünsche, Befürchtungen und wichtigste Ziele eingefallen:
Wir haben Schüler*innen gebeten, von ihren Erlebnissen zu erzählen. Viele Kinder, die in ihrer Schule bei der Entwicklungsplanung mitgemacht haben, sind davon begeistert und stolz auf das, was sie erreichen konnten. Paula (jetzt 16 Jahre alt) hat an der Planung ,für eine gute Zeit in der Sekundarstufe' mitgewirkt. Sie, Johann und Felipe (nun beide 12 Jahre alt) erzählen es so:

„*Wir hatten das Gefühl, als Schülerspezialisten anerkannt zu werden. Ich habe mich schon irgendwie ernst genommen gefühlt, sonst hätte mir das sicher nicht gefallen. Die Konzeptgruppe hat die Themen der Kinder bei ihrer Planung berücksichtigt, sie haben die zentralen Ideen und Forderungen der Kinder auch im Schulkonzept umgesetzt. Aber wir hatten das Gefühl, dass es auch einige Erwachsene gab, die nur praktisch und realistisch gedacht haben und die die Ideen der Kinder eher als Traum gesehen haben und nicht geglaubt haben, dass eine Schule so möglich ist.*"

Johann bestätigt dies so:

„Es war für uns schön, an einem Schulprogramm mitzuwirken und zu wissen, dass das, was wir sagen, ernst genommen wird und dass unsere Überlegungen wirklich in die Gestaltung der Schule einbezogen werden. Es war eine tolle Erfahrung, und es war nicht nur Arbeit, sondern es hat auch Spaß gemacht.“

Und Felipe ergänzt:

„Bei der Arbeit im Index-Team hatten wir Kinder das Gefühl, als gleichberechtigte Partner behandelt zu werden. In unserer Schule wird ja sowieso jeder so akzeptiert. Aber wenn man zusammen in so einer Gruppe arbeitet, lernt man die Lehrer doch persönlicher kennen, man fühlt sich eher wie ein Kumpel behandelt, man ist mehr auf einer Ebene. Das hat mir sehr gut gefallen. Auch ist es am Anfang komisch, wenn man als Kind vor den Erwachsenen redet, um die Ideen vorzustellen, man stellt sich die Frage: Ist das jetzt wirklich realistisch, was wir da erarbeitet haben? Aber dann ist es ganz einfach, alle hören einem zu und stellen Fragen, und am Ende hat man das Gefühl, dass man selbst etwas bewirken konnte. Ich habe dabei für mich selbst viel gelernt, und habe diese Arbeit in guter Erinnerung.“

Die dazu befragten erwachsenen Mitglieder der Index-Teams sind sich überaus einig, dass vor allem die Zusammenarbeit mit den Schüler*innen den richtigen Schwung in die Sache gebracht hat. Interessanterweise meinten sie immer, dass die je älteren Kinder es ‚natürlich‘ schon besser hinbekämen. Wir wissen aber aus eigener Erfahrung, dass auch sehr junge Menschen schon gern bei Zukunftsplanungen mitdenken.

Abb. 8: Miteinander planen – auch mit kleinen Kindern möglich (Foto Ines Boban)

3 Sich mit dem Index und miteinander vertraut machen

Am Anfang bildet sich die Gruppe, die sich für Veränderungen stark machen will. Sie plant die Treffen und entwickelt die Fragen, die dann an die ganze Schulgemeinschaft gestellt werden. Zu dieser Gruppe, die oft Index-Team genannt wird, gehören von Anfang an Kinder, damit die Veränderung der Schule zentral die Sichtweise der Schüler*innen berücksichtigt.

Abb. 9: Schüler, Lehrerin, Hort-Mitarbeiterin – alle im Index-Team (Foto Ines Boban)

Hier wird geklärt, was wer unter einer ‚guten Schule' versteht, die alle Kinder willkommen heißt und niemanden ausschließt. Der Index für Inklusion bietet dabei Merkmale (Indikatoren), die zeigen können, wo eine jeweilige Schule offen für alle ist und wo wer an ihr Dinge wahrnimmt, die das Lernen behindern können (Barrieren). Und es wird allen erklärt, dass das Ziel der Veränderung der Schule mit dem Index für Inklusion ist, die Hindernisse für die Teilhabe aller Kinder am Lernen aus dem Weg zu räumen. Und da man ja nicht alles auf einmal verändern kann, gilt es im Index-Team herauszufinden, welcher Punkt der Veränderung für die eigene Schule allen Beteiligten am Wichtigsten ist. Über das erste Treffen der Kindergruppe hierzu berichtet Johann:

„Anfangs haben wir uns gegenseitig erzählt, warum wir an der Schulplanung mitarbeiten wollen und was unsere schönste und unsere schlimmste Erfahrung in der Schule war. Dann haben wir in einer Gruppenarbeit Plakate gestaltet, auf die wir alles geschrieben haben, was wir von einer guten Schule erwarten und was es auf keinen

Fall in der neuen Schule geben soll. Diese Ideen haben wir dann ausgewertet und zu Themen zusammengefasst. "

4 Die eigene Schulwirklichkeit erkunden und Veränderungsvorhaben festlegen

Die Veränderung der Schule beginnt mit dem Austausch der Ideen für die gemeinsame Untersuchung, ‚wie es jetzt gerade ist – was rund läuft und wo es hakt.' Dazu hat die Montessorischule einen ‚pädagogischen Tag' veranstaltet, zu dem alle Menschen, die an der Schule beteiligt sind, eingeladen wurden. Hier wurden Fragebögen an alle Kinder, Lehrerinnen und Lehrer sowie Eltern verteilt, die im Index-Team ausgewertet wurden. Die Schulwirklichkeit wird aus verschiedenen Blickwinkeln betrachtet und gemeinsam reflektiert.

Abb. 10: Schüler beim Auswerten der Befragung (Foto Ines Boban)

Welche Rolle verschiedene Teile ihrer Schulwirklichkeit für sie gespielt haben, beschreibt Paula:

„Wir haben viele Ideen aus unserem Unterricht übernommen, die wir gut finden, z.B. dass es viel Freiarbeit geben soll, dass wir in altersgemischten Gruppen lernen wollen, dass wir integrative Klassen wollen. Wir wollten vor allem eine gute Schule. Deshalb haben wir uns gefragt, welche Erfahrungen aus unserer Schule wir gut finden und haben diese dann in unsere Schulplanung übernommen; was wir nicht so gut fanden, haben wir abgelehnt, kritisiert oder verändert. "

Der Index für Inklusion legt nahe, bestimmte Wertorientierungen für eine inklusive Schule zur Basis allen Handelns zu machen. Paula erklärt, was aus ihrer Sicht Inklusion bedeutet:

„Wir können uns heute gar nicht mehr vorstellen, dass vor hundert Jahren die Frauen dafür gekämpft haben, dass Mädchen in Jungsklassen gehen dürfen und studieren dürfen, das ist ja für uns heute normal. Wenn es ebenso normal wäre, dass Behinderte in jeder Schulklasse willkommen sind und ganz normal in die Klassen integriert wären, könnten sich die Schüler*innen vielleicht auch nicht mehr vorstellen, dass es einmal eine Zeit gab, wo das anders war."

Und Felipe ergänzt:

„An unserer Schule ist es selbstverständlich, dass Behinderte in die Klassen integriert werden. Man lernt, andere zu akzeptieren, die vielleicht nicht so schnell sind beim Lernen, oder etwas nicht verstehen, und man lernt, dass das nicht schlimm ist, sondern dass jeder in seinem Tempo lernen kann. In unserer Klasse war ein Junge mit Down-Syndrom, mit dem haben wir uns gut verstanden. Eigentlich haben wir nur Vorteile durch die Integration gehabt, denn die Einzelbetreuer der behinderten Kinder waren immer auch für uns andere da. Die Betreuer sind für uns sehr wichtig gewesen, die haben wir alle gerne gemocht, und da sie noch jünger sind als die Lehrerinnen, waren sie eher wie Freunde für uns. Wenn sie sich gerade nicht um das behinderte Kind kümmern mussten, haben sie mit uns Fußball gespielt oder Tischtennis, oder beim Lernen geholfen, oder einfach nur mit uns gequatscht. Davon hatten alle in der Klasse was. Durch die Integration habe ich gelernt, auf Schwächere Rücksicht zu nehmen und Andere zu akzeptieren und für Schwächere einzustehen."

3 Veränderungen umsetzen

Im Aktionsplan dieser Schule hatten auch immer Kinder ‚den Hut' für die Realisierung von Neuerungen auf. In der Rubrik ‚wer ist verantwortlich' stehen die Namen eines Kindes und einer erwachsenen Person. Auch wenn durch ‚das neue Schulprogramm' nicht gleich alles anders werden kann, ist es wichtig, auch die kleinen Fortschritte wahrzunehmen und zu dokumentieren, um weiter an der Veränderung für eine ‚gute Schule' zu arbeiten. Felipe beschreibt es so:

„Wir Kinder haben hauptsächlich Ideen zur Gestaltung des Schulhofs eingebracht. Wir haben unsere Wünsche, welche Spielgeräte wir zum Spielen haben wollen, vorgetragen und haben dazu auch die anderen Mitschüler befragt. Wir Kinder wissen na-

türlich besser als die Erwachsenen, womit wir am liebsten spielen, deshalb haben wir für den Schulhof die meisten Ideen gehabt. Wir waren bei unseren Wünschen sehr realistisch, wir wussten ja, dass das dann auch wirklich gebaut werden soll und haben uns hauptsächlich Dinge gewünscht, die man auch wirklich machen kann. Das Meiste, was wir geplant haben, ist dann auch gebaut worden, z.B. das Klettergerüst im Hof. Wir hatten aber auch Wünsche, die nicht berücksichtigt werden konnten. Wir hätten gerne Tiere auf dem Schulhof gehabt. Da haben uns die Erwachsenen überzeugt, dass das nicht möglich ist, denn wer sollte die Tiere in den Ferien und an den Wochenenden versorgen? Das haben wir eingesehen, auch wenn es wirklich schön gewesen wäre. Wir hatten ja schon gedacht, als wir das vorgeschlagen haben, dass das wahrscheinlich nicht realistisch sein wird. Ein anderer Bereich, in dem unsere Vorschläge berücksichtigt wurden, sind die Flure. Wir wollten helle, freundliche Flure, in denen auch Tische und Stühle stehen, an denen einzelne Kinder arbeiten können, und wir wollten, dass man in den Fluren Bilder aufhängen darf. Da wurden dann Magnetleisten angebracht, damit man immer wieder neue Bilder aufhängen kann."

Paula ergänzt aus ihrer Erfahrung mit verschiedenen Schulen:

„Wir haben uns unseren Unterricht mit ganz vielen Projekten, Ausflügen, Selbstbestimmung von Unterrichtsinhalten und Stundenplan, und fächerübergreifendem Unterricht vorgestellt. Wir haben uns Unterricht in Doppelstunden gewünscht, weil man da besser arbeiten kann. Wir haben uns Freiarbeit innerhalb der einzelnen Fächer gewünscht, damit die Fachlehrer uns beraten können. Daran, dass man den Kindern zumindest teilweise vorschreibt, woran sie arbeiten sollen, darin sehe ich eigentlich kein Problem, denn das wird uns ja auch im Berufsleben so gehen, dass wir an Dingen arbeiten müssen, die wir uns nicht selbst gewählt haben. Ich finde es nicht schlimm, unterschiedliche Schulfächer vorgeschrieben zu bekommen, aber ich möchte gerne innerhalb der Fächer mit entscheiden, was ich lernen will und vor allem, wie ich mir das Wissen aneignen will."

4 Das gemeinsam Geschaffte feiern und überdenken

Es ist ratsam, immer mal wieder inne zu halten und gemeinsam zu überlegen, was warum wie dabei geholfen hat, das Lernen und das Zusammenleben in der Schule zu verbessern. Meist wird dabei zugleich klar, was nun verändert werden sollte – der gemeinsame Veränderungsweg beginnt von vorn. Denn auch wenn eine Veränderung die Schule für alle besser gemacht hat, gibt es immer neue Ideen zur Verbesserung: Eine wirklich gute Schule hört nie auf, sich zu verändern, so das Credo des Index für Inklusion. Das nebenstehende Foto zeigt Menschen in Wiener Neudorf, die für dieses Feiern und Überdenken des Erreichten zu einer

Nachhaltigkeitskonferenz eingeladen haben und nun Entwürfe für weitere Ent-wicklungsschritte miteinander aushandeln (vgl. GEBHARDT & GREDLER in diesem Band).

Abb. 11: Generationenübergreifendes Nachdenken über den bisherigen Weg (Foto Ines Boban)

Johann erinnert aus seiner Zeit im Index-Team:

„Was uns an unserem eigenen Schulalltag konkret stört, haben wir kritisiert und bes-sere Vorschläge gemacht. Die jüngeren Kinder haben die dreckigen Toiletten kritisiert. Den größeren war es ganz wichtig, dass es keine Hausaufgaben gibt. Wir wollen in der Schule lernen und arbeiten, und wenn wir nach Hause gehen, wollen wir richtig frei haben und nicht auch noch an die Schule denken müssen."

Was uns sehr erstaunt hat, ist die Erfahrung, dass es so viele ‚Baustellen' gibt, aber die Art des Unterrichts, also potentielle Barrieren dort, eher selten in den Blick kommt. Erst nach einer ganzen Weile anderer bearbeiteter Prioritäten fingen hier und da Index-Teams an, Veränderungen für den Unterricht selbst zu überlegen und anzuregen. Paula betont weitere Möglichkeitsräume und Felder der Verän-derung von Schule:

„Wir wollen nicht ständig Notendruck haben. Lernen soll Freude machen und nicht aus Druck geschehen. Wir wollen in einer Schule ohne Noten lernen, mit Wortbeur-teilungen und Schüler- und Elterngespräche als Bewertung. Andererseits haben wir

uns überlegt, wie wir dann zum Abitur oder zur mittleren Reife doch einen gültigen Abschluss mit Noten haben, und haben vorgeschlagen, dass es am Ende der 10. Klasse für alle eine Prüfung geben soll. "

Johann hat andere Ideen zur Veränderung des Unterrichts:

„Wir haben aber auch ganz Neues erfunden, zum Beispiel den Waldunterricht, in dem die Klasse in den Wald geht und dort die Natur untersucht und erforscht und in der die Fragen, was wir lernen wollen, dann von alleine kommen. Wir haben das so gedacht, dass es jede Woche oder jeden Monat einen Tag gibt, wo man ein Thema hat. Da geht man in die Natur, in den Wald, an einen See oder Fluss und lernt dort durch das, was man erlebt. Das ist einerseits ein Traum, weil das jetzt noch nirgends so gemacht wird – jedenfalls haben wir das selbst nie in der Schule erlebt. Andererseits war das für unsere Gruppe eine konkrete Vorstellung, eine realistische Idee, denn es würde bestimmt gut funktionieren, wenn man es einfach mal machen würde. Man könnte den Biologieunterricht im Wald machen und den Geografieunterricht im Steinbruch, und Geschichte in einer Burg oder man geht zu Leuten und befragt sie, wie das Leben früher war. "

Solche Gedanken gilt es bedeutsam werden zu lassen – dafür lohnt es sich, Ideen für gleichwürdige Kooperationsprozesse zu ‚erfinden'.

Abb. 12: Beratung der Kinder vor dem Index-Team (Foto Katrin Laufer)

5 Ermutigen, das bisher für unmöglich Gehaltene als möglich anzusehen

Nicht alles, was utopisch scheint, ist es bzw. muss es bleiben. Dennoch tasten sich viele Menschen nur mit Vorsicht an bedeutsame Veränderungen des Bestehenden heran. Auch Paula ist sich nicht ganz sicher, was wann wie wirklich verändert werden könnte:

„Wir haben uns auch ein paar spaßige Sachen überlegt, die eher Traumsachen sind, z.b. dass die Lehrer alle fünf Jahre von den Schülern geprüft werden sollen, ob sie in der Lage sind, gut zu unterrichten. Wenn sie nicht gut sind, sollen sie dann eine Fortbildung machen. Wir haben uns das zwar realistisch vorgestellt, denn das wäre ja wirklich eine gute Idee, aber wir haben nicht daran geglaubt, dass das dann wirklich mal verwirklicht würde. Bei der Vorstellung der Lehrerprüfung haben wir sehr gelacht, denn in der Schule, so wie sie jetzt ist, ist das nicht wirklich vorstellbar, das würde ja das ganze Schüler-Lehrer-Verhältnis verändern! Es wäre aber gut, denn dann wäre das Verhältnis gleichberechtigter.“

Tatsächlich funktioniert das exakt so in Indien in den Kinderparlamenten der Abendschulen in Rajasthan (GEO-REPORTAGE 2004) – warum also sollte es nicht auch bei uns denkbar werden? Es gibt viele Gründe aktiv zu werden und miteinander den Schulalltag zu gestalten, so betont Felipe:

„An meiner jetzigen Schule ist das Verhältnis zwischen den Kindern viel rücksichtsloser. Wer schlecht ist in Sport oder nicht so klug, oder wer nicht die richtigen Klamotten anhat, wird schnell ausgegrenzt und geärgert. Ich habe inzwischen gelernt, mich davon nicht stören zu lassen, ich höre halt nicht hin. Wenn jemand gehänselt oder geärgert wird, weil er nicht gut ist in Sport oder nicht besonders klug, dann stehe ich zu ihm. Und weil ich selbst anerkannt bin, wird er dann eher in Ruhe gelassen. Da hätte ein behindertes Kind keine Chance, es würde nicht akzeptiert und würde ständig gehänselt. Um an dieser Schule behinderte Kinder zu integrieren, müsste man Vieles ändern, aber wenn alle dazu bereit wären, dann wäre es sicher möglich.“

Offenbar gibt es viel zu tun – am besten gemeinsam mit allen Akteur*innen.

Literatur

BOBAN, Ines & HINZ, Andreas (Hrsg.) (2003): Index für Inklusion. Lernen und Teilhabe in Schulen der Vielfalt entwickeln. Halle (Saale): Martin-Luther-Universität. Auch online unter: http://www.eenet.org.uk/index_inclusion/ Index%20German.pdf

BOBAN, Ines & HINZ, Andreas (2015): Zukunftsplanung in Schulentwicklungsprozessen. In: KRUSCHEL, Robert & HINZ, Andreas (Hrsg.): Zukunftsplanung als Schlüsselelement von Inklusion. Praxis und Theorie personenzentrierter Planung. Bad Heilbrunn: Klinkhardt, 153-164

Boban, Ines, Hinz, Andreas, Gille, Nicola, Kirzeder, Andrea, Laufer, Katrin & Trescher, Edith (2012a): Schulentwicklung mit dem Index für Inklusion. In: Kultusministerium des Landes Sachsen-Anhalt (Hrsg.): Handbuch Selbstevaluation für Schulen in Sachsen-Anhalt. Magdeburg: Selbstverlag. Online unter: http://www.bildung-lsa.de/files/b129a678127808049ca7fa69b-8332fa2/Teil_2_TP_I_Handbuch_Index_End_end.pdf.

Boban, Ines & Hinz, Andreas mit Gille, Nicola, Kirzeder, Andrea, Laufer, Katrin & Trescher, Edith (2012b): SchülerInnen verändern ihre Schule – gemeinsam mit anderen und mit dem Index für Inklusion. In: Kultusministerium des Landes Sachsen-Anhalt (Hrsg.): Handbuch Selbstevaluation für Schulen in Sachsen-Anhalt. Magdeburg: Selbstverlag. Online unter: http://www.bildung-lsa.de/files/7c6c85efbc54068de271044b2e2a2c32/Teil_3_TPI_Handbuch_Index_kinder.pdf.

Bochmann, Reinhard & Krichmann, Ruth (2006): Kooperatives Lernen in der Grundschule. Zusammen arbeiten – Aktive Kinder lernen mehr. Essen: Neue Deutsche Schule

Geo-Reportage (2004): Das Kinderparlament von Rajasthan. 360° Reportage. Strasbourg: ARTE. Hinweis online unter: http://www.geo.de/GEO/geo-tv/das-kinderparlament-von-rajasthan-2474.html

Hanelt, Katrin (2008): Partizipation von Schülern in der Schulentwicklungsarbeit. Subjektive Wahrnehmungen der Beteiligungsmöglichkeiten von Schülern in einem Schulentwicklungsprojekt mit Hilfe des Index für Inklusion. Unveröff. Magisterarbeit. Halle (Saale): Universität

Hanelt, Katrin (2012): Schülerinnen und Schüler beteiligen – warum und wie? PraxisWissen Schulleitung 64.12. AL 29

Hinz, Andreas, Boban, Ines, Gille, Nicola, Kirzeder, Andrea, Laufer, Katrin & Trescher, Edith (2013): Entwicklung der Ganztagsschule auf der Basis des Index für Inklusion. Bericht zur Umsetzung des Investitionsprogramms „Zukunft Bildung und Betreuung" im Land Sachsen-Anhalt. Bad Heilbrunn: Klinkhardt

Hinz, Andreas & Kruschel, Robert (2013): Bürgerzentrierte Planungsprozesse in Unterstützerkreisen. Praxishandbuch Zukunftsfeste. Düsseldorf: selbstbestimmtes leben

Johnson, David W., Johnson, Roger T. & Holubek, Edythe (2005): Kooperatives Lernen – Kooperative Schule. Mühlheim: Verlag an der Ruhr

4 Der Index für Inklusion als Basis für Qualifizierung und Unterstützung

Barbara Brokamp

Externe Prozessbegleitung mit dem Index für Inklusion – wie lernt man das?

Viele Bildungseinrichtungen machen sich ganz bewusst auf den Weg: Sie überlassen es nicht dem Zufall, wie sie sich weiterentwickeln, sie haben Ideen und Vorstellungen davon, welcher Leitidee (vgl. PLATTE 2012, 141ff) sie folgen möchten. Immer mehr Schulen und Kitas orientieren sich an inklusiven Werten, fühlen sich *allen* Kindern gegenüber verpflichtet und möchten ihre Entwicklungsbereiche danach ausrichten.

Viele Gründe sprechen dafür, sich als System in diesem Prozess begleiten zu lassen. Es ist wichtig, dass es wirklich um die Sache und den Prozess geht und keine anderen Interessen – wie persönliche Vorteile o.Ä. – einzelner Personen oder Personengruppen dabei eine Rolle spielen oder gar in den Vordergrund rücken. Oft fällt es einzelnen Akteur*innen leichter, sich einzubringen, wenn Externe moderieren, weil diese unabhängig von ‚Rollen und Funktionen' und evtl. bestehenden Abhängigkeiten im System agieren können.

Warum Prozessbegleitung?

Ein inklusiv angelegter Prozess sollte von möglichst vielen/allen gestaltet werden. Dabei kann eine externe Moderation sehr hilfreich sein: Vorhaben können dann für alle realistischer geplant und die konkreten Maßnahmen auch von allen umgesetzt werden.

Jede Institution hat ihre eigene Geschichte, die zu bestimmten Verhaltensmustern führt, die im Laufe der Zeit nicht mehr hinterfragt werden. Sie haben sich bewährt, irgendwann verselbstständigt und sind teilweise für neue Mitarbeiter*innen und Teammitglieder nicht immer nachvollziehbar. Diese Verhaltensmuster können sich als Stolpersteine oder Barrieren auswirken – für einzelne Mitglieder oder für das ganze System. Es geht um Kommunikation, Regeln, Rituale („Das haben wir noch nie so gemacht"), die von externen Begleiter*innen ohne persönliche Beziehung zu dem System wesentlich leichter in Frage gestellt werden können. Dieses ‚Infragestellen' wird dann häufig auch leichter angenommen.

In dieser anderen – neuen – Sichtweise liegt eine große Chance: Externe geben durch ihr Handeln ein Feedback, wodurch während der Prozessentwicklung neue Ressourcen und Möglichkeiten entdeckt und freigesetzt werden können, die ohne fremde Hilfe möglicherweise nicht zum Tragen kommen würden. Je komplexer ein Veränderungsprozess ist, desto anspruchsvoller und vielfältiger werden die Erwartungen an die Akteur*innen im System. Dies alles im Blick zu behalten, ist Aufgabe professioneller Begleiter*innen.

Externe Prozessbegleiter*innen haben in der Regel viele Erfahrungen in unterschiedlichen Organisationen sammeln können und kennen typische ‚Fallen' und ‚blinde Flecken' in Systemen. Sie handeln nicht aktionistisch und achten darauf, das ‚Ganze' im Blick zu haben. Sie können für Kontinuität und Realismus sorgen – dabei nehmen sie unterschiedliche Rollen während der Begleitung wahr: Sie moderieren, befragen und beraten, bringen Expertise und Know-how ein, sie können Konflikte schlichten und zu einer guten Kommunikationskultur beitragen. Sie werden jedoch nie stellvertretend für die Institution Lösungen entwickeln und deren Umsetzung übernehmen. Ein System ist für sich selbst verantwortlich.

Besondere Anforderungen an inklusive Begleitung

Wenn eine Bildungseinrichtung sich auf den Weg macht, an inklusiven Werten orientiert zu arbeiten und ihr System zu verändern, geht es um eine Umgestaltung oder Neugestaltung in allen drei Bereichen: Kulturen, Strukturen und Praktiken. Hier bewährt sich seit Jahren der Index für Inklusion (vgl. BOOTH & AINSCOW 2002, 2011, BOBAN & HINZ 2003). Unabhängig davon, mit welcher konkreten Herausforderung sie startet, immer sind mehrere oder sogar alle Bereiche betroffen: Sie werden mit Hilfe der Fragen durch eine inklusive Brille betrachtet und es wird daran gearbeitet, einen inklusiven Boden zu entwickeln, der überall Früchte trägt und einen Referenzrahmen bietet, in dem sich jedes Detail immer widerspiegeln kann.

Prozessbegleiter*innen tragen dazu bei, auf Grundlage systemischen Wissens und einer entsprechenden inklusiven Haltung in einer Einrichtung zu wirken. Glaubwürdig und annehmbar sind sie nur, wenn sie diese Haltung in ihrer Rolle als Prozessbegleiter*innen auch leben und in ihrer Person integrieren. Idealerweise verkörpern sie selbst inklusive Werte (vgl. BOOTH & AINSCOW 2011, BOOTH 2012): Sie bieten allen Akteur*innen in einer Einrichtung eine aktive, gewollte Teilhabe. Sie gehen wertschätzend mit sich und den Beteiligten um, sie akzeptieren und respektieren unterschiedliche Sichtweisen, sie arbeiten ressourcenorientiert und sorgen für Nachhaltigkeit. Sie teilen ihre Expertise in den Bereichen Organisationsentwicklung und systemischen Denkens. Sie machen Mut und motivieren, bleiben dabei selbstkritisch, sind sich der Widersprüche in unserer Gesellschaft und der daraus resultierenden großen Herausforderungen und Anstrengungen bewusst. Sie leben ein Muster vor, zum Beispiel in Fragen der Kooperation mit ihrem/r Begleit-Partner*in (Tandem). Sie haben ein großes Know-how in Moderationsmethoden, die diesem Anliegen gerecht werden. Und selbstverständlich kennen sie die Arbeit mit dem Index für Inklusion und wissen um die Bedeutung der Fragen (vgl. BROKAMP 2011, 237) und des Dialogs.

Die Qualifizierung für Begleitung mit dem Index für Inklusion

Diese Anforderungen an Prozessbegleitung sind sehr komplex. Da der Bedarf an solcher Prozessbegleitung in Schulen und Kindertagesstätten sehr groß ist, hat sich die Montag Stiftung Jugend und Gesellschaft 2008 entschieden, eine Qualifizierungsmaßnahme zu entwickeln, die sich diesen Ansprüchen annähert. Dabei wurde die Fortbildung im Laufe der Zeit immer weiter verändert: Die jeweiligen Teilnehmer*innen haben durch viele Hinweise und Feedbacks, durch Berichte aus ihrer Praxis und aus anderen Zusammenhängen viele wertvolle Hinweise gegeben, um diese Maßnahmen grundlegend und gut weiter entwickeln zu können. Im Kern besteht die Qualifizierungsmaßnahme aktuell aus neun Modulen, die hier im Folgenden kurz benannt werden

Modul 0:	Einführung und Grundlagen
Modul 1:	Meine Rolle als Prozessbegleiter*in klären und stärken
Modul 2:	Einen Begleitprozess einer inklusiven Organisationsentwicklung anlegen und beginnen:
Modul 3:	Haltung zeigen – einen Standpunkt einnehmen und Flexibilität zulassen

Modul 4:	Vielfältige Perspektiven (oft als Widerstände wahrgenommen) in der Begleitung inklusiver Entwicklungsprozesse ernst nehmen
Modul 5:	Der Index für Inklusion: auf die Haltung kommt es an!
Modul 6:	Rolle und Funktion von Steuerungsstrukturen in inklusiven Entwicklungsprozessen
Modul 7:	Systemische Beratung inklusiv gestalten:
Modul 8:	Eine Prozessbegleitung inklusiver Organisationsentwicklung beenden

Grundlagen der Fortbildung

Die Fortbildung ist geprägt durch zentrale Qualitätskriterien, die sich in der Entwicklung und Weiterentwicklung des Konzepts herausgebildet haben:

1. Heterogenität und Vielfalt

Die Gruppe der Teilnehmer*innen ist heterogen zusammengesetzt. Die Erfahrung, dass z.B. Erzieher*innen und Lehrer*innen gemeinsam an der Entwicklung einer Bildungseinrichtung arbeiten, führt zu einem größeren Verständnis füreinander und für die jeweilige Arbeitssituation und Sichtweise. Genauso wertvoll ist es, immer wieder Teilnehmer*innen aus anderen Berufsgruppen dabei zu haben: Musiker*innen, Journalist*innen, Psycholog*innen, Selbstständige aus den Bereichen Organisationsentwicklung und Beratung, Verwaltungsmitarbeiter*innen, Fortbildner*innen, Trainer*innen und Führungskräfte freier Träger etc. Jede Feedbackrunde mit so einer Vielfalt wird als besonders bereichernd empfunden und kann nicht hoch genug schätzt werden. Dabei geht es nicht nur um das Kennenlernen des jeweils anderen Berufs oder Arbeitsfeldes, sondern vor allem darum, sich gegenseitig in seinem Feld und seiner Rolle (!) wertschätzen zu lernen und eine gemeinsame Verantwortungsübernahme zu entwickeln.

2. Verantwortungsübernahme für das eigene Lernen und Offenheit für Wirkungsrückmeldungen

Diese Verantwortungsübernahme gilt auch für das eigene Lernen. Es gibt viele Angebote, Übungen und Trainingseinheiten, die es ermöglichen, immer wieder die eigene Wirkung zu erproben und sich ein Feedback von anderen Teilnehmer*innen zu holen. Das wird als sehr gute Vorbereitung auf die spätere Praxis als Prozessbegleiter*in erlebt.

3. Reflektieren auf verschiedenen Ebenen

Prozessbegleitung zeichnet eine besondere Komplexität aus: Begleiter*innen handeln und reflektieren gleichzeitig. Dieses Handeln auf verschiedenen Ebenen, dieses Springen von der einen zur anderen Ebene, dieses Betrachten und Durchbrechen von Kreisläufen sowie das Einbringen von neuen Denkmustern können nur im ständigen Austausch mit anderen wirklich reflektiert und geübt werden. Deswegen sind die vielen Reflexionsmomente so wichtig.

4. Der Index für Inklusion – die Bedeutung der Fragen

Eine wesentliche Rolle spielt naturgemäß der Index für Inklusion: In jedem Modul wird nach unterschiedlichen Methoden mit den Fragen gearbeitet, in der Regel von Teilnehmenden vorbereitet. Fragen aus allen Varianten des Index für Inklusion (für Schulen, Kommunen und Kindertagesstätten) werden hierbei genutzt, auch die Weiterentwicklung neuer Fragen für andere Kontexte spielt eine Rolle. Wesentlich sind die Wirkungen der Fragen auf die eigene Person. Die Fragen sind nur wirksam, wenn die Haltung der Fragenden und Befragten offen, vertrauensvoll und wertschätzend ist. Immer wieder werden Kommunikationsanlässe (z. B. auch in Form von Rollenspielen) geschaffen, die auch auf spätere Prozessbegleitung übertragen werden können.

5. Inklusives Handeln der Trainer*innen

Trainer*innen und Prozessbegleiter*innen orientieren sich an einem Leitbild, das sich durch inklusive Werte auszeichnet. Sie tragen dazu bei, diese dort genannten Werte auf ihr Alltagshandeln zu übertragen. Die von den Kolleg*innen entwickelten Leitsätze werden im Sommer 2015 veröffentlicht.

6. Entwicklungsoffenes Konzept der Fortbildung

Trainer*innen und Teilnehmende sind mitverantwortlich für die Weiterentwicklung der Qualifikation. Ihre Erfahrungen und Meinungen sind gewünscht. Prozessbegleiter*innen erproben ihre Wirkung in konkreten Prozessen und koppeln auch diese Erfahrungen zurück. Das Handlungsspektrum erweitert sich auf neue Aspekte und Praxisfelder, da Systeme nicht im luftleeren Raum schweben. So ist insbesondere die Anbindung an Kommunen eine wesentliche Erweiterung der Begleitkompetenz.

7. Vernetzung als Basis der Weiterentwicklung

Sowohl die Trainer*innen als auch die teilnehmenden Prozessbegleiter*innen vernetzen sich in verschiedenen Formen. Regelmäßige Austauschforen sowie kollegiale Beratungen sind selbstverständlich. Immer wieder finden sich für die Begleitungen neue ‚Tandems‘, das Voneinander-Lernen sowie die Passung zum anfragenden System erfordern offene Zusammenarbeit.

8. Kooperation mit kommunalen und anderen Fortbildungsanbietern

Die nachhaltige Wirkung hängt wesentlich von gleichberechtigter, ernst gemeinter Kooperation ab. Angebote anderer Anbieter bieten viele Anknüpfungspunkte – gewünscht ist langfristig eine Verantwortungsübernahme für Prozessbegleitungen in inklusiven Zusammenhängen von öffentlichen Trägern, z. B. staatlichen Lehrerfortbildungsinstituten, KiTa-Trägern usw.

9. Verbindliche Dokumentationen als wichtiger Bestandteil der Entwicklung

Dokumentiert werden Geschichten und Handlungen, die über Prozesse und Wirkungen auf unterschiedlichen Ebenen Aussagen machen können.

10. Erhöhung von Verantwortungsübernahme, Anstreben von Regionalisierungen und Autonomie/ Selbstständigkeit

Die Gestaltung der Begleitung vor Ort kann nicht zentral gesteuert werden. Sowohl regionale Besonderheiten als auch ein geringerer zeitlicher Aufwand für Reflexion und Absprachen, gemeinsame Planung und Begleitung konkret erfordern eine Dezentralisierung und schließlich eine Verantwortungsübernahme für die Qualität der Prozesse in den Regionen.

Denkanstöße aus unseren Erfahrungen

Aus mehreren Auswertungs- und Feedbackrunden sowie einzelnen Rückmeldungen wird deutlich, dass die Qualifizierung von den Teilnehmer*innen als sehr wirksam bewertet wird, und das auf mehreren Ebenen (vgl. MSJG 2011, 25-27, 37). Diese Erkenntnisse sind auch auf andere Begleitprozesse übertragbar:

Ebene ‚ich mit mir‘: sich kennenlernen und entwickeln wollen

Auf der Ebene ‚ich mit mir‘ gibt die Fortbildung viele Anlässe, sich selbst unter unterschiedlichen Aspekten zu reflektieren, das betrifft sowohl die Prozessbegleiter*innen als auch die Akteur*innen individuell in den Bildungseinrichtungen.

Es geht um die Auseinandersetzung mit eigenen Vorurteilen und eigenem Schubladendenken. Sich hierfür immer wieder Zeit zu nehmen und sich ein eigenes Tempo zu erlauben, wird als sehr wertvoll erachtet. Daraus entwickelt sich das Bedürfnis nach Achtsamkeit und dem sensiblen Umgang mit der eigenen Sprache. Die Erfahrung des lustvollen Lernens, der Drang und die Neugier auf mehr, sich selber besser kennenzulernen und die eigene Wirkung zu erproben sowie die Reflexion der eigenen Rolle in unterschiedlichen Kontexten schärfen das eigene Profil. Dabei geben immer wieder die Auseinandersetzungen mit Indexfragen wichtige Impulse.

Ebene ‚ich mit dir‘: unsere Zusammenarbeit als Muster nehmen

Neben der genannten Reflexion ist hier die Zusammenarbeit des Moderator*innen- oder Begleit-Couples wichtig. Sie spüren die Bedeutsamkeit ihres gemeinsamen Wirkens in die Einrichtungen hinein, erfahren Konfliktmöglichkeiten und die notwendige Kooperation und – als ein wichtiges Thema – die Konkurrenz. Nicht selten werden in internen Fortbildungen oder Entwicklungstagen genau solche Konflikte ausgetragen.

Ebene ‚wir‘: ein System entwickeln – Verantwortung übernehmen

Prozessbegleiter*innen erleben sich als lernende Organisation, haben sich gemeinsam auf eine Leitidee verständigt und fühlen sich verantwortlich für die Weiterentwicklung. Analog begleiten sie die Entwicklung von Systemen vor Ort: Sie erkennen, dass gerade die Vielfalt der unterschiedlichen Akteur*innen und die unterschiedlichen Perspektiven der Motor der Entwicklung sind – sichtbar gemacht durch die Auseinandersetzung mit den Fragen aus dem Index. Bildungseinrichtungen erfahren den ‚Reichtum‘ ihrer Mitarbeiter*innen.

Etliche Bildungseinrichtungen wünschen zunächst nur eine Einführung in die Arbeit mit dem Index – um sich dann Zeit zu nehmen, als ganzer Mitarbeiter*innenstab zu entscheiden, ob ihnen die Arbeit mit dem Index und die Begleitung durch die Moderator*innen aktuell sinnvoll erscheint.

Die Rolle von Strukturen für den Erfolg der Prozessentwicklung vor Ort ist ein wichtiges Thema für die Teilnehmenden. Selten wird die Rolle von Steuerungsgruppen so differenziert betrachtet. Ein sehr sorgsamer Umgang mit dem Thema ist erforderlich, denn unverbindliche Strukturen lassen Projekte oder Entwicklungsvorhaben in (Bildungs-)Einrichtungen oft im Sande verlaufen. Teilweise werden sie dann nicht als einmalig gescheitertes Projekt, sondern als gescheiterte Inklusion ausgewertet; dann ist es mühselig, wieder einen neuen Anknüpfungspunkt zu finden.

Nicht zu unterschätzen ist die Bedeutung einer angenehmen Atmosphäre, die sich sowohl in den Räumlichkeiten als auch in der Verpflegung und der Gestaltung der Zeiten „dazwischen" niederschlägt. Der geschützte Rahmen, den die Fortbildung mit einer gleichbleibenden, kontinuierlichen Gruppe bietet, ist für die Öffnung der eigenen Person und die Entwicklung von Vertrauen sehr bedeutsam. Solch eine Atmosphäre – ein WIR-Gefühl – herzustellen, kann auch für Schulen und Kitas sehr wertvoll sein.

Ebene ‚wir und wir‘: Vernetzen und kooperieren – nachhaltig!

Immer deutlicher wird der Kontext der Kommune für Bildungseinrichtungen und damit die Notwendigkeit, sich sowohl ‚kommunale Kenntnisse‘ als auch

Vernetzungs-Know-how anzueignen. Die Erfahrung zeigt, dass es sehr viel Sinn macht, bei den Fragen auch Aspekte ‚über den Tellerrand hinaus' einzubeziehen. Sowohl als Trainer*in, Prozessbegleiter*in oder Teilnehmer*in bietet diese Offenheit immer wieder neue Perspektiven und damit auch Ansätze und Möglichkeiten zum Bewältigen oft größerer Herausforderungen als auch kleiner Schritte. Hervorragend lassen sich die Fragen des Index in nahezu allen Kontexten und auf verschiedenen Ebenen anwenden.

Das Wissen und ihre Erfahrungen aus der Fortbildung und aus konkreten Begleiterfahrungen übertragen Prozessbegleiter*innen auch auf andere Bereiche und Settings. Sehr groß ist der Wunsch nach der Beibehaltung der Vernetzung bzw. der Möglichkeit, sich nach Beendigung der Qualifizierung weiterhin auszutauschen. Für die Gestaltung des Qualifizierung- Projekts insgesamt ist es überaus relevant, dass diese Kontinuität der Reflexion und des Vernetzens gepflegt wird, gerade auch unter den unterschiedlichen Durchgängen der Fortbildung (bisher sechs). Nur so ist gewährleistet, dass sich immer wieder neue Tandems bilden, Junge von Erfahrenen lernen können und Erfahrene die Chance haben, sich von den Jungen immer wieder hinterfragen zu lassen.

Ebene ‚alle': Zusammenhänge sichtbar machen und entsprechend handeln

Hier geht es um globale Zusammenhänge. In der Qualifizierung wird die gesellschaftliche Bedeutung von Inklusion ständig betont. Letztlich verstehen sich alle Prozessgestalter*innen vor Ort als politisch handelnde Menschen. Sie wirken original an Demokratieentwicklung und dem Abbau von Diskriminierung, der Verwirklichung von Menschenrechten (vgl. Deutsche UNESCO Kommission 2014a, 2014b sowie andere Beiträge hier im Band) und Chancengerechtigkeit. Der Leitsatz von Tony BOOTH, dass (inklusive) Werte nur durch entsprechendes Handeln wirksam werden, ist dabei auf allen Ebenen orientierend.

Erfahrungen nachhaltig verstetigen!

In einigen Regionen und Zusammenhängen wurde das Qualifizierungskonzept in unterschiedlichen Formaten bereits durchgeführt. Ein dokumentiertes Beispiel ist das Projekt InPrax in Schleswig Holstein. Hier wurden flächendeckend Prozessbegleiter*innen fortgebildet und konnten erste Aussagen zur Wirksamkeit machen (vgl. HINZ & KRUSCHEL 2014).

Das Konzept der Qualifizierung soll im Frühjahr 2015 veröffentlicht werden, um damit viele inklusive Prozesse zu initiieren und zu einer nachhaltigen Gestaltung beizutragen. Dazu sind die Fortbildungsträger und -institute eingeladen, das Konzept in ihren Zusammenhängen zu realisieren.

Literatur

Boban, Ines & Hinz, Andreas (Hrsg.) (2003): Index für Inklusion. Lernen und Teilhabe in der Schule für alle entwickeln. Halle-Wittenberg: Martin-Luther-Universität. Online unter: http://www.eenet.org.uk/resources/docs/Index%20German.pdf

Booth, Tony & Ainscow, Mel (2011): Index for Inclusion. Developing Learning and Participation in Schools (third, substantially revised and expanded edition). Bristol: CSIE

Booth, Tony (2012): Der aktuelle „Index for Inclusion" in dritter Auflage. In: Reich, Kersten (Hrsg.): Inklusion und Bildungsgerechtigkeit. Standards und Regeln zur Umsetzung einer inklusiven Schule. Weinheim/Basel: Beltz, 180-203

Brokamp, Barbara (2011): Ein kommunaler Index für Inklusion – oder: Wie können sinnvoll kommunale inklusive Entwicklungsprozesse unterstützt werden? In: Flieger, Petra & Schönwiese, Volker (Hrsg.): Menschenrechte – Integration – Inklusion. Berichte und aktuelle Diskussionen aus der Forschung. Bad Heilbrunn: Klinkhardt, 237-244

Deutsche UNESCO-Kommission e.V. (2014a): Bonner Erklärung zur Inklusiven Bildung in Deutschland. Online unter: http://www.unesco.de/gipfel_inklusion_erklaerung.html

Deutsche UNESCO-Kommission e. V. (2014b): Hintergrundpapiere zum Workshop „Gesellschaftliche Bedeutung Inklusiver Bildung. Strategien zur Stärkung des gesellschaftlichen und politischen Bewusstseins für Inklusion" und „Inklusion braucht Vernetzung". Online unter: http://www.unesco.de/gipfel_inklusion_workshops.html

Hinz, Andreas & Kruschel, Robert (2014):Unterstützungssysteme für inklusive Schulentwicklung – ein Beispiel aus Schleswig Holstein. In: Huber, Stephan Gerhard (Hrsg.): Jahrbuch Schulleitung 2014. Köln: Wolters Kluwer, 284-298

MSJG (Montag Stiftung Jugend und Gesellschaft) (2011): Inklusion vor Ort. Der Kommunale Index für Inklusion – ein Praxishandbuch. Berlin: Eigenverlag des Deutschen Vereins

Platte, Andrea (2012): Inklusive Bildung als internationale Leitidee und pädagogische Herausforderung. In: Balz, Hans-Jürgen, Benz, Benjamin & Kuhlmann, Carola (Hrsg.) Soziale Inklusion. Grundlagen, Strategien und Projekte in der Sozialen Arbeit. Wiesbaden: Springer, 141-162

Robert Kruschel und Andreas Hinz

Der Index für Inklusion als Basismaterial für landesweite Unterstützung inklusiver Schulentwicklung

Auch unter dem Eindruck der bereits ratifizierten, abet noch nicht Kraft getretenen UN-Behindertenrechtskonvention startete im Jahr 2008 in einer der nördlichsten Regionen Deutschlands, dem Kreis Schleswig-Flensburg und der kreisfreien Stadt Flensburg, ein Projekt, in dem Schulen Unterstützung für ihre Entwicklung in Richtung Inklusion erhielten. Dafür war der Index für Inklusion eine wesentliche Grundlage. Im damaligen Projekt wurde ein Bedarf für externe, aber in der Region verankerten Prozessbegleiter*innen deutlich, deren Schwerpunkt in der externen Moderation der Entwicklungsprozesse liegen sollte. Aufgrund der damaligen Konstellation kam eine Qualifizierung von Lehrkräften für diese Aufgabe nicht zustande, daher unterstützten sich die Schulen der Region gegenseitig und gingen auch in Eigenregie nächste Schritte (vgl. Hinz & Jesumann 2010). Drei Jahre später wurde der Impuls dieses Projekts vom Ministerium für Bildung und Kultur Schleswig-Holstein aufgegriffen, um auf Grundlage der bis dato gesammelten Erfahrungen und nun auf der Ebene des Bundeslands ein Unterstützungssystem für inklusive Entwicklungen aufzubauen, um so einen Beitrag zur geforderten Umsetzung der UN-Behindertenrechtskonvention zu leisten.

1 InPrax – ein landesweites Unterstützungssystem für inklusive Schulentwicklungsprozesse in Schleswig-Holstein

Mit dem Projekt *Inklusion in der Praxis* (kurz: InPrax), das in Kooperation zwischen dem Ministerium für Bildung und Kultur und dem *Institut für Qualitätsentwicklung an Schulen Schleswig-Holstein* (IQSH) entstand, wurden von Seiten des Bundeslands Ressourcen zur Verfügung gestellt, um landesweit inklusive Entwicklungsprozesse in Bildungseinrichtungen zu unterstützen. Die Expert*innen der Montag Stiftung Jugend und Gesellschaft (MSJG) qualifizierten zu Beginn des Projekts in sieben Modulen über den Zeitraum eines halben Jahres Lehrer*innen (vgl. Brokamp 2012, 2015), die anschließend in je einem schulartübergreifenden Tandem mit Lehrkräften aus allgemeinen Schulen und Förderzentren den 16 Kreisen bzw. kreisfreien Städten des Bundeslandes zur Verfügung stehen sollten. Es zeigte sich, dass die angestrebte Verteilung aus verschiedensten Gründen nicht immer gewährleistet werden konnte und so in einigen Kreisen oder kreisfreien Städten nur ein*e Moderator*in zur Verfügung stand, während andere Regionen bis zu vier Prozessbegleiter*innen stellten. Charakteristisch für die Gruppe der Moderator*innen, die anfangs aus über 30 Lehrer*innen bestand, z.T. auch Schulleitungen und Kreisintegrationsfachberater*innen, ist ein breites, auf alle Heterogenitätsdimensionen bezogenes Verständnis von Inklusion, eine zum großen Teil langjährige Erfahrung in integrativen bzw. zunehmend inklusiven Situationen sowie eine hohe Motivation, die sich in der Hoffnung niederschlug, mit InPrax einen weiteren Schritt in der inklusiven Entwicklung des Bundeslandes gehen zu können (vgl. HINZ & KRUSCHEL 2013, 2014a, 2014b).

Nach zwei Jahren Projektstatus wurden die ehemaligen InPrax-Moderator*innen mit Beginn des Schuljahres 2014/15 an die *Beratungsstelle Inklusive Schule* (BIS) am IQSH angegliedert. So stehen die verbliebenen 14 Moderator*innen im Umfang von zwei vollen Planstellen und mit den gleichen Aufgaben auch zukünftig den Bildungseinrichtungen des Landes als abrufbare Unterstützung zur Verfügung. Diese vorhandene Kompetenz wird im vom Ministerium für Bildung und Wissenschaft im September 2014 veröffentlichten Inklusionskonzept aufgeführt, und es ist vorstellbar, dass sie beim Aufbau der angestrebten Zentren für Inklusive Bildung auch zukünftig von Bedeutung sein wird (vgl. SCHLESWIG-HOLSTEINISCHER LANDTAG 2014, 10).

Die Priorität in den Aufgaben der Moderator*innen besteht darin, interessierte Schulen bei der Planung und Durchführung inklusiver Schulentwicklungsprozesse entsprechend deren Bedarfen punktuell oder kontinuierlich zu begleiten. Darüber hinaus können sie

• die Schulöffentlichkeit über schulische Inklusion informieren,
• sich an der Entwicklung regionaler Konzepte zur Unterstützung inklusiver Schulen beteiligen,
• regionale Netzwerke koordinieren und moderieren,
• Fortbildungsangebote zu ausgewählten Themen durchführen,
• regionale Fach- und Netzwerktage zu Inklusion gestalten und
• an Veröffentlichungen wie z.B. Inklusionsbriefen mitarbeiten.

Im Rahmen der Qualifizierung durch die MSJG wurde den Moderator*innen die erste deutschsprachige Version des Index für Inklusion für Schulen (vgl. BOBAN & HINZ 2003) und die Möglichkeiten der Arbeit mit ihm als bewährtes Instrument vorgestellt und von ihnen praktisch erprobt. In der Konzeption des Projekts wird die Verwendung des Index nicht als verbindlich vorgegeben, aber als grundlegendes Material empfohlen.

2 Die Verwendung des Index aus Sicht der InPrax-Moderator*innen

Im Folgenden werden drei Perspektiven dargestellt: Zunächst geht es um das Ausmaß der Verwendung des Index, anschließend um deren Art und Weise und schließlich darum, welche Erfahrungen sie mit ihm machten. Die Datengrundlage dafür bilden Interviews, die die Wissenschaftliche Begleitung der Martin-Luther-Universität Halle-Wittenberg mit allen am Ende des Schuljahres 2013/14 im Projekt verbliebenen 21 Moderator*innen geführt hat. Die Auswertung der Trankskripte dieser Gespräche orientiert sich dabei an der inhaltlichen Strukturierung der Qualitativen Inhaltsanalyse nach MAYRING (2011, 98). Aussagen in Anführungszeichen sind wörtliche Zitate aus den Interviews, deren Quellenangabe auf die anonymisierten Interviews verweisen. Zudem wurde zugunsten besserer Lesbarkeit eine sprachliche Anpassung und Glättung der Aussagen vorgenommen, wobei darauf geachtet wurde, den Bedeutungsgehalt des Originals nicht zu verfälschen.

2.1 Der quantitative Aspekt der Verwendung

Aus einer quantitativen Perspektive heraus betrachtet lässt sich feststellen, dass zum Abschluss der Projektphase von InPrax alle befragten Moderator*innen im Laufe ihrer Tätigkeit mit verschiedenen Versionen des Index in Schulen gearbeitet haben – wobei starke Unterschiede in der Häufigkeit des Einsatzes des Index auszumachen sind. So gibt ein Moderationsteam übereinstimmend an, den Index nicht aktiv in Prozessen mit den Schulen, sondern ihn verknüpft mit bestimmten Fragen oder auch Indikatoren im Hinterkopf als ‚Gerüst' benutzt zu haben. Ein*e Tandempartner*in führt als Begründung für dieses zurückhaltende Vorgehen an, dass die anstehenden Fragestellungen an den begleiteten Schulen zu speziell bzw. die Erwartungen der Schulen bereits so ausdifferenziert waren, dass es „viel zu sehr ausufernd [gewesen wäre], wenn man dann nochmal den kompletten Index genommen und gesagt hätte, jetzt gucken wir da mal rein" (M-M-028). Eine solche Verwendung des Index im Hintergrund benennt nur dieses eine Moderationstandem. Alle anderen Moderator*innen benutzten den Index in den Begleitungsprozessen – gelegentlich oder kontinuierlich. Ein*e Moderator*in sagt, dass sie/er „den Index eigentlich immer mitgehabt hat" (M-K-022) und ein*e andere*r bezeichnet ihn als ein für sie/ihn selbstverständliches Instrument, denn nach ihrer/seiner Erfahrung waren es „in allen Schulentwicklungsprozessen die Fragen des Indexcs […], die immer wieder die Leute zum Arbeiten gebracht haben" (M-I-017).

2.2 Der qualitative Aspekt der Verwendung

Bezüglich der Art der Verwendung des Index lassen sich einige Typen benennen, wie der Index von den Moderator*innen vorrangig verwendet wurde:

• als Einstieg in kürzere oder längere Prozesse,
• als Möglichkeit der Vertiefung von Themen,
• als Vorbereitungsbasis innerhalb des Moderationstandems,
• als Instrument der Evaluation und der eigenständigen Weiterarbeit.

Häufig nutzten die Moderator*innen den Index im Rahmen von InPrax als Einstieg in Prozesse. So können „die Indexfragen oder die Indikatoren erst einmal genutzt werden, […] um ein bisschen zu sensibilisieren [und] aus einer anderen Perspektive noch mal zu gucken, was läuft gut und was läuft nicht gut" (M-F-013). Hier wird deutlich, dass sich die Indikatoren und Fragen aus dem Index verwenden lassen, um nicht nur gemeinsam nachzudenken, was mögliche erste Schritte sind, sondern auch während der Entwicklungsarbeit die gegenwärtige Situation der Schule evaluativ zu erfassen. Um einen Einstieg zu gestalten, halten es die Moderator*innen nicht unbedingt für nötig, einer Schule das gesamte Instrument zu präsentieren. Vielmehr gingen sie häufig so vor, dass sie im Vorhinein Fragen auswählen, die zur Thematik passten oder sie stellten eine Auswahl von Fragen vor, aus der die Schulgemeinschaften wiederum eine oder einige wenige mit Perspektive auf eine mögliche Relevanz für die nahe Zukunft auswählten. So ist es dann auch möglich, dass eine zu Beginn eines Prozesses gewählte Frage über einen längeren Zeitraum bearbeitet wird. Zum Beispiel berichtet ein*e Moderator*in aus der Arbeit in einem Arbeitskreis, wo es „im Grunde auch eine Indexfrage gewesen [ist], die uns sehr lang verfolgt hat. Da ging es um den Übergang der Schüler in die anderen Schulen und wie alle in diesem Prozess zusammenarbeiten" (M-D-008). An diesem Beispiel wird deutlich, wie eine zum Beginn des Prozesses gewählte Frage angesichts anstehender Themen vielschichtige längerfristige Entwicklungen nach sich ziehen kann und so die Auseinandersetzung damit befördert. Andererseits nutzten die InPrax Moderator*innen den Index auch im Verlauf von Prozessen, indem sie z.B. Index-Fragen im Rahmen eines World-Cafés stellten (vgl. M-H-016). In diesen Fällen war „der Index der Inhalt, und daran wurden die Methoden dann ausgebaut" (M-H-017). Die Moderator*innen konnten in solchen Momenten beobachten „wie die [Menschen] durch die Fragen ins Nachdenken gekommen sind, ob das, was sie da gerade machen, eigentlich das Richtige ist" (M-H-017). Der Index hat hier also offenbar Menschen mit seinen Fragen dazu angeregt, grundsätzlichere Überlegungen über ihre Institution und ihr Handeln anzustellen. Ein*e andere*r Moderator*in ist beeindruckt, wie „intensiv man daran arbeiten kann, was da alles dann auch zu Tage kommt und was für Ideen da kommen. Das war schon immer auch überraschend und hat dann auch Spaß gemacht. Und da hat man auch gemerkt, dass man die Leute mit sowas plötzlich auch ‚erwischt' hat" (M-N-029).

Ein Teil der Moderator*innen hat den Index nicht nur in Veranstaltungen mit Institutionen genutzt, sondern „haben ihn immer im Hintergrund und für die Vorbereitung" (M-M028) gehabt, auch um sich intern einzustimmen. Ein*e Moderator*in empfindet ihn mit diesem Blick als „hilfreich. Der bringt sie/ihn auch immer noch auf Ideen, wenn sie/er so denkt: ‚Ah, na ja, haben wir ja alles schon', dann guckt sie/er dann auch nochmal" rein (M-C-005). Ein Tandem betont, sich „stringent an den Index gehalten zu haben" (M-I-017). Es wird deutlich, dass er nicht nur Schulen und anderen Konstellationen als Orientierung dient, sondern auch für Menschen, die Bildungseinrichtungen begleiten, einen orientierenden Beistand darstellen kann.

Der Index wurde darüber hinaus auch in seinem ganz ursprünglichen Sinne genutzt, nämlich ihn Schulen erklärend zur Verfügung zu stellen, damit sie sich selbst evaluieren können und allein, auch ohne externe Begleitung, weitere Schritte gehen können. Ein*e Moderator*in hat in Schulen versucht „die praktische Arbeit im Rahmen eines inklusiven Schulentwicklungsprozesses mit dem Index vorzustellen, anzuleiten und exemplarisch dann auch in Ansätzen das Vorgehen durchzuspielen – und das war gut" (M-L-025). Ein*e andere*r beobachtete, dass durch die Arbeit mit dem Index die Möglichkeit gegeben war, die eigene „Schule so ein bisschen zu analysieren und auch die Situation an der Institution zu evaluieren und vielleicht auch weiterzudenken" (M-N-29). Es wäre interessant, diese Aussagen der Moderator*innen durch die Perspektive der beteiligten Schulen auf die Arbeit mit dem Index zu ergänzen. Leider konnten diese Daten aufgrund von Ressourcenknappheit nicht im gewünschten Umfang erhoben werden. Klar ist jedoch, dass der Index durch die Arbeit der Moderator*innen im Rahmen von InPrax an den beteiligten Schulen Schleswig-Holsteins eindeutig an Bekanntheit gewonnen hat und in unterschiedlichen Funktionen und an verschiedenen Punkten von Entwicklungsprozessen angewandt wurde.

2.3 Einschätzung durch die Moderator*innen

Bei der Einschätzung der Arbeit mit dem Index durch die Moderator*innen zeigen sich viele positive, aber auch einige kritische Äußerungen.

Eine Kritik, die in der Praxis gegenüber dem Index häufiger geäußert wird, ist auch im Rahmen von InPrax aufgetreten: die einer (zu) großen Komplexität. Moderator*innen berichten, dass sie „gemeinsam [mit den Schulen] auch schon mal in den Index reingeguckt haben, aber es war immer so, dass wir dann geguckt haben, wie reagieren die dann darauf, und dann entschieden haben, meistens den ein bisschen zurückzuhalten" (M-M-028). Dieses Phänomen kann auch gerade dann entstehen, wenn der Index, wie von eine*r Befragte*n berichtet, als Checkliste verstanden wird: „Auch wenn wir wirklich sehr betont und ganz klar herausgestellt haben, dass es nur eine Sammlung ist und als Anregung dienen soll und dass man sich kleine Schritte herausnehmen soll, […] ist es trotzdem unsere Erfahrung, dass er offensichtlich bei Menschen sowas eher auslöst, dass sie den Blick darauf bekommen, was sie nicht machen – und das ist so ein bisschen schwierig" (M-M-027). Der Index wurde hier also nicht als anregendes Buffet für weitere mögliche Entwicklungsschritte gesehen, sondern als Evaluationsinstrument mit der Orientierung auf Defizite einer Einrichtung. Als die/der Moderator*in die Schule nur mit vorher ausgewählten Teilen des Indexes konfrontierte, wurde die Problemstellung geringer und die Zugänglichkeit zur Arbeit mit dem Index erleichtert.

Unterschiedlich wird in verschiedenen Äußerungen die Sprache des Index gesehen. „Die Indexfragen sind teilweise nur bedingt [zu benutzen], also war es gut, die noch mal nachzuschärfen. Und das müsste man sprachlich auch noch mal anders machen – auch gerade wenn Schüler mit dabei sind" (M-F-013). Hier wird also die zielgruppengerechte Adaption der Sprache angemahnt. Zum Teil wurden Fragen auch so umformuliert, dass „man auch Antworten finden kann – nicht gibt es? Ja/Nein. Sondern welche Form von etwas gibt es, immer mit W-Fragen, dann arbeitet es sich besser mit dem Index" (M-A-001). Diese Sicht auf die Frageform des Index teilen nicht alle Moderator*innen. Ein*e Befragte*r äußert, dass die Arbeit mit dem Material „einfach total gut funktioniert […], weil die Fragen so komplex und intelligent formuliert sind, so dass es dann auch einfach so wahnsinnig viel hergibt, dass es ausreichend war sogar für Lehrer, dass sie nicht gleich das Gefühl haben, jetzt sind sie fertig" (M-H-016). Die Formulierung der Fragen aus dem Index wird aus dieser Perspektive als sehr anregend empfunden, so dass dadurch immer wieder neue Aspekte herausgearbeitet werden konnten.

Eine hohe Anzahl der Befragten äußert sich positiv über ihre Erfahrungen in der praktischen Arbeit mit dem Index. Mehrere beschreiben ihn als ein hilfreiches Instrument. Sie sind davon positiv fasziniert, „wie lange man sich an einer Indexfrage aufhalten kann und wie ergiebig das ist" (M-N-029). Den Index sehen sie als Quelle der Inspiration für die begleiteten Einrichtungen, aber auch für sich (vgl. M-C-005). Dabei durchbricht er tradierte Vorstellungen und öffnet das Denken für neue Möglichkeiten. Das kann soweit führen, dass dank der intensiven Auseinandersetzung mit den Fragen des Index einer der Grundgedanken von Inklusion – Heterogenität als gesamtgesellschaftliche Chance und Herausforderung – in Institutionen stärker verstanden wird und dadurch eher gelebt werden kann: „Es gab dann manchmal Schulen, die auch anhand einiger Indexfragen erst erkannten: ‚Mensch, wir beziehen das immer nur auf einzelne Kinder mit Behinderung; wir begreifen gar nicht, dass Inklusion ja ein gesamtgesellschaftliches Problem ist" (M-K-022). Positiv wird darüberhinaus erwähnt, dass der Index „eben auch ein gutes Instrument ist, weil vorne ja auch sehr gut beschrieben ist, wie man damit arbeiten kann" (M-B-004). Er macht es also durch seine ein- und anleitenden Passagen Menschen leichter, mit ihm zu arbeiten.

3 Fazit

Die Darstellung der Ergebnisse aus der Befragung der im Projekt InPrax tätigen Moderator*innen zeigt, dass der Index, wenn auch nicht als verbindliches Material vorgegeben, im praktischen Moderationsalltag häufig Anwendung fand. Dabei lässt sich feststellen, dass die Art und Weise der Verwendung je nach Gusto des Moderationstandems und der Gegebenheiten stark variierte und dabei gleichwohl als sinnvoll wahrgenommen wird. Damit bestätigt sich der Ansatz, den Index als ein sehr vielseitig einsetzbares Material zu konzipieren. Die im Rahmen der zwei Projektjahre von InPrax gemachten Erfahrungen sind dabei überwiegend positiver Natur. Er wird in vielen Fällen als ein hilfreiches, inspirierendes und gesellschaftlich relevantes Instrument gesehen. Die dargestellten Herausforderungen, wie die Gefahren der Überfrachtung oder der Nutzung des Index als Checkliste, sind anregende Aspekte, um Stolpersteine oder gar Sackgassen in der Arbeit mit dem Index zu umgehen. Sie zeigen auch, dass eine externe Moderation, die das Material den Bedingungen entsprechend auf- und vorbereitet, hilfreich sein kann.

Zusammenfassend legen die Erkenntnisse aus der wissenschaftlichen Begleitung von InPrax den Schluss nahe, dass der Index für Inklusion sich auch hier als nützliches Instrument zur Begleitung inklusiver Prozesse auf Institutions- oder Vernetzungsebene zeigt – auch wenn die vorliegende Darstellung selbstverständlich im strengen Sinne kein empirischer Beleg der Wirksamkeit der Arbeit mit dem Index sein kann.

Literatur

BOBAN, Ines & HINZ, Andreas (Hrsg.) (2003): Index für Inklusion. Lernen und Teilhabe in der Schule der Vielfalt entwickeln. Halle: Martin-Luther-Universität. Online unter: http://www.eenet.org.uk/resources/docs/Index%20German.pdf

BROKAMP, Barbara (2012): Qualifizierte Begleitung inklusiver Schulentwicklung. In: MOSER, Vera (Hrsg.): Die inklusive Schule – Standards für die Umsetzung. Stuttgart: Kohlhammer, 62-70

BROKAMP, Barbara (2015): Externe Prozessbegleitung mit dem Index für Inklusion – wie lernt man das? In diesem Band.

HINZ, Andreas & JESUMANN, Christine (2010): Eine Region macht sich verstärkt auf den inklusiven Weg – der Kreis Schleswig-Flensburg und die Stadt Flensburg. In: HINZ, Andreas, KÖRNER, Ingrid & NIEHOFF, Ulrich (Hrsg.): Auf dem Weg zur Schule für alle. Barrieren überwinden – inklusive Pädagogik entwickeln. Marburg: Lebenshilfe, 228-238

HINZ, Andreas & KRUSCHEL, Robert (2013): InPrax – ein weiterer Schritt zur Inklusion in Schleswig-Holstein? In: DORRANCE, Carmen & DANNENBECK, Clemens (Hrsg.): Doing Inclusion. Inklusion in einer nicht inklusiven Gesellschaft. Bad Heilbrunn: Klinkhardt, 119-127

HINZ, Andreas & KRUSCHEL, Robert (2014a): Inklusive Schulentwicklung in Schleswig-Holstein – Zwischenergebnisse des landesweiten Unterstützungsprojekts. In: SCHUPPENER, Saskia, BERNHARDT, Nora, HAUSER, Mandy & POPPE, Frederik (Hrsg.): Inklusion und Chancengleichheit – Diversity im Spiegel von Bildung und Didaktik. Bad Heilbrunn: Klinkhardt, 149-154

Hinz, Andreas & Kruschel, Robert (2014b): Unterstützungssysteme für inklusive Schulentwicklung – ein Beispiel aus Schleswig-Holstein. In: Huber, Stephan Gerhard (Hrsg.): Jahrbuch Schulleitung 2014. Köln: Carl Link, 284-298

Mayring, Philipp ([11]2011): Qualitative Inhaltsanalyse. Grundlagen und Techniken Weinheim und Basel: Beltz

Schleswig-Holsteinischer Landtag (2014): Bericht der Landesregierung. Inklusion an Schulen. Drucksache 18/2065. Kiel: Selbstverlag. Auch online unter: http://www.landtag.ltsh.de/infothek/wahl18/drucks/2000/drucksache-18-2065.pdf

5 Zusammenfassung

Ines Boban und Andreas Hinz

Ein Zwischenfazit

In der Zusammenschau der Beiträge über Erfahrungen mit dem Index für Inklusion wird ein großes Spektrum seiner Impulse für die Praxis erkennbar. So zeigen die Beiträge, dass inklusive Entwicklung von Bildungseinrichtungen von verschiedenen Startpunkten ausgeht. Zum einen kann es aus tradierten segregativen Situationen heraus um erste Schritte der De-Segregation mit institutioneller Kooperation zwischen unterschiedlichen Bildungseinrichtungen und deren zunehmende Vernetzung gehen (GRAFE sowie ELFRING & HERRMANNS, in der Startphase auch GEBHARDT & GREDLER), so dass der Weg von bisheriger Integration hin zu inklusiveren Bildungsräumen eingeleitet wird. Zum anderen zielen Bemühungen auf eine Steigerung der inklusiven Qualität vor allem innerhalb der Bildungseinrichtung selbst (PLATTE & GRONOWSKI, ERK & SCHUBERT sowie SCHUBERT & GERMER und LANG-WINTER & WINTER).

Auch werden unterschiedliche Initiator*innen und Grundkonstellationen deutlich; teilweise geht der Anstoß von lokalen Elterninitiativen (GRAFE) oder einzelnen Bildungseinrichtungen aus (PLATTE & GRONOWSKI, ERK & SCHUBERT sowie SCHUBERT & GERMER), teilweise sind sie eingebunden in länderspezifische Vorhaben und Konzepte, sei es auf der Basis von veränderter Schulgesetzgebung (ELFRING & HERRMANNS) oder von Pilotprojekten mit begleitender Fortbildung und Beratung (FANDREY, FUNDA, GUTSCHE, HAVENSTEIN & WINTER-WITSCHURKE sowie KRUSCHEL & HINZ).

Ebenso wird auch ein Spektrum eingebundener Akteur*innen deutlich. Dabei stehen in mehreren Beiträgen vor allem die Pädagog*innen und ihre professionelle Reflexion und deren Weiterentwicklung im Vordergrund (ERK & SCHUBERT, JERG, KAISER & THALHEIM), jedoch kommen auch deutlich weitere Beteiligte wie Eltern (PLATTE & GRONOWSKI, SCHUBERT & GERMER sowie FANDREY, FUNDA, GUTSCHE,

HAVENSTEIN & WINTER-WITSCHURKE) und vor allem Kinder in den Fokus, so dass nicht nur über sie und ihre Entwicklung, sondern auch mit ihnen das gemeinsame Leben und Lernen reflektiert wird (LANG-WINTER & WINTER, SCHUBERT & GERMER, GEBHARDT & GREDLER); auch wird ihr spezifisches Potenzial für Entwicklungsimpulse hervorgehoben (BOBAN).

Die Beiträge unterscheiden sich auch darin, dass teilweise externe Moderation die inklusive Entwicklung unterstützt (PLATTE & GRONOWSKI, JERG, KAISER & THALHEIM, ELFRING & HERRMANNS, FANDREY, FUNDA, GUTSCHE, HAVENSTEIN & WINTER-WITSCHURKE sowie BROKAMP und KRUSCHEL & HINZ), einige Beispiele zeigen jedoch auch, dass inklusive Entwicklung auch mit ‚Bordmitteln' produktiv erfolgen kann – vielleicht nach einer Anfangsphase, z.b. mit Unterstützung durch Schulentwicklungsberatung (LANG-WINTER & WINTER, SCHUBERT & GERMER sowie GRAFE).

Ein Spektrum wird auch darin deutlich, wie eng oder weit der Fokus gefasst ist: Teilweise gibt es eine definierte Richtung – etwa das Willkommensein am Beginn des Bildungswegs (PLATTE & GRONOWSKI) oder Partizipation (ERK & SCHUBERT) – teilweise wird der Prozess auch gerade für verschiedenste Aspekte offen gehalten (LANG & WINTER). Verschiedentlich wird geschildert, dass vor allem im Einstieg jeweils bestimmte Indikatoren des Index als Entwicklungsvorhaben ausgewählt werden (GRAFE sowie ELFRING & HERRMANNS). Dabei ist es eine übergreifende Gemeinsamkeit, dass die Veränderungsrichtungen sich durchweg auf alle drei Dimensionen des Index beziehen: Es geht immer darum, inklusive Kulturen zu schaffen, inklusive Strukturen zu etablieren und inklusive Praktiken zu entwickeln – letztlich sind sie real gar nicht voneinander trennbar.

Entsprechend gibt es auch Beispiele, in denen eine Version des Index die maßgebliche Hilfe und Orientierung für Entwicklungsprozesse darstellt (ERK & SCHUBERT), in anderen arbeiten die Beteiligten mit mehreren Versionen in Kombination (JERG, KAISER & THALHEIM sowie GEBHARDT & GREDLER). Das hängt auch davon ab, ob der Fokus eher eine Orientierung auf interne Fragen oder (auch) auf Fragen der Vernetzung innerhalb des Sozialraums enthält – und das jeweils auf unterschiedlichste Weise (KRUSCHEL & HINZ).

Unterschiedlich fällt auch die Antwort darauf aus, wie weit in den Erfahrungsberichten eher der individuelle Aspekt, wie weit der soziale Aspekt oder wie weit beide in einer Balance im Blick sind. Dabei wird mitunter deutlich erkennbar, dass – neben den sich ohnehin ergebenden zentrifugalen – auch zentripetale Dynamiken und Möglichkeitsräume für expansive Lernprozesse angestoßen werden (SCHUBERT & GERMER sowie BOBAN).

Interessant ist auch, dass sich in unterschiedlicher Weise die drei Perspektiven auf Inklusion in den Erfahrungsberichten wiederfinden – die Perspektiven auf das Individuum (PLATTE & GRONOWSKI), auf das System (SCHUBERT & GERMER) und auf Wertorientierungen (ERK & SCHUBERT, GEBHARDT & GREDLER sowie BROKAMP). Unterschiedlich stellt sich auch die Situation in den Beiträgen im Hinblick darauf dar, ob die Arbeit mit dem Index im Rahmen vorhandener Strukturen der Einrichtung erfolgt und er als Material im Rahmen von Fortbildung und Reflexion professioneller Praxis genutzt wird (JERG, KAISER & THALHEIM sowie ERK & SCHUBERT) oder ob die Arbeit mit dem Index auch einen Impuls zu Transformationen zu neuen Strukturen darstellt (LANG-WINTER & WINTER). Hierbei dürfte auch die zeitliche Dauer der Erfahrungen eine Rolle spielen.

Gemeinsam ist vielen Schilderungen, dass Inklusion auf der Basis der Fassungen des Index als Referenzrahmen gesehen wird und nicht als weiteres, zusätzlich belastendes Projekt (JERG, KAISER & THALHEIM sowie BROKAMP). Die Arbeit mit dem Index für Inklusion bildet eine Möglichkeit der Selbstwahrnehmung und Neubetrachtung der bisher wenig genutzten Ressourcen und gleichzeitig auch eine Chance, sie und das bereits Vorhandene bzw. Erreichte zu würdigen und zu feiern (SCHUBERT & GERMER sowie BOBAN).

Insgesamt zeigt dieser Band, dass der Index für Inklusion ein breites Spektrum von Vorgehensweisen, Konstellationen, Blickrichtungen, Schritten und Aussagen ermöglicht – und dies widerspricht der Kritik eines Behindertensoziologen, der die Fassungen des Index recht humorlos als humorlose moralische Vorgaben und „Tugendkataloge des Inklusionsmus" (KASTL 2012, 21) bezeichnet. Es gibt keinen ‚richtigen Umgang' mit dem Index – er erfüllt also das, was er auch beabsichtigt: ein Buffet zu sein, von dem Beteiligte das auswählen, was für sie als anregende und sinnvolle – und nicht völlig überfordernde – nächste Schritte mit der Orientierung auf den inklusiven Nordstern erscheint (vgl. BOBAN & HINZ 2009).

Unter Umständen können dabei auch weitere – und immer zahlreicher werdende – Fassungen eines Index für Inklusion hilfreich sein, solange sie diesem Charakter eines Dialog fördernden Buffets entsprechen (vgl. DBS 2014) und nicht doch in die Gefahr einer quantitativ gedachten und gut statistisch auswertbaren Checkliste für die ‚Integration von Behinderten' geraten, etwa in der Kinder- und Jugendhilfe (vgl. MEYER & KIESLINGER 2014), und so zu einer Karikatur der grundlegenden Idee des Index zu werden drohen. So erfreulich dieser Ausdruck eines zunehmenden und großen Interesses einerseits ist, so fraglich wird die Sinnhaftigkeit von immer mehr Fassungen des Index für immer speziellere Kontexte, denn es gilt ja ohnehin, seine Fragen zu konkretisieren, zu modifizieren und zu ergänzen.

Wie sich in den vorgelegten Erfahrungen zeigt, hat der Index für Inklusion das Potenzial, Entwicklungsschritte in eine inklusive Richtung zu bestärken:
• Er stärkt ein alltägliches partnerschaftliches und demokratisches Umgehen miteinander bei allen Beteiligten, indem er zu Dialog und Partizipation einlädt.

- Er schärft den Blick auf die eigenen, eigentlich vorhandenen Ressourcen und trägt so zu mehr Möglichkeiten der Synergie und Stimmigkeit in der Gestaltung von Möglichkeitsräumen bei.
- Er unterstützt Prozesse der pädagogischen ‚Goldsuche‘ und des ‚Perlentauchens‘ innerhalb vorhandener Systeme und deren Bedingungen im Sinne eines pragmatischen ‚Possibilismus‘ – in Richtung einer menschenrechtsbasierten Vision.
- Er erhöht Spannungen und Widersprüche, wenn Bildungseinrichtungen mit rigiden Vorgaben von Standards und Normen konfrontiert und unter Druck gesetzt sind.
- Er dynamisiert Spannungen und Widersprüche, indem er die Suche nach pragmatischen Schritten ihrer Gestaltung unterstützt.
- Er stimuliert Schritte auf der inhaltlichen wie auf der Prozessebene, indem er zur Reflexion über die Balance zwischen zentrifugalen und zentripetalen Dynamiken und über expansive Möglichkeitsräume beiträgt.

An inklusiver Entwicklung lässt sich selbstverständlich auch ohne Humor und den Index arbeiten – beides macht sie jedoch ein bisschen leichter.

Literatur

Boban, Ines & Hinz, Andreas (2009): Inklusive Werte in allen Lebensbereichen realisieren. Gemeinsam leben 17, 92-99

DBS (Deutscher Behindertensportverband) (Hrsg.) (2014): Index für Inklusion im und durch Sport. Ein Wegweiser zur Förderung der Vielfalt im organisierten Sport in Deutschland. Frechen: Selbstverlag (auch online unter: http://www.dbs-npc.de/tl_files/dateien/sportentwicklung/inklusion/Index%20fuer%20Inklusion/2014_DBS_Index_fuer_Inklusion_im_und_durch_Sport.pdf)

Kastl, Jörg Michael (2012): Inklusion und Integration – oder: Ist „Inklusion" Menschenrecht oder eine pädagogische Ideologie? Soziologische Thesen. Vortrag in der Villa Donnersmarck, Berlin am 16.10.2012. Berlin: Institut Mensch, Ethik und Wissenschaft. Online unter: http://www.imew.de/fileadmin/Dokumente/Volltexte/FriedrichshainerKolloquien/Kastl_Inklusion_und_Integration_IMEW_Okt2012_END.pdf

Meyer, Thomas & Kieslinger, Christina (2014): Index für Inklusion. Kinder- und Jugendhilfe. Stuttgart: Institut für angewandte Sozialwissenschaften. Online unter: http://www.inklumat.de/index-fuer-die-jugendarbeit/index-fuer-die-jugendarbeit-zur-inklusion-von-kindern-und-jugendlichen-mit-behinderung

Autor*innen dieses Bandes

Boban, Ines; Wissenschaftliche Mitarbeiterin in der Philosophischen Fakultät III – Erziehungswissenschaften der Martin-Luther-Universität Halle-Wittenberg. Mitherausgeberin des „Index für Inklusion" in Schulen (2003), Projektleitung des „Index für Inklusion in der Bildung" (2011-2015). Leitung der Wissenschaftlichen Begleitung für das Teilprojekt „Inklusive Schulentwicklung auf der Basis des Index für Inklusion" im Rahmen der Ganztagsschulentwicklung in Sachsen-Anhalt (2006-2009) mit Andreas Hinz, zahlreiche Aufsätze über inklusive Schulentwicklung. Homepage: http://www.inklusionspaedagogik. de, Kontakt: ines.boban@paedagogik.uni-halle.de

Brokamp, Barbara; verantwortet den Projektbereich Inklusion in der Montag Stiftung Jugend und Gesellschaft in Bonn. Zuvor war sie in der Schulentwicklungs- und Schulleitungsberatung, als Lehrerin an unterschiedlichen Schulformen und als Dozentin in der Lehrer*innenaus- und -fortbildung an der Universität zu Köln tätig. Ihre Schwerpunktthemen sind inklusive Begleitungen von Veränderungsprozessen in Bildungseinrichtungen und kommunalen Zusammenhängen; Mitautorin des Praxishandbuchs „Inklusion vor Ort – Der Kommunale Index für Inklusion", zahlreiche Beiträge und Artikel zum Themenfeld Inklusion. Sie ist Mitglied in der Jury des Jakob Muth-Preises sowie anderer Fachbeiräte. Homepage: http://www.montag-stiftungen.de/jugend-und-gesellschaft/projekte-jugend-gesellschaft/projektbereich-inklusion.html, Kontakt: b.brokamp@montag-stiftungen.de

Elfring, Raymund; Moderator im Auftrag der Montag Stiftung Jugend und Gesellschaft, u.a. bei der Regionalen Bildungsinitiative Stolberg. Kontakt: raymund.elfring@gmx.de

Erk, Jacqueline; Beratungsstelle Integration/Inklusion Würzburg, Referentin in der Fort- und Weiterbildung, Fachkraft in der Einzelintegration; Arbeit mit dem Index für Inklusion in der Fort- und Weiterbildung und in der Einrichtungsbegleitung. Kontakt: j.erk@arcor.de

Fandrey, Dörte; Primarstufenleiterin der Grund- und Oberschule Lehnin „Heinrich Julius Bruns"; Kontakt: sekretariat.os@schulcampus-lehnin.de

Funda, Britta; Beraterin mit dem Aufgabenbereich Inklusion im Schulamt Brandenburg an der Havel; Kontakt: mueller.funda@hotmail.com

Gebhardt, Irene; Volks- und Sonderschullehrerin im Ruhestand; in den letzten drei aktiven Jahren Inklusionsbeauftragte für das Wiener Neudorfer Inklusionsprojekt, derzeit beratende Rolle im Steuerteam des Projekts. Mitglied im Fachbeirat des Projekts „Inklusive Entwicklung in Bildungseinrichtungen – Neukonzeption des Index für Inklusion"; Kontakt: irene.gebhardt@gebhardt.co.at

Germer, Johanna; Studentin an der Universität Bremen/Inklusive Pädagogik (M.Ed.), hat als Honorarkraft die Arbeit an der Kinderschule bereichert und ist Teil der Arbeitsgruppe Inklusion. Kontakt: johanna.germer@web.de

Grafe, Anke; Förderschullehrerin, Trainerin für Unterrichtsqualität, Index-Moderatorin für inklusive Prozessbegleitung von Teams und Organisationen; Kontakt: grafe.anke@t-online.de

Gredler, Angela; Musikschullehrerin, Mitglied der Steuergruppe des Inklusionsprojektes Wiener Neudorf sowie Administrationsbeauftragte des Projekts. Mitglied im Fachbeirat des Projekts „Inklusive Entwicklung in Bildungseinrichtungen – Neukonzeption des Index für Inklusion"; Kontakt: angela.gredler@wiener-neudorf.gv.at

Gronowski, Biggi; Fachberaterin/Qualitätsleitung für Kindertageseinrichtungen bei Kinderzentren Kunterbunt Nürnberg; Nebenberufliche Tätigkeit als Fortbildnerin und systemische Beraterin. Erfahrung mit dem Index für Inklusion durch den Aufbau und Führung einer integrativen Kindertagesstätte, sowie durch die Tätigkeit als Fachberaterin in Kindertagesstätten und Prozessbegleiterin der Montag Stiftung Jugend und Gesellschaft (Kindertageseinrichtungen). Kontakt: bg@zweitblicke-koeln.de

Gutsche, Petra; Beraterin mit dem Aufgabenbereich Inklusion im Schulamt Brandenburg an der Havel. Kontakt: peumg@t-online.de

Havenstein, Corinna; Beraterin mit dem Aufgabenbereich Inklusion im Schulamt Brandenburg an der Havel. Kontakt: chavenstein@web.de

Hermanns, Georg; Schulleiter der Förderschule Stolberg Talstraße, beteiligt an der Regionalen Bildungsinitiative Stolberg. Kontakt: schule.talstrasse@t-online.de

Hinz, Andreas, Dr., Professur für Allgemeine Rehabilitations- und Integrationspädagogik an der Martin-Luther-Universität Halle-Wittenberg; Mitherausgeber der deutschen Ausgabe des „Index für Inklusion" für Schulen mit Ines Boban (2003), Mitglied des Fachbeirats für den Kommunalen Index für Inklusion (2011), Projektleitung des „Index für Inklusion in der Bildung"

(2011-2015). Leitung der Wissenschaftlichen Begleitung für das Teilprojekt „Inklusive Schulentwicklung auf der Basis des Index für Inklusion" im Rahmen der Ganztagsschulentwicklung in Sachsen-Anhalt (2006-2009) mit Ines Boban, Wissenschaftliche Begleitung des Projekts InPrax in Schleswig-Holstein (2011-2014) mit Robert Kruschel, zahlreiche Publikationen über inklusive Schulentwicklung. Homepage: http://www.inklusionspaedagogik. de; Kontakt: andreas.hinz@paedagogik.uni-halle.de

Jerg, Jo; Professur Inklusive Soziale Arbeit, Pädagogik der frühen Kindheit und Praxisforschung an der Evangelischen Hochschule Ludwigsburg. Vielfältige Handlungsforschungsprojekte u.a. im Bereich der inklusiven frühkindlichen Bildung, im Bereich des inklusiven Wohnen sowie Beratung und Begleitung von sozialraumorientierten und kommunalen Entwicklungsprozessen bei der Umsetzung der UN-BRK; u.a. Mitglied des Expertenkreises „Inklusive Bildung" der Deutschen UNESCO Kommission. Kontakt: j.jerg@eh-ludwigsburg.de

Kaiser, Sabine; Dipl.-Päd. und System. Coach (S.G.), hauptberuflich Lehrende an der Evangelischen Hochschule Ludwigsburg im Studiengang Frühkindliche Bildung und Erziehung. Leitet seit 2001 Qualifizierungen zur Fachkraft für inklusive Pädagogik und als Prozessbegleitung, Beratung und Fortbildung in Kindertagesstätten zur Entwicklung inklusiver Strukturen tätig. Im Rahmen der Praxisforschungsprojekte IQUA und IQUAnet (Inklusion Qualifikation Assistenz Netzwerk) wurde der Index als Material der Qualitätsentwicklung seit 2009 erprobt und weit verbreitet. Kontakt s.kaiser@eh-ludwigsburg.de

Kruschel, Robert; Wissenschaftlicher Mitarbeiter in der Allgemeine Rehabilitations- und Integrationspädagogik an der Martin-Luther-Universität Halle-Wittenberg; Wissenschaftliche Begleitung des Projekts InPrax in Schleswig-Holstein (2011-2014) mit Andreas Hinz. Kontakt: robert.kruschel@ paedagogik.uni-halle.de

Lang-Winter, Christina; Schulleiterin der Gemeinschaftsgrundschule Kettelerschule in Bonn-Dransdorf; treibt den Inklusionsprozess voran und ist an der Arbeit in der Inklusionsgruppe der Schule maßgeblich beteiligt. Homepage: www.kettelerschule-bonn.de, Kontakt: c.lang@kettelerschule-bonn.de

Platte, Andrea, Dr.; Professur für Bildungsdidaktik mit dem Schwerpunkt Didaktik der Elementarpädagogik, Leitung des Studiengangs BA Pädagogik der Kindheit und Familienbildung an der Fachhochschule Köln; Erfahrung mit dem Index für Inklusion als Prozessbegleiterin der Montag Stiftung Jugend und Gesellschaft (Kindertageseinrichtungen und Grundschulen) sowie im

Einsatz in Fakultät und Studiengang; Mitglied des Fachbeirats für den „Index für Inklusion in der Bildung". Kontakt: andrea.platte@fh-koeln.de

Schubert, Christine; Erzieherin, Dipl.Soz.päd. FH, Leiterin des Kindergartens Heiligkreuz Würzburg; Arbeit mit dem Index für Inklusion im Rahmen der Qualitätsentwicklung in der Einrichtung. Kontakt: schubert-ch.r@web.de

Schubert, Philine; Sonderpädagogin/ZuP-Leitung an der Kinderschule Bremen, lehrt und begleitet als abgeordnete Lehrkraft im Weiterbildungsstudiengang Inklusive Pädagogik (M.Ed.)(Akademie für Weiterbildung/Universität Bremen FB12). Kontakt: philine.schubert@uni-bremen.de

Thalheim, Stephan; Wissenschaftlicher Mitarbeiter und Lehrkraft für besondere Aufgaben im BA-Studiengang „Inklusive Pädagogik und Heilpädagogik" an der Evangelischen Hochschule Ludwigsburg. Seit 2001 wissenschaftliche Begleitung mehrerer Praxisforschungs- und Praxisentwicklungsprojekte mit Themenschwerpunkt Inklusion in Kindertageseinrichtungen. Kontakt: s.thalheim@eh-ludwigsburg.de

Winter, Mark; Inklusionsbeauftragter der Gemeinschaftsgrundschule Kettelerschule in Bonn-Dransdorf; treibt den Inklusionsprozess voran und ist an der Arbeit in der Inklusionsgruppe der Schule maßgeblich beteiligt. Homepage: www.kettelerschule-bonn.de, Kontakt: m.winter@kettelerschule-bonn.de

Winter-Witschurke, Christiane; Leiterin des Referats Grundschule/Sonderpädagogische Förderung, Landesinstitut für Schule und Medien Berlin Brandenburg; Kontakt: christiane.winter-witschurke@lisum.berlin-brandenburg.de